KB077373

따르릉 따르릉
비켜나세요,
이준석이
나갑니다
따르르르릉

일러두기

1 본문 중 글쓴이 주는 별도로 표시를 달지 않았고, 편집자 주는 주석 끝에 표시했다.
2 도서는 『 』, 잡지와 신문 등 언론매체는 《 》, TV 프로그램은 〈 〉로 묶었다.

따르릉 따르릉 비켜나세요, 이준석이 나갑니다 따르르르릉

이준석 전후사의 인식

우석훈
김태은
최광웅
장훈
공희준
김홍열
조경일
이동호
채진원
이한상
홍희경
강지연

오픈하우스

멀쩡한 보수의 등장

우석훈

성결대 교수

반북 보수와 경제 보수가 아닌, 기꺼이 표를 주어도 민망하지 않을 '멀쩡한 보수'의 탄생. 이준석에게 투표하는 것은 이제 창피한 일이 아니다. 앞으로 한국에서는 이준석으로부터 시작되는 많은 변화가 진행될 것이다. 2022년 대선, 우리는 어떤 예상을 할 수 있을까?

1.

이준석 현상이 한참 높아지는 시점에 그가 2019년에 펴낸 『공정한 경쟁』을 읽었다. 재밌게 봤다. 2012년, 대선이 끝나고 경제 방송 몇 군데에서 같이 방송을 했던 적이 있기는 하다. 그렇다고 해서 그 속마음을 자세히 알기는 어려웠다. 책을 읽고 어느 정도는 이해할 수 있었다. 진영에 관한 편견을 갖지 않고 읽는다면, 그가 극단적인 남성우월주의자인 마초는 아니라고 판단할 수 있고, 에너지 등 몇 가지 정책에 대해 그가 가진 견해를 읽어낼 수는 있을 것 같다. 책을 읽고 난 후에 든 생각은 젠더 문제를 비롯해서 많은 논쟁적 관점에서 그가 어느 정도는 선을 탄다는 사실이었다.

책을 읽고 난 뒤《신동아》에서 국민의힘 경선 전의 이준석에 대한 인터뷰를 하게 되었다. 아직 선거 전이지만 별 상관은 없다는 생각이 들었다. 보나마나 경선에서 그는 이길 것이다. 만약 그가 지고 나경원이 이긴다면? 그럼 여당 입장에서는 더 큰 문제다. 그는 다음번 유력 대선주자로서 더욱 큰 마이크를 쥘 것이고, 정치 외곽에서 '비운의 스타'로서 목소리가 더 커질 것이다. 물론 그런 이변은 없었다.

당대표가 되고 그는 서울시 공영자전거 따릉이로 출근했고, 광주에 갔다. 이 일련의 흐름에서 가장 결정적인 장면을 꼽자면 당대표 경선 때 박근혜가 잘못했다는 말을 한 게 아니었을까? 그 순간, 역사의 흐름이 변했다. 한국의 보수는 이승만을 이야기하고, 박정희를 거론하고, 건국으로부터 그 화려한 보수의 순간을 이야기하는 것이 기본이다. 그렇게 이야기하고, 그 후에 박근혜가 문제라고 말하기는 어렵다.

한국의 보수는 기본이 '반북 보수'다. 더 말할 필요가 없다. 포항제철(포스코)을 만든 박태준으로 상징되는 '경제 보수'는 상대적으로 합리적 보수였다. 지금 활동하는 정치인으로는 유승민 정도를 생각할 수 있다. 반북 보수는 군사 독재 시절의 이념 과잉의 원죄를 지니고 있다. 광주민주화항쟁이 그 한가운데 위치하고 있다. 경제 보수는 재벌 구조와 연관되어 있고, 삼성공화국 현상으로부터 자유롭기 어렵다. 박근혜 탄핵 과정에서 삼성과의 연관성은 한국의 경제 보수가 받게 된 치명상이다.

어떤 의미로든, 한국에서 보수는 청년에게 선뜻 지지를 받기 어려운 한계점을 가지고 있다. 청년이라고 하기는 좀 어렵지만, 변희재가 보수로 넘어가면서 처음에 기댄 곳은 청년 창업을 중심으로 한 경제 보수였지만, 궁극적인 종착역은 반북 보수였다.

이준석의 책을 읽고 나서 느낀 것은 기존의 한국 보수가 도달하려는 '자유주의'와는 전혀 상관없는 새로운 축을 쥐게 되었다는 점이다. 자유주의는 그 뿌리가 아무리 깊고 중요한 이념이라고 할지라도 뭔가 어렵고 또 올드하다. 18-19세기 철학자들 이름이 막 나와야 하고, 한국에서는

우석훈
멀쩡한 보수의 등장

그다지 친숙하지 않은 프리드리히 하이에크[01]나 밀턴 프리드먼[02] 같은 이름을 피해가기 어렵다. 게다가 한국은 어느 정도는 선진국 구조 안으로 들어가 있기 때문에 '자유'가 직관적으로 청년들의 결핍이 되기는 어렵다. 프랑스 시인 폴 엘뤼아르의 시구는 "자유여, 네 이름을 내 공책에 쓴다"라는 구절로 시작한다. 자유에 대한 '타는 목마름'이 이 시대에 있을까? 허공으로 쏘아올린 화살이다.

이준석에게는 20대들이 경기를 일으킬 고담준론이 전혀 없다. 뭔가 미리 알아야 할 철학자나 역사적 사실에 대한 이해, 이런 게 전혀 필요 없이 즉각적으로 "맞다, 틀리다", 이렇게 반응할 수 있는 감각적 사례로 넘쳐난다. 책을 읽으면서 내내 저 사람들은 '공정'을 영어로 뭐라고 번역하는지 궁금했다. justice는 아닐 것이다. 그건 정의에 관한 이야기다. 우리말의 공정은 정의와는 다르다. equity라는 용어가 있기는 한데, 이건 형평성에 관한 이야기이고, 내용

01 프리드리히 하이에크(Friedrich August von Hayek), 1899.5.8 ~ 1992.3.23. 오스트리아 태생의 영국 경제학자. 화폐적 경기론과 중립적 화폐론을 전개하였고, 신자유주의의 입장에서 모든 계획경제에 반대하였다. 대표 저서로 『법, 입법, 자유』가 있다. 1974년 스웨덴의 K.G.뮈르달과 함께 화폐와 경제변동의 연구가 인정되어 노벨 경제학상을 수상하였다. 편집자 주.

02 밀턴 프리드먼(Milton Friedman), 1912. 7. 31-2006. 11. 16, 자유방임주의와 시장제도를 통한 자유로운 경제활동을 주장한 미국의 경제학자. 1976년 노벨 경제학상을 받았다. 편집자 주.

상으로는 우리가 말하는 공정과 가장 비슷하지만, 시험을 잘 보는 사람들이 손해를 보지 않게 하자는 얘기와는 다르다. 내 주변에서는 fair라고 자신 있게 말하는 사람들이 많았는데, 요즘 얘기하는 '공정 무역fair trade' 같은 경우는 더 비싼 커피 값을 기꺼이 지불하겠다는 얘기다. 제3 세계에서 일하는 노동자들이 너무 고생하니까 그들에게 좀 더 정당한 대가를 지불하는 흐름을 fair라는 단어로 함축하는 것이 요즘 경향이다. 그렇다면 이준석이 얘기하는 공정은 영어로 뭘까? 중요하지 않다. 마이클 샌델의 『정의란 무엇인가』라는 책이 한참 유행할 때 MB 정권에서 국정 기조로 공정을 내세운 적이 있다. 그거면 그만이다. 거기만 그런 것도 아니다. 통합진보당에서 탈당한 진보신당 세력이 만든 새로운 진보당도 이름이 '정의당'이다. 200만 부 이상 팔린 책이 보수 쪽으로 가서는 '공정'이라는 이름이 되었고, 진보 쪽으로 가서는 '정의당'이 되었다. 그래서 지금 우리가 말하는 공정이 도대체 영어로 뭐야? 아무도 답을 못할 것 같다. 방송 쪽에서는 impartiality를 공정이라는 단어로 번역한다. 어느 편도 들지 않는다는 의미다. 그렇지만 이준석이 이야기하는 공정은 이것도 아니다.

능력주의는 더더욱 어렵다. 능력은 영어로 무엇이고, 능력주의는 또 무엇일까? 복잡하기는 하지만, 이건 그래도 공정 개념보다는 좀 낫다. 2020년에 출간된 마이클 샌델의

『공정하다는 착각』의 제목은 마치 마이클 샌델이 공정에 대
해 긴 책을 냈고, 외국에서도 이런 방식으로 논의하고 있다
는 착각 아닌 '착각'을 만들어주기에 충분했던 것 같다. 공정
을 책 제목으로 달고 있는 이 책의 원제는 'The tyranny of
merit', 메리트의 독재다. 메리트라는 단어, 우리식 영어로
는 매우 온건하게 '장점' 혹은 '이익' 정도로 번역되는 메리
트가 독재를 해? 어색하겠지만, 이준석이 말하는 능력주의
의 그 능력이 바로 메리트다. 마이클 샌델이 얘기한 능력주
의는 meritocracy, 이런 복잡한 단어다. 엘리트 등 좋은 학
교를 나오고 능력을 인정한 사람이 더 많이 가져가는 것이
당연하다는 입장이 외국에서 말하는 능력주의다. 그렇지만
우리가 지금 이야기하는 능력주의는 능력을 제대로 펼 수
있게 공정한 시스템 관리를 해달라는 그런 의미다. 의미는
좀 많이 다르다.

　　본래 의미는 이렇겠지만, 그걸 이준석이나 그의 동료
들에게 이야기해봐야 소용없다. 벌써 따릉이 타고 저 멀리
로 가 있을 것이다. 다른 나라의 의미와는 달리 우리가 이야
기하는 공정과 능력주의는 영미식 개념의 의미와는 아무 상
관없이 한국식 맥락에서 재탄생한 단어다. 그런 점에서 이준
석의 개념이 교활하다고 말할 수는 있지만, 이준석이 학자인
것도 아니고, 철학자는 더더군다나 아닌! 어쩔 것이냐?

　　이준석의 책을 덮고 나서 머릿속에 딱 떠오른 영화 한

편이 있었다. 그게 2003년에 나온 전형적인 로맨스 코미디인 〈러브 액츄얼리〉다. 이 영화에서는 배우 휴 그랜트가 영국 수상으로 나오고, 인턴으로 들어온 직원에게 한눈에 반한다. 영화에서는 크리스마스에 여러 연인들이 사랑의 결정적 전기를 만드는데, 영국 수상도 예외가 아니다. 자신이 사랑하게 된 인턴 집에 방문해서 많은 사람들의 축복 속에서 사랑을 고백한다.

영국에서 젊은 수상이 등장하고, 마침 그가 독신이고, 그렇게 해서 연애를 하게 된다는 것이 전혀 엉뚱한 상상은 아니다. 심지어 보수 쪽의 데이비드 캐머런[03]이 노동당 정권을 끝내고 총리가 된 것은 2010년의 일이다. 노동당 정권에서도 젊은 수상들이 연이어 나왔다. 크리스마스를 축복하는 '로코'에서 젊은 수상이 사랑에 빠지는 것, 작가의 지나친 상상력에 기반한 순수 허구는 아니다.

이 이야기를 한국 맥락으로 가지고 와보자. 만약 한국이 영국이나 일본 같은 의원내각제였다면 당장 국회를 해산하고 재선거를 치르고, 이준석이 그대로 수상이 되는 상황이다. 다행인지(!) 한국은 대통령 중심제이고, 대통령의 지지율과 정부 구성이 기계적으로 연동되어 있지 않다. 더

---

03 데이비드 캐머런(David Cameron), 1966. 10. 9~. 영국의 정치가. 2001년 국회의원, 2005년 보수당 당수가 되었으며, 2010년 5월 43세의 나이에 영국 총리가 되었다. 편집자 주.

우석훈
멀쩡한 보수의 등장

더욱 다행(윽!)인 것은 40대 미만은 대통령이 될 수 없다. 영국식이었으면 이준석은 곧 수상이 될 것이고, 이준석을 모티프로 한 영화와 드라마가 쏟아져 나왔을 것이다.

청년들이 지지하기에는 뭔가 꺼림칙한 반북 보수와 경제 보수의 견제를 뚫고 '멀쩡한 보수'가 등장한 것이다. 공정, 능력주의⋯⋯ 이런 개념에 대한 철학적 논쟁은 학자들 몫이다. 그저 투표해도 창피하지 않은 보수 정도가 아니라 아이돌 급 '워너비'까지 갖춘 새로운 정치인이 등장했다.

이준석에게 투표한 20대의 돌풍은 지난 서울시장 보궐 선거에서 이미 확인되었다. 서울 전 지역구에서 이겼다. 그 돌풍은 이제 시작이다. 이번 국민의힘 대표 경선에 한 표를 행사하기 위해서 국민의힘 당원이 되었다는 10대들의 이야기는 충격적이었다. 반북 보수와 경제 보수가 아닌, 기꺼이 표를 주어도 민망하지 않을 '멀쩡한 보수'의 탄생, 거기에 20~30대는 물론이고 10대들도 기꺼이 열광했다. 이준석에게 투표하는 것은 이제 창피한 일이 절대 아니다. 청년 보수가 주류가 되는 나라, 어색하지만 이게 바로 눈앞에 왔다. 공정에 관한 논쟁 혹은 능력에 관한 논쟁, 이런 논쟁이 많아질수록 이준석이 멀쩡한 보수임을 사회적으로 반증하는 일이다. 반북 보수의 시절과 경제 보수의 시절, 우리는 이런 멀쩡한 논쟁을 해보지 못했다. 일방적 홍보 아니면 '목숨을 건' 반대 투쟁만이 있었을 뿐이다.

2. 보수 퍼펙트 스톰

앞으로 1년간 한국에서는 이준석으로부터 시작되는 많은 변화가 진행될 것이다. 2022년에는 대선 등 많은 정치 이벤트가 집중되어 있다. 과연 어떤 예상을 할 수 있을까?

① 대선 정국 - 광주 정치 지형의 변화

다음 대선은 2022년 3월 9일이다. 여권은 물론 야권의 대선주자도 아직은 알 수 없는 상태다. 대선에서는 진영만이 아니라 후보 본인의 경쟁력도 중요하게 작용하기 때문에 향방을 예측하기 어렵다. 이준석 본인이 대선에 나선다면 거의 모든 것이 결정된다. 그렇지만 헌법상 아직은 힘들다. 다만 참고 자료가 하나 있다면, 지난 서울시장 선거에서 이준석이 오세훈 선거에 미친 영향 정도가 아닐까 한다. 그는 청년들에 대한 캠페인을 총괄했고, 청년들은 연단 한구석에서 마이크를 들며 자신들의 이야기를 쏟아냈다. 지난 10년 동안, 한국의 평범한 청년들이 이렇게 자신들의 이야기를 한 적은 없었다. 서울 전 지역에서 승리했다. 국회의원 선거로 환산하면 아주 경쟁력 있는 서울의 민주당 국회의원 몇 사람 빼고는 전멸할 선거 결과였다. 아마 수도권까지는 비슷한 양상이 벌어질 가능성이 높다.

이번 대선에서 사회문화적으로 가장 큰 변화는 아무래도 광주를 비롯한 호남 지역에서 벌어질 것이다. 대구의 보수 투표와 광주의 진보 투표는 지금까지 한국 정치 지형을 특징 짓는 두 축이었는데, 세대 투표로 변하면서 광주에서도 지금처럼 민주당 몰표가 나오기는 어려울 것 같다. 청년들이 서울에서 오세훈에게 열광하고, 오세훈을 위해 마이크를 든 평범한 청년들의 연설에 몰려든 현상은 대구나 광주라고 크게 다르지는 않을 것이다. 비슷한 현상이 광주에서도 벌어질 거라고 예상할 수 있다. 2016년 총선에서 안철수가 호남에서 크게 약진하면서 민주당 후보들이 대거 탈락한 적이 있었다. 세대 투표 양상이 벌어지면 아마 국민의힘 이준석이 그때의 안철수 정도의 표를 가져갈 여지가 있다. 그래도 그때의 안철수만큼을 넘어서기는 어려운 것은 그 시절 안철수는 진보 중에서 민주당 대안으로 여겨졌다. 진보에 투표하는 기성세대와 보수에 투표하는 청년세대, 그렇게 호남만 놓고 본다면 안철수 규모를 넘어서기는 어려울 것 같다.

이재명과 윤석열이 최종적으로 맞붙는다고 할 때, 그때도 이런 결과를 예상할 수 있을까? 물론 그렇다. 민주당에서 아무리 윤석열을 싫어한다고 해도, 조국에 등 돌렸던 10대와 20대에게 '안티 조국'의 아이콘은 바로 윤석열이다. 그건 호남 지역도 다를 게 전혀 없다. 이준석과 윤석열은 상징 코드 면에서 케미가 아주 높은 조합이다. 이 조합의 대선 파괴력이 상징 측면에서는 가장 높을 것이다. 만약 윤석열이 아닌 다른 사람이 최종 후보가 된다면? 청년들의 표가 어떻게 움직일지 좀 더 생각해봐야 할 것 같다.

이준석이 갖고 있는 가장 큰 특징은 지금까지의 지역 감정 및 지역 분포를 해체하고, 보수 중심으로 재구성할 거라는 점이다. 흔히 '낙동강 전선'이라고 불렀던 진보의 동진은 끝났고, 보수의 서진이 이제 본격적으로 시작될 것이다. 대선 결과는 아직 미지수이지만, 지역 구도의 재편은 이제 상수라고 할 수 있다. 국민의힘에서 내부 '쿠데타' 같은 것이 갑자기 발생해서 이준석이 대표직에서 급작스럽게 물러나는 아주 특별한 경우를 제외하면 보수 청년들의 '혁신'에 의해서 정치적 지형 구도가 변화하는 일을 지금 와서 피하기는 어렵다. 스스로 진보라고 불렀던 세력은 한국 내에서 '청년 진보'를 만들 동력과 계기가 없다.

② 지방선거, 판이 뒤집힌다

2022년 대선이 이준석에게 대리전이라면, 2022년 6월 1일은 온전하게 이준석 브랜드로 치르는 본게임이라고 할 수 있다. 정치인 이준석으로서의 이른바 포텐이 터지는 순간이 이 순간이 아닐까 한다. 20대 심지어는 10대도 기꺼이 보수에게 투표하게 만드는 그의 힘이 전면적으로 세상에 등장하는 것은 2022년 지방선거일 것 같다.

상상하기 어려운 '시험 보는' 공직선거 후보가 국민의

우석훈
멀쩡한 보수의 등장

힘에서 등장할 것이며, 꽤 많은 청년 후보들이 이 과정에서 기초의원으로 후보로 나설 것이다. 그가 이야기하는 '시험 보는' 의미에서의 능력주의에 적합한 형태의 선거가 치러질 것이다. 보통은 무관심 속에서 관계자들끼리의 여론조사에 가까운 구청장 등 단체장 후보 선정 과정에서 많은 뉴스가 생산될 것이며, 최소한 과반에 가까운 국민의힘 청년 단체장 후보들이 지방선거를 통해 새로운 얼굴을 비출 것이다. 대선이 후보 한 명으로 치러지는 것과 달리, 지방선거는 매우 많은 정치인들이 데뷔하고, 새로움을 시도하는 순간이다. 이준석 체제에서 과연 광역단체장까지 청년 후보들로 채울 수 있을까? 광주광역시나 전라남도 혹은 전라북도 같은 절대 열세지역에서는 전문직 청년 보수들이 단체장에 도전할 가능성이 높다. 또 다른 돌변이 이 지역에서 생겨난다면, 지금까지의 지역 구도는 완전히 깨어지게 된다.

오세훈이 다시 서울시장 재선에 나온다는 것을 전제로, 서울시에서 살아남을 민주당 서울시 의원이나 구별 기초의원들의 숫자는 아주 희소할 것이다. 1년 정도 남은 지방선거에서 오세훈과 관련된 격변이 일어나지 않는 이상, 민주당 소속 기초의원과 광역의원이 대거 패배하게 된다. 특히 이러한 기초의회와 광역의회에서의 보수쪽 청년 정치인들의 약진은 풀뿌리 민주주의의 양상을 많이 바꿀 것이다. 특히나 이준석은 과거 노회찬과 안철수의 지역구였던 서울 노원병에서 원외인사로 지역 활동에 대한 경험이 길고 많다. 풀뿌리 단위에서의 작은 정치에 대해서도 영입되어 한 번에 지역에 정착한 국회의원들보다 많은 경험을 가지고 있다. 그가 그런 지식을 당대표로서의 전략에 사용하지 않는다고 생각하는 것도 이상하다.

정당 선거로 치러지지 않는 교육감 선거 역시 진보와 보수로 나뉘는 것은 마찬가지다. 다만 당원 가입만을 안 할 뿐이고, 대형 정당들이 알게 모르게 관여한다. 서울의 경우 조희연 교육감이 3선에 도전하는 것이 유력한 전망인데, 30대 보수 교육감 후보가 맞붙으면 어떻게 될지 모른다. 교육을 보수의 3대 강점으로 분류하는 이준석 체계에서 교육감 선거에 신경 쓰지 않는 것은 상상하기 어렵다. 조희연의 민주교육과 보편교육에 맞서 '실력주의'를 전면에 내세운 다음번 교육감 선거는 혁신학교는 물론이고 외고와 자사고의 운명을 건 거대한 한판이 될 것이다.

지금은 대통령 선거에 가리어서 아무도 신경 쓰지 않는 것 같지만, 광주 등 호남 지역에서의 청년 보수들의 약진, 그리고 특목고 등의 운명을 건 교육감 선거, 여기에서 한국의 미래를 놓고 큰 일전이 벌어질 것이다. 지금 시점에서 판단한다면, 이 두 개의 전선이 펼쳐질 2022년 지방선거가 당대표로서 이준석의 시선이 향하는 곳이라고 생각한다. 그건 대통령이 누가 되든, 여야 누가 이기든 변하지 않는 상

우석훈
멀쩡한 보수의 등장

수다. 상대적으로 자신이 직접 출마하는 것이 아닌 대선이나 자신의 임기 이후에 진행될 다음번 총선의 중요성이 덜하다. 정치인 이준석의 1차 전투는 지방선거일 것 같다.

③ 집권당 당대표로서의 이준석

다음 대선은 누가 이길까? 여전히 불투명하다. 그렇지만 국민의힘 당헌상 당대표의 임기가 2년이니까, 만약 대선에서 보수가 승리하면 이준석은 지금과 같은 야당 대표가 아니라 집권당 대표가 된다. 우와! 직접 대선을 지휘해서 승리를 이룬다면, 문재인 정부의 집권당 대표였던 이해찬보다 더 많은 권한을 행사할 것이다.

그가 직접 개개인에 대한 인선에 개입하지는 않을 가능성이 높지만, '세대교체'를 사회적 여론에 의한 일종의 가이드라인으로 제시할 가능성은 높다. 나는 30대 여성 장관을 프랑스 사르코지Nicolas Sarkozy 정권 때 문화부와 환경부에서 본 적이 있다. 이미 유럽의 많은 국가에서 30~40대 장관은 뉴스거리도 아니다. 그렇지만 한국에서는 여전히 파격이다. 전문가들을 중심으로 아마 절반 가까운 장관을 청년들로 채우려고 시도할 것 같다. 정책은 컴퓨터가 하는 게 아니라 사람이 하는 것이다. 무엇을 하느냐와 함께 누가 하느냐를 사람들이 보지 않을 수 없다. 장관과 함께 집권당이 쓸 수 있는 또 다른 옵션은 공공부문의 기관장과 감사

등 임원 인선이다. 청년 전문가들이 각종 기관장으로 내려가는 파격이 매일 뉴스를 가득 채울 것이다

　문재인 정부 인선은 스스로 어떻게 생각할지 몰라도 청문회의 눈으로 보면 적지 않은 장관들이 부적격이었다. 청년 장관 후보들의 경우는 그런 도덕성 문제에서 상대적으로 자유롭다. 부모에게 집 등 너무 많은 재산을 물려받은 '금수저'만 피한다면 국회 청문회 통과는 문재인 정부 인사들보다는 상대적으로 쉬울 것이다. 정책이 개혁인지는 몰라도, 인간의 측면에서는 청년들에게, 그리고 국민들에게 개혁적이라는 느낌을 줄 것이다. 좋은 곳으로 가는 것인지는 몰라도, 하여간 무엇인가 변하고 있다는 느낌이 온 나라에 가득할 것이다.

3. '멀쩡한 보수', 그 보수의 미래

문재인 5년은 아마도 정책 차원에서는 실패한 정권으로 남을 가능성이 높다. 그리고 그 정책 실패의 출발은 인선의 실패라고 생각한다. 대선의 향방에 가장 민감한 세 개의 집단을 꼽자면 국회의원, 고위 공무원, 그리고 정치평론가, 이렇게 생각할 수 있다. 국회의원들도 엄청 민감하지만 자체적인 시스템 논리가 있어서 상대적으로는 점점 그 민감함이 줄어드는 경향이 있다. 게다가 이번 국회는 다음번 총선이 2024년으로 좀 멀어서 그 충격이 덜하다. 공기업 기관장이나 퇴직 후 자리를 생각해야 하는 고위 공무원들의 경우는 주류 변화에 아주 민감하다. 청와대와 세종시의 장관들이 관여하는 기관장급 인사에 해당하는 사람들 사이에서는 요즘 국민의힘 쪽 인사들에게 줄 대느라고 정신이 없다고 알고 있다. 욕하기도 어렵다. 그게 삶이다.

생계형 정치평론가들이나 기초의원 출마자 중에서는 전향을 선택하는 경우가 늘어날 것이다. 생계형인 경우, 뭐라고 하기 어렵다. 그도 그럴 것이, 이번 대선은 불투명하지만, 이준석이 출마하는 다음 대선까지 치면 10년간 보수 정권이 펼쳐질 것이기 때문이다. 한 번 집권하면 10년 정도는 버티는 것이 지금까지 한국 정치의 지형이었는데, 이번에는 5년으로 끝날 가능성이 높다. 그래도 여당 입장에서는 마지막 가능성이 열린 것이 이번 대선이다. 여당

따르릉 따르릉 비켜나세요,
이준석이 나갑니다 따르르르릉

후보가 지지율은 높지만, 국회 경험이 없고 성공적으로 한국 정치에 연착륙할 수 있을지가 미지수로 남아 있기 때문이다. 그 뒤의 지방선거를 비롯한 다음 선거들은 더 어려워진다. 대선만 어떻게든 잘 치르면 되는 지난 선거 구도와는 좀 다르다.

젊은 이준석을 '멀쩡한 보수'로 새롭게 받아들인 한국의 보수는 이후에 어떻게 될 것인가? 20대만이 문제가 아니라 10대에서 불어 닥치는 이준석 열풍을 감안할 때, 진보 입장에서는 점점 선거가 어려워질 것이다. 이건 우리나라에서만 벌어진 일은 아니다. 우리나라 민주당보다 좀 더 좌파에 자리한 유럽의 사민주의 정당도 어려운 것은 마찬가지다. 프랑스 사회당의 경우는 2020년 재선에 성공한 파리 시장 이달고[04]가 거의 마지막 희망이라고 할 정도로 몰락해서, 이제는 대선 결선투표까지 못 간다. 미테랑의 신화를 생각하면 여전히 어색하다.

두 가지 점을 생각해볼 수 있다.

정책적으로 이준석은 성공할 것인가? 한국 자본주의라는 경제 시스템은 이제 누구도 몇 개의 간단한 정책으로 방향을 틀기에는 너무 커졌다. 최저임금을 비롯한 수많은

---

04   2014년 파리 시장 선거에서 중도좌파 사회당 후보 안 이달고는 정치명문가 출신의 중도우파 대중운동연합 후보 나탈리 코쉬스코 모리제를 누르고 당선됐다. '스페인 이민자의 딸'이 '공주님'을 이겨 당시 화제를 모았다. 편집자 주.

우석훈
멀쩡한 보수의 등장

정책은 역사적 제도의 산물이다. 스위스는 최저임금제가 없었는데, 팬데믹 국면을 거치면서 불평등이 너무 늘어나니까 결국 최저임금제를 도입했다. 최저임금 등 이것저것 자기들 하고 싶은 대로 하면 시스템의 불평등도가 너무 높아져서 결국 또 다른 의미의 정책 실패가 발생할 가능성이 크다. 일본의 최저임금 상승을 주도한 세력이 일본의 야당 세력이 아니라 아베 정권이었다는 점을 상기시켜 드리고 싶다. 하고 싶은 대로 하면 또 다른 정책 실패가 기다리고 있다고 예상할 수 있다. 젠더 경제도 마찬가지다. 할당제로 번역되는 쿼터는 그중 아주 작은 정책적 요소일 뿐이다. 마초 자본주의로 복귀할지, 아니면 또 다른 해법을 그 사이에서 찾아낼지는 지켜볼 일이다.

보수, 특히 청년 보수라는 관점에서 본다면 여전히 보편적이고 상식적인 우파를 뛰어넘는 극우파의 등장이 또 다른 쟁점이 될 것이다. 인종주의와 연계된 유럽의 극우 청년과 극우파 정당은 동구권 붕괴와 연관되어 있다. 동구에서 노동자 혹은 난민 유입이 늘어나면서 극우 청년이 등장하고 극우파 정당이 등장했다. 반북 보수의 한 분파인 우리의 '태극기'와는 발생 경로와 양상이 전혀 다르다.

우리에게는 난민 반대로 영국이 EU를 탈퇴하게 만들 정도의 강력한 청년 극우는 아직 없다. 외국인 노동자의 전면화가 없었고, 임시로 '내부의 적'을 여성으로 생각하는 청년들이 이제 등장한 것인데, 아직까지는 유럽식 극우로 분석하기에는 여러 가지 무리한 점이 있다. 가능성이 있다는 것만으로 지금의 마초 청년들을 극우로 보기는 어렵다.

유럽에서는 결국 보수와 극우가 분화해서 각자의 길을 걸어가게 되었고, 유럽의회에서는 극우파 정당이 1당을 차지하게 되었지만, 아직 전면적으로 집권하지는 못하는 상태다. 그럼 우리는? 태극기 류의 극우파는 재생산 구조가 취약하기 때문에 청년들과 결합하기는 어렵다. 그렇지만 마초 자본주의로 복귀하자는 청년 마초들의 경우는 유럽식 극우파의 경로를 밟아갈 가능성이 높다. 조국에 반발을 느낀 한국의 10-20대 청년들이 공정을 기반으로 한 능력주의 정도에서 머물 것인지, 아니면 조금 더 여성혐오주의를 바탕으로 본격적으로 마초형 극우로 분화할 것인지는 좀 더 지켜보아야 할 것이다.

청년과 광주라는 기반을 잃은 민주당이 대선에서 대역전극을 벌일 것인지, 아니면 청년과 본향을 모두 잃고 국민의힘의 정책 실패를 지켜보며 권토중래의 시간을 가질 것인지, 지금부터 몇 달간의 시간이 남아 있다. 그 기간에 스스로 격동의 시간을 만들어내지 못하면, 내년부터 이어질 이준석발 '퍼펙트 스톰'이 기다리고 있다. 이준석에게 쏟아지는 많은 비판은 냉정하게 따지면 "그가 얄밉다"는 정서적 반대 이상은 아닌 경우가 많다. 이준석에게서 많은 청

우석훈
멀쩡한 보수의 등장

년들은 로맨스 코미디 〈러브 액츄얼리〉의 한 장면을 떠올릴 지도 모른다. 이기기 어렵다.

차례

프롤로그

4   멀쩡한 보수의 등장

우석훈

1부
이준석의 도장깨기,
이제부터 시작이다

28   **김태은**   이준석이 윤석열과 이재명의 승패를 가른다

52   **최광웅**   이준석의 승리, 민심은 알고 있었다

92   **장훈**   이준석, 도덕과 담합과 위선의 정치를 뛰어넘다

100   **공희준**   이준석은 '이준석 세대'를 배신하라

2부
이준석 현상의 명과 암

148   **김홍열**   포노 사피엔스가 이준석을 불렀다

168   **조경일**   이준석 대표의 북한관 이대로 좋을까

206   **이동호**   이준석 쇼크와 40대 패싱론

3부
이준석 시대의 뉴노멀

230 **채진원** 이준석의 공정론과 한국정치의 과제
274 **이한상** 준스토노믹스: 공정한 경쟁이 자본주의적 정의다
298 **홍희경** 이준석, 무능해도 괜찮아

에필로그

328 이준석 빼고
다 집에 가라니
공희준

부록

335 36세 당수를 맞이하는
46세 당직자의 충격과 공포
강지연

1부

이준석의 도장깨기, 이제부터 시작이다

이준석이
윤석열과 이재명의
승패를 가른다

김태은

머니투데이 the300 기자

이준석이 '0선 당대표'라는 성과를
거머쥐었지만 내년 대선은 그의 또 다른
첫 시험대다. 내년 대선은 윤석열과
이재명 등 대선주자의 싸움이다.
그러나 대선 구도는 30대 이준석의 등장으로
출렁이고 있다. 훗날 우리 정치권에
'이준석 키즈' '이준석 세대'로 이름 붙여질
새로운 시대가 시작될지 내년 3월
판가름 난다.

2014년 6월 30일 새누리당(국민의힘 전신) 혁신위원회가 출범했다. 7·14 전당대회와 7·30 재보궐선거를 앞두고 비상대책위원회 수준의 특별기구를 만들어 당 혁신에 나서겠다는 각오에서다. '세월호 침몰 사고' 직후 치러진 6·4 지방선거에서 국민들에게 머리를 조아리는 것밖에 할 수 있는 일이 없었던 여당으로서는 변화와 쇄신의 성과물을 내놓을 특단의 조치가 '혁신위'였다.

혁신위원회 위원으로 4선의 정병국, 재선의 김용태·황영철, 초선의 강석훈 등 당내 개혁적 성향의 현역 국회의원들이 참여해 혁신위에 힘을 실었다. 화룡점정은 혁신위원장이었다. 2012년 '박근혜 비상대책위원장급'의 정치 거물을 삼고초려 했을지 이목이 쏠린 상황이었다.

국민들에게 변화의 상징을 보여줄 필요가 있었던 새누리당은 예상을 뛰어넘는 파격을 택했다. 국회의원 배지는커녕 선거에 출마한 경험도 없는 데다 아직 서른 살이 채 되지 않은 새파랗게 젊은 '정치 초짜'가 회의 상석을 차지하고 청와대와 새누리당 '어른'들에게 쓴 소리를 쏟아내는 모습은 보수 정당이 보여줄 수 있는 가장 파격적인 혁신이었다.

그가 바로 이준석이다. 오늘날 30대 '0선' 당대표가 되어 50대 비서실장을 거느리고 부모뻘인 최고위원들로 구성된 최고위원회의를 주재하는 장면은 이미 7년 전에 '연출'된 파격을 그대로 옮겨온 듯한 기시감이다.

이준석은 2012년엔 '박근혜 키즈'로, 2014년엔 새누리당을 바꾸는 혁신위원장으로, 보수 정당이 위기의 순간에 처할 때마다 변화와 쇄신의 아이콘으로 불려나왔다. 2016년 총선을 앞두고서도 김무성 당시 당대표 옆에 이준석을 항상 세우자는 제안이 나왔다.

2021년 이준석은 또 한 번 변화와 쇄신의 상징으로 전면에 등장했지만 이전과는 그 성격이 완전히 다르다. '어른 정치인'들이 치밀한 계산과 선거 전략을 통해 그를 낙점해왔다면 이번에는 국민의힘 당원들과 일반 국민들이 직접 그를 선택한 것이기 때문이다.

막연히 '보수의 미래'로만 치부됐던 그의 정치 경력은 느닷없이 내년 차기 대선의 열쇠를 쥔 '보수의 현재'가 됐다. 국민들은 단순히 변화와 쇄신의 아이콘이 아니라 정권교체를 위한 정치적 책임을 요구한 것이다.

서울시장 재보궐선거를 대승으로 이끈 김종인이 또다시 국민의힘의 정권교체를 주도하게 된다고 가정해보라. 불과 석 달 전까지 '예정된 미래'로 여겨지던 시나리오였다. 대선과 같이 큰 선거엔 뻔한 정답보다 담대한 모험이 필요한 법이다. 야권 지지층은 정권교체 바퀴로만 가는 외발 자전거에 세대교체 바퀴를 달아 크고 안전한 두발자전거를 만들어가겠다며 담대한 승부수를 던진 셈이다.

이에 비해 더불어민주당은 뻔한 정답도 아닌 뻔한 오

답을 선택지에서 고를 확률이 높아졌다. '이준석 현상'을 부러워하기도, 불편해하기도 하지만 정작 무엇이 '이준석 현상'을 만들어냈는지 알지 못한다. 대신 '검찰개혁' '언론개혁'과 같은 개혁 시리즈의 반복이다. 민주당의 '개혁'은 더이상 변화의 상징으로 받아들여지지 않는다. 민주당은 무엇으로 변화를 보여줄 수 있을지 고민에 빠질 공산이 크다.

김태은
이준석이 윤석열과 이재명의 승패를 가른다

1.

국민의힘 관계자나 이준석 지인 등에 따르면 이준석은 당대표 선거에 출마할 즈음엔 3등 정도를 목표로 한 것으로 전해진다. 스스로도 당대표 당선은 예상하지 못한 결과였다는 후문이다.

그러나 당대표 출마를 결심하고는 당 밖에 있는 대선주자, 특히 윤석열과 국민의힘의 관계를 설명하면서 자신이 당대표가 될 때 국민의힘 대선주자로 지지받을 수 있도록 할 수 있다는 이야기를 했다고 한다. 그가 당대표 선거 과정에서 중도층을 흡수해 제3지대 효과를 낼 수 있다고 주장했던 이야기를 이미 일찍부터 생각하고 있었던 듯하다.

국민의힘으로선 윤석열과의 관계 설정이 중요한 의제일 수밖에 없다. 4·7 서울시장 재보궐선거 때의 학습효과로 인해 대선에서도 야권 후보 단일화에 대한 압력은 매우 커질 것으로 예상되고 있었다.

현재까지 윤석열은 야권 유력 대선주자이자 사실상 유일한 대안으로 꼽히고 있는 상태다. 그가 국민의힘이 아닌 독자 창당을 선택하면 국민의힘으로서는 향후 야권 단일화 협상 때 불리한 위치가 될 가능성이 크다.

윤석열의 행보에는 아직 불확실성이 산재해 있다. 그의 주변엔 보수와 진보를 가르는 진영 정치를 넘어서 보다 다양한 세력을 아우를 수 있도록 국민의힘 밖에서 정치 세력화를 도모해야 한다는 이른바 '제3지대론'이 꾸준히 제기되어왔다.

선거에서 중도층의 영향력이 커지고 있다는 점도 윤석열 측에겐 쉽게 국민의힘행行을 결심하지 못하는 이유다. 서울시장 재보선에서 오세훈이 나경원을 당내 경선에서 꺾고 후보가 된 이변이 대표적이다. 정권심판론에 가세한 중도층은 일반 여론조사 100퍼센트 적용 방식인 경선에서 그 위력을 발휘했다.

당심보다 민심을 내세운 경선 결과가 의미하는 것은 명확했다. 원내대표 시절 황교안과 함께 진영 간 극단적 대립의 상징인 나경원을 거부하겠다는 뜻이었다. 부산시장 후보를 선택한 기준도 비슷한 맥락에서 이해된다. 박형준은 여론조사에서 30퍼센트 이상의 지지율을 얻으며 선두로 치고 올라가 일찌감치 승기를 굳혔다. 대표적인 친박(친박근혜) 인사인 서병수가 출마를 포기했고 '태극기 우파'의 잔다르크 이언주는 당내 경선 꼴등이라는 결과를 받아들여야 했다.

부산 지역 국회의원들 사이에서는 "과거 치열한 계파 다툼을 하던 경력은 깡그리 잊히고 교수, 방송인으로만 인식되는 경향이 컸다"며 "정권심판론이 워낙 크지만 보수 후보보다는 무색무취한 인지도 있는 후보를 원하는 민심의 방향이 뚜렷하다"는 평가가 나왔다.

김태은
이준석이 윤석열과 이재명의 승패를 가른다

안철수가 서울시장 후보 야권 단일화 경쟁에서 오세훈을 꺾지 못하고 주저앉은 것 역시 대선 구도까지 염두에 둔 야권 지지자들의 전략적 판단으로 이해할 수 있다. 초반에는 국민의힘보다 '중원'에 있는 안철수에게 지지가 몰렸다. 단, 여기에는 조건이 있는데 야권 단일화 후보라는 전제였다. 양자 구도를 만들어야 승리 가능성이 높아지기 때문이다.

또 다른 이유는 바로 정권교체 변수다. 국민의힘 바깥에 머무르고 있던 윤석열이 제3지대에서 정치세력화를 도모할 가능성을 보다 높게 평가하면서 국민의힘 후보가 아닌 안철수에게 야권 지지자들의 지지가 몰렸기 때문이다. 정권교체 플랫폼이 국민의힘이 아닌 제3지대가 될 수 있다는 기대감이 작용한 것이다.

그러나 최종적으로 야권 지지자들의 선택은 안철수가 아닌 국민의힘 오세훈이었다. 인물 경쟁력, 정당 조직력 등 여러 변수가 영향을 미쳤겠지만 야권 단일화 후보로 제1야당 후보와 제3당 후보를 저울질한 결과도 야권 지지층에게 중요한 변수로 작용한 것으로 보인다. 이는 향후 대선에서도 시사점이 될 수 있는데 국민의힘 바깥에 머무르고 있는 윤석열이 제3지대 후보로 나설 경우 야권 지지자들이 성공 가능성을 상당히 낮게 볼 수 있다는 뜻이기 때문이다.

재보선 이후 윤석열이 딜레마에 빠진 것도 이 지점이다. 대선 구도는 윤석열과 이재명 양강 구도로 점차 굳어져

가는 양상인데 정치적 배경이나 경력, 성향 등이 무척 달라 보이지만 의외로 지지층이 상당 부분 겹치는 이들은 중도층의 지지를 서로 뺏고 뺏기는 대체재 관계다. 두 사람 가운데서 대통령이 나온다면 최초로 국회의원 경력이 없는 대통령이 탄생하게 되는데, 행정가와 검찰총장의 '탈脫정치'적 이미지는 현 정권의 구심력이 약해질 때마다 중도층을 흡수하는 장점이 됐다.

여권 테두리 안에 있거나 있었지만 문재인 정권에 빚진 것 없는 자수성가형 정치인이란 점도 이들이 다른 주자들에 비해 중도층의 선택을 받을 수 있는 지점이다. 윤석열이 '간보기 정치'라는 비난을 무릅쓰고도 일정 기간 국민의힘 바깥에 머물며 정치 행보를 하려는 이유도 여기에 있다.

이는 윤 전 총장의 정치적 정체성과도 직결되는 문제다. 검찰 내에서 정치권과 싸워왔고 정치보다는 법치와 상식을 기치로 내세울 그가 국민의힘으로 직행하는 것은 검찰 내 진영을 가르지 않고 법에 따라 수사해왔다는 그의 핵심 가치를 부정하는 일일 수도 있다. 국민의힘으로 입당 내지는 힘을 합치는 것에 대해 명분을 만드는 시간이 필요하다.

핵심은 국민의힘과의 관계 설정 문제다. 중도층 상당수가 여전히 과거 탄핵 세력에 대해 반감이 크다는 점, 호남 지역의 거부감 등으로 국민의힘 직행이 득보다 실이 많

김태은
이준석이 윤석열과 이재명의 승패를 가른다

다는 게 '제3지대론'을 이루는 주요 근거다. 윤석열이 잃게 될 중도층 지지율은 대선 본선에서 윤석열과 맞붙을 가능성이 큰 이재명에게 갈 공산이 크다. 이는 윤석열에겐 치명상이 될 수 있다. 호남 지역 등 특정 지역으로부터 외면 받는 득표 결과 역시 윤석열이 지향하는 통합 가치와는 거리가 멀다.

윤석열이 프랑스의 마크롱처럼 새로운 세력을 만들어 기존 정치와 다른 도전을 할 수 있을지 기대감을 표한 대표적 인사가 김종인이다. 그는 윤석열이 검찰에 나오기 전부터 "별의 순간을 잡은 것 같다"며 호감을 표시하더니, 중도 성향의 제3당을 만든 후 기존 양당 세력을 포섭해 다수당을 구성하는 구상을 제시하기도 했다.

당초 정치권 안팎에서는 국민의힘의 재보선을 대승으로 이끌고도 국민의힘에 남지 않고 국민의힘과 선을 그은 이유가 윤석열을 중심으로 새로운 정치 세력을 만들기 위해서라는 추측이 한동안 설득력 있게 제기되기도 했다. 윤석열과의 회동이 계속해서 불발되면서 김종인이 주도권을 쥔 정치세력화 자체가 비현실적인 시나리오가 됐다. 더구나 그의 '2년 임기 후 내각제 개헌' 구상이 부담스럽다는 분위기여서 전반적으로 대선에서 그의 역할이 크게 제한될 전망이다. 이미 김종인은 지난 대선에서 '반패권연대'라는 이름으로 같은 시도를 한차례 했으나 실패한 바 있다. 당시

반문(반문재인)과 반박(반박근혜)을 통해 세력화를 추구한
다는 가치는 배제와 배제에서 통합을 이룰 수 있느냐는 물
음을 낳는다.

2.

이준석의 해법은 완전히 다르다. 그에겐 김종인과 달리 현재의 국민의힘과 공존하면서도 보수정권의 부끄러운 과거와 단절할 수 있는 힘이 있다. 세대교체다.

'광주 연설'에서 말한 것처럼 이준석에게 "80년 광주 민주화운동은 단 한 번도 광주 사태였던 적이 없고 폭동이었던 적도 없다." 국민의힘 지지자들은 1985년생 이준석을 당대표로 뽑음으로써 5.18 망언을 쏟아내던 부끄러운 '수구꼴통' 정당의 과거를 지우고 당당하고 떳떳하게 새 출발할 수 있다.

부끄러운 과거와의 단절, 그 다음은 미래다. 이준석은 박근혜의 고향 대구에서 "탄핵은 정당했다"고 선언했다. 그는 "박근혜 대통령에 대한 수사를 지휘했으나 문재인 정부의 부패와 당당히 맞섰던 검사는 위축되지 않을 것이며, 더 큰 덩어리에 합류해 문재인 정부에 맞서는 일에 주저하지 않을 것"이라고 말했다.

윤석열을 의미하는 것이 명백한 이 연설에서 이준석은 윤석열을 국민의힘 대선주자로 받아들여 정권교체에 나서자고 외친 것이었다. 한마디로 윤석열을 대통령으로 만들고 싶으면 이준석도 당대표로 뽑아달라는 말이다. TK(대구 경북)정서가 박근혜를 구속한 윤석열을 절대 받아들이지 않으리라는 예상이 기우란 사실을 보여준 말이기도 했

따르릉 따르릉 비켜나세요,
이준석이 나갑니다 따르르르릉   39

다. 정권교체에 대한 야권 지지자들의 열망이 그만큼 크다는 뜻이다.

이준석의 '대구 연설'은 당대표 선거의 결과를 결정지었다는 평가를 받았다. 동시에 야권 대선구도에서도 중대한 모멘텀이 됐다는 점에서 높이 평가될 만하다. 야권 지지층과 윤석열이 결합하는 데 장애물을 제거함으로써 양쪽 모두 대선 과정에서 전략적 선택지가 많아졌다는 측면에서다.

윤석열의 초기 정치 행보는 '적폐수사'의 원죄론에 따른 압박감으로 일정 부분 제한된 측면이 있다. 4·7 재보궐선거 이후 국민의힘 지지율이 상승하자 그가 대외 발언을 자제하며 제3지대와 국민의힘 직행 사이에서 갈팡질팡하게 된 점도 이와 연관이 있다.

윤석열 측 내부에서는 정치 행보를 본격화할 경우 구친박(친박근혜) 세력과 TK(대구 경북) 정서에서 반발이 있을 수 있다며 이를 고려해야 한다는 의견이 강하게 대두한 것으로 알려졌다. 윤석열이 '자유민주주의'를 강조하거나 5·18을 계기로 현 집권세력에 대해 이념적 대립각을 강하게 세운 것, 보수 성향의 조선·동아 출신 언론인을 대변인으로 선임한 것 등은 이 같은 의견이 반영된 사례로 풀이된다.

그러나 이 대표의 당선으로 적폐수사 원죄론 부담을 떨쳐낼 수 있게 되었고 과거가 아닌 미래 비전을 말할 수 있는 계기가 마련됐다. 전략적으로도 '중원'을 내다볼 수 있게 됐다. 국민의힘 지지자, 그리고 잠재적 지지자들 역시 문재인 정권과 맞서기 위해 박근혜 무죄를 외치는 일 외엔 아무것도 하지 못하는 '태극기 우파'에서 벗어날 필요가 있었다. 탄핵의 정당성을 인정하지 않는 한 과거에 사로잡혀 현재와 미래로 나아갈 수 없다. 정권교체는 더욱 요원한 일이다. 그런 점에서 이준석이 '대구 연설'에서 "탄핵이 정당하다"고 선언한 것은 지도자가 보여줘야 할 100퍼센트 모습이다. 법적 제도로는 사라진 '빨갱이 가족'에 대한 연좌제가 노무현의 "아내를 버리란 말입니까" 한마디로 심리적·사회적 족쇄까지 풀어버린 것처럼 말이다.

따르릉 따르릉 비켜나세요,
이준석이 나갑니다 따르르르릉

3.

이준석을 선택한 상당수의 국민의힘 지지자들은 "이준석이 당대표가 돼야 윤석열을 대선 후보로 내세워 대선에서 승리할 수 있다"고 목소리를 높였다. 실제 이준석 당대표 당선의 컨벤션 효과는 윤석열의 대선주자 지지율에 영향을 미친 것으로 분석된다. 당대표 선거 직후 윤석열 대선주자 지지율은 상승 추세를 나타냈다.

이준석은 2030세대에겐 정치 팬덤 수준의 열광적인 지지를 형성하고 있다. 박근혜 이후 보수 정치인으로는 찾아보기 힘든 현상이다. 정치 팬덤 연구자인 송경재 경희대 인류사회재건연구원 교수는 "정치 팬덤 형성 메커니즘으로는 첫째 정치인 개인의 스타성과 리더십, 둘째 시대적인 흐름을 파악하고 만드는 능력"이라고 분석했다. 이준석으로선 적어도 스타성과 시대적인 흐름을 파악하는 능력을 갖췄다고 볼 수 있다.

정치권이 이준석에게 주목하는 이유는 단지 그가 젊은 당대표라서가 아니라 그가 2030세대에 갖는 영향력 때문이다. 지난 서울시장 재보선에서 2030세대가 캐스팅보트를 행사하면서 국민의힘에게 승리가 넘어가는 결정적인 계기가 됐다. 이준석은 서울시장 재보선에서 특히 MZ세대로 불리는 20대를 정치 한복판으로 불러들이며 선거를 뒤흔든 태풍으로 만든 일등 공신이었다.

기성 정치인들은 'MZ세대'가 가져올 혁명적 변화가 어떤 모습으로 분출될지 가늠조차 힘들어하는 사이, 이준석에 대한 이들의 지지는 기존 대선주자들도 따라오지 못할 정도가 됐다. 여론조사기관 글로벌리서치가 뉴시스 의뢰로 전국 만 18세 이상 남녀 1000명을 대상으로 6월 30일-7월 2일 사흘간 '차기 대통령 적합도' 조사를 실시한 결과[01]를 보면 이준석은 20대에서는 14.3퍼센트의 지지율을 얻어 이재명(13.8퍼센트), 윤석열(7.1퍼센트)를 제치고 1위를 차지했다.

이준석이 대통령 출마 나이 제한 때문에 의미 있는 조사는 아니지만 그가 2030세대에 미치는 정치적 영향력이 결코 적지 않음을 보여준다. 피플네트워크리서치PNR가 머니투데이와 미래한국연구소 의뢰를 받아 5월 29일 실시한 차기 대선주자 선호도 조사[02] 결과에서 '이준석 지지층'만 분리해 어떤 대선 후보를 지지하는지 분석한 결과, 당대표 적합도에서 이준석을 지지한다고 응답한 층은 대선주자로 윤석열을 지지한다는 의견이 47퍼센트로 가장 높았다. 이재명을 지지한다는 응답은 22.1퍼센트로 윤석열 지지율의

01   표본오차 95퍼센트 신뢰수준 ±3.1퍼센트 포인트, 응답률은 13.0퍼센트, 자세한 사항은 글로벌리서치와 중앙선거여론조사심의위원회 홈페이지 참고

02   전국 1004명 무선자동응답조사, 표본오차 95퍼센트 신뢰수준 ±3.1퍼센트 포인트, 응답률 2.8퍼센트, 자세한 사항은 조사 기관이나 중앙선거여론조사심의위원회 홈페이지 참고

따르릉 따르릉 비켜나세요,
이준석이 나갑니다 따르르르릉   43

절반에 못 미쳤다.

이들은 윤석열의 국민의힘 입당 줄다리기나 윤석열에 대한 각종 네거티브에도 이준석의 의견에 쉽게 영향을 받는 경향을 보인다. 윤석열로서는 향후 대선 행보에서 2030 세대 여론을 우호적으로 가져가기 위해서 이준석을 전략적 파트너로 손잡을 필요가 있다. 이준석이 대표가 되기 위해서 야권 지지자들이 정권교체의 유일한 대안으로 여기는 윤석열을 필요로 했듯 이제는 윤석열이 이준석을 필요로 하는 입장이 됐다고도 볼 수 있다.

더욱 중요한 것은 청년 세대인 이들에게 생존과 직결되는 공정의 영역을 이준석이 점령해나가고 있다는 점이다. 이준석의 '능력주의'는 경쟁의 결과가 '나', 개인으로 귀속되는 사회를 말한다. 부모의 능력도, 권력도, 여기에 세대의 기득권까지 걷어내는 사회다. 기성세대가 결코 뛰어넘을 수 없는 '디지털 네이티브' 세대의 경쟁력을 갖고서도 '아날로그 세대'인 '86세대' 기득권에 막혀 취업과 임금 등 불평등의 벽에 가로막혀 있는 이들에게 이준석의 '능력주의'는 큰 위력을 발휘할 잠재력을 지니고 있다.

우리 사회는 '86세대'가 기득권 세력화해 그들이 가진 사회적 자산을 자식에게까지 대물림하는 불공정한 사회다. 이준석의 능력주의는 세대적 우월성을 내세워 기성세대들과 능력으로 경쟁해 86세대의 기득권을 해체하고자 하는 공정의 수단인 셈이다. 2030세대에게 이준석이 세대교체의 상징이자 기성세대의 기득권을 타파하는 공정의 상징이 된 이유다.

'이준석 현상'에 윤석열과 이재명도 유탄을 피하기 어렵다고 지적된 이유다. 윤석열과 이재명은 당초 공정과 정의를 내세워 기득권을 무너뜨릴 심판자로 기대됐다. 이준석의 등장은 이들의 문법 또한 낡고 뻔한 것이 아닌지 회의하게 만들어버린다. 당장 이들 역시 기성 정치인처럼 보이게 만드는 게 이준석 효과다.

윤석열과 이재명의 구호가 공정에서 각각 '자유'와 '성장'으로 무게중심이 이동하게 되는 것과 우연의 일치는 아닐 테다. 윤석열의 경우 제3지대에서의 움직일 공간이 대폭 줄어든 것도 비슷한 문제다. 단순히 중도층의 지지를 견인하는 문제로 본다면 윤석열에게 아직 역할이 남아 있다고 볼 수도 있지만 새로운 정치나 기득권 타파, 정치교체 등의 상징성은 정권교체에 대해 갖는 의미에 비해 현저히 줄어들었다 할 수 있다.

민주당의 고민은 더욱 커질 듯하다. '이준석 현상'이 단순히 30대 당대표로 표현될 수 없듯 민주당 역시 정권 재창출이라는 목표와 그를 위해 싸워온 후보, 이를 뒷받침하는 새로운 가치가 필요하다. 한마디로 '김남국이 이준석이 될 수는 없다'는 뜻이다.

단지 청년 정치인의 부상만으로는 '이준석 현상'을 절대 이해할 수 없다. 선거 때 청년 정치인을 발굴해 전략 공천하고 당의 전면에 세우는 작업은 오히려 민주당이 더욱 적극적인 편이었다. 21대 국회에서 2030세대에 해당하는 국회의원은 총 13명으로 국민의힘은 3명에 불과한 데 비해 민주당은 8명이다. 의석수 대비 비중으로 봐도 두 배 가까이 많다.

이중 김남국 더불어민주당 의원은 초선 의원임에도 국회 법제사법위원회에서 활약하며 웬만한 중진 국회의원보다 유명세를 떨치고 있다. 정청래 더불어민주당 의원이 이준석 국민의힘 당대표의 선전에 "김남국 의원도 당대표에 도전해서 바람을 일으켰으면 좋겠다"고 콕 집어 띄운 이유다. 정작 한국 정당사의 새 역사를 쓴 30대 당대표는 국회의원에서 연거푸 낙선한 '0선 중진'에서 배출됐다는 점은 국회의원 배지를 단 청년 정치인들의 한계를 역설적으로 보여주고 있다는 지적을 낳는다.

이준석 대표도 비록 출발은 '청년'이란 상징성을 앞장세웠다. 그러나 곧 험지인 서울 노원구에서 국회의원에 도전해 연거푸 패배를 감수하며 청년 이외의 다른 정치적 자산을 쌓아나갔다. 보수 정당 소속 정치인이 손쉽게 국회의원 배지를 다는 대신 각종 방송에 출연하고 당내 뉴미디어 전략, 2030세대 청년 정책 등 자신만의 실적을 만들어 야권 지지자들로부터 세대를 뛰어넘은 새로운 시대의 정치인으로 평가받을 수 있었다.

이에 비해 더불어민주당 내 청년 정치인으로 분류되는 2030세대 초선 국회의원들에 대한 평가는 박한 편이다. 일차적으로 이들이 스스로 쌓아올린 정치적 자산이 적고 기성 정치의 후광에 의존하는 경향이 크다고 비춰지는 게 현실이다. 2030세대의 정치 참여를 독려하는 치어리더나 '청년 정치' 카테고리를 채워 넣어 줄 조연에 머물 가능성이 큰데 민주당의 경우 기성 정치와 청년 정치를 서열화해 청년 정치인들을 당 지도부나 주류의 주장을 내세우기 위한 돌격부대로 활용하고 있다. 민주당 청년 정치인들이 청년 정치의 참신성이나 차별성 청년 세대의 대표성과는 거리가 멀다는 비판이 나오는 이유도 여기에 있다.

민주당은 이재명이라는 '준비된 후보'가 있고 정권 재창출이라는 목표도 있다. '유능한 정부'라는 지향하는 가치를 위해 다양한 정책도 준비 중이다. 그러나 무엇보다 공정과 정의의 기준을 흔들어버리는 진영 논리를 벗어나지 못하면 유능함은 도달할 수 없는 가치가 된다. '이준석 현상'이 '탄핵의 강'을 건넌 '대구 연설'에서 시작된 것처럼 민주당의 '이준석 현상'은 '조국의 강'을 건널 때 비로소 가능한 일이다.

4.

2014년 이준석 혁신위원장이 손에 쥔 성과는 전체회의 4회, 혁신토론회 1회가 전부였다. 유일한 성과로 평가되는 당내 상설 인사검증기구 설치를 최고위원회에 상정시키기 위해 한밤중에 김무성 당대표 집을 찾아갔지만 "더 지켜보자"는 답만 듣고 빈손으로 돌아와야 했다.

이준석은 스스로 '보수혁신의 아이콘이 되겠다'는 김무성에게 혁신위마저 넘겨줘야 했다. 30대에 접어든 이준석은 기성 정치인들이 달아준 혁신의 '아이콘'이란 이름표를 내려놓고 자신의 지지기반 구축에 직접 나선다. 2년간 준비 끝에 2016년 총선에서 서울 노원병 선출직에 도전한 것이다.

그는 이미 2013년 노원병 재보선 당시 출마 권유를 받은 바 있었다. 그땐 '정치를 할지 확신이 없다'며 거절했던 그가 '직업 정치인'의 길을 걷겠다고 결심한 데엔 '새바위 혁신위원장'의 실패가 자극이 됐을지 모르겠다. 혁신은 젊고 새로운 인물 한두 명이 쓴 소리를 한다고 성과를 낼 수 있는 게 아니라 결국 시대적 요구와 대중적 지지를 등에 업고 이뤄낼 수 있는 것이기 때문이다.

비록 낙선의 고배를 계속 마시긴 했지만 정치인 이준석은 탄핵, '새로운 보수' 등 보수정당이 처한 시대적 갈림길마다 자신이 주장해온 '혁신'의 일관성을 지켜왔다는 점에서 '선거용 혁신'이란 비판에서 벗어날 수 있었다.

그의 가장 큰 성과는 보수의 '블루오션'이었던 2030세대 시장을 개척했다는 점으로 평가된다. 정치의 주변부에 머물렀던 2030세대를 단숨에 정치의 중심부로 끌어들이고 나아가 차기 대선의 캐스팅보트로 만들면서 대선 구도까지 바꾸는 저력에 주목한다. 보수 지지층이 정권교체의 강력한 열망으로 새로운 세대의 지지를 받은 그를 불러낸 이유다.

이준석의 '공정한 경쟁'과 '능력주의'도 보수 지지층에게는 '이준석표 정권교체'를 약속하는 레토릭으로 수렴된다. 이준석은 마침내 '0선 당대표'라는 성과를 거머쥐었지만 내년 대선은 그의 또 다른 첫 시험대이기도 하다. 그는 새로운 시대의 정치 지도자가 될 수 있다는 가능성을 보여주고 이미 '이준석식 정치개혁'을 실행에 옮기고 있지만 정권교체에 실패하면 '이준석 체제'가 지속될 수 있을지 담보할 수 없다. 이 경우 '선출직 공직자 자격시험' 등 논란이 많은 제도가 유지될 수 있을지도 장담할 수 없는 일이다.

이준석이 당대표 선거 과정에서 제시했던 가치들이 과연 정권교체와 상관없이 세대교체의 가치로 유효할 수 있을지, 그의 강력한 지지기반이었던 2030세대부터 먼저 그에게 질문을 던질 수 있다.

내년 대선은 윤석열과 이재명 등 대선주자의 싸움이다. 그러나 대선 구도는 30대 이준석의 등장으로 출렁이고 있다. 훗날 우리 정치권에 '이준석 키즈' '이준석 세대'로 이름 붙여질 새로운 시대가 시작될지 내년 3월 판가름 난다.

이준석의 승리,
민심은
알고 있었다

최
광
웅

데이터정치평론가

단결만을 외치면서 승리한다는 것은
낡은 선거 전략이다. 폭넓은 제3지대,
스윙보터들을 공략하지 못하면 승리는 없다.
스윙보터, 중도·무당층 유권자들을
확보하는 데 '이준석 현상'을 활용하는
전략보다 나은 전략은 없다.
2021년 이준석 현상을 만든 부동층은
이해관계에 따라 마음이 흔들리는
유권자들이다. 이들의 마음을 열어 가까이
다가갈 수 있다면 2022년 3월 대선에서
최후 승자가 된다.

민심을 숭배하면 승리하고 빠심을 숭배하면 패배한다

당심은 검찰개혁, 민심은 민생해결(더불어민주당), 당심도 민심도 먹고사니즘(국민의힘).

더불어민주당 열성당원들에게 희망사항 한 가지만을 묻는다면 누가 뭐래도 검찰개혁이다. 5·2 전당대회에서 선출된 제5대01당대표 송영길 의원이 취임 한 달 기자간담회에서 '조국 사태'에 관하여 사과를 하자 대표적 친문계인 김용민 수석최고위원이 곧바로 반발했다. 그는 한 라디오 방송에 출연해 "제3자인 민주당이 조국 전 장관에 관해 사과할 부분은 아니다"라며 조국 전 장관의 변호인을 자임했다. 그리고 민주당 권리당원 게시판에는 송 대표의 즉각 사퇴와 탄핵을 요구하는 비난 글이 온종일 쏟아졌다. 이들은 이른바 '문파'라고 불리는 민주당의 강성 지지층들이다. 부동산과 일자리 문제 해결은 2021년 현재 '민심'이 가장 크게 원하는 바이지만, 이들 문파들에게만큼은 검찰개혁보다 후순위로 밀린다. 따라서 국민의 눈높이에 보면 더불어민주당은 민심보다 '당심', 즉 검찰개혁이 더 중요한 것으로 비친다. 민주당의 정당 지지도가 가면 갈수록 하락하는 첫 번째 이유다. 선출 6주 만에 첫 국회 교섭단체 연설에 나선 송

01 2015년 12월 28일 새정치민주연합에서 더불어민주당으로 당명을 개정했다. 당시 당대표는 문재인 현 대통령이다. 이후 추미애(2대), 이해찬(3대), 이낙연(4대)을 차례로 거쳤다.

최광웅
이준석의 승리, 민심은 알고 있었다

영길 대표가 "특정 세력에 주눅 들거나 자기검열에 빠지는 순간 민주당은 민심과 유리되기 시작한다"라고 강조한 까닭은 그래도 민심과 당심을 일치시키려는 나름대로의 몸부림으로 해석된다.

한편 '이준석 돌풍'의 핵심은 국민의힘이 2017년 5월 대선부터 연달아 3연패를 당하면서도 어정쩡한 상태로 풀지 못한 숙제이자 딜레마인 '탄핵의 강'을 정면 돌파했다는 데 가장 큰 의의가 있다. 그것도 보수의 심장인 대구·경북 당대표 합동연설회장에서 박근혜 전 대통령에 대한 탄핵의 정당성을 주장해버렸다. 누구도 감히 엄두조차 내지 못한 발언을 이준석은 과감하게 뱉어내고 차차기 대권주자 반열에까지 올라섰다. 만 36세이기 때문에 헌법상 대선 출마 자격이 없고, 민주당 최강세 지역 서울 노원(병) 선거구에서 세 번 국회의원에 도전해 세 번 모두 낙선한 이준석이었기 때문에 오히려 보수의 성지에 가서도 큰 목소리를 내며 당당할 수 있었다.

이준석 당대표 후보는 6·11 전당대회를 앞두고 6월 3일 대구 엑스포 연설회장 단상에 올라 이렇게 말했다. "(2011년) 박근혜 대통령이 저를 영입하지 않았다면 저는 이 자리에 서 있지 못했을 것"이라고 전제하면서도 "하지만 저는 제 손으로 만드는 데 일조한 박근혜 대통령이 호가호위하는 사람들을 배척하지 못해 국정농단에 이르는 사태가 발생하게 된 것을 비판하고, 통치불능의 사태에 빠졌기 때문에 탄핵은 정당했다고 생각한다"라고 떳떳하게 밝혔다. 그리고 이 후보는 "이번 전당대회에서 제가 탄핵에 관한 이야기를 굳이 꺼내 드는 이유는 세상이 우리를 지켜보고 있기 때문이다"라고 명확하게 자신의 입장을 공개했다. 이 지점은 바로 이준석 후보가 민심과 당심을 일치시키겠다는 생각의 반영이다. 민심을 있는 그대로 받아들이자고 한 이준석의 호소는 정확하게 맞아떨어져서 0선의 반란으로 이어졌다. 합계 18선을 자랑하는 중진 4명의 62년 간 국회 경험도 '4연속 선거 패배의 책임' 앞에서는 맥없이 무너졌다. 평균 61.5세라는 노회한 후보들의 경륜 자랑도 만 36세 청년의 패기를 앞세운 기세에는 별다른 소용이 없었다. 진심 하나가 곧 선거 승리 전략이 된 것이다.

더불어민주당은 당원 게시판과 각종 SNS 커뮤니티를 장악한 강성 지지층 때문에 여전히 당심이 우위에 있으나, 이제 국민의힘은 민심과 당심이 거의 일치한다. 이 지점이 바로 두 정당이 뚜렷하게 대비되는 부분이다. 그러므로 민주당이 2022년 3월 대선을 앞두고 시급하게 풀어야 할 숙제는 당심과 민심의 간극을 어떻게든지 좁혀야 한다는 데 있다.

한편 당심과 민심이 괴리되어 있음을 확인한 가장 최근의 사건은 황교안 전 국무총리가 제2대 자유한국당[02] 당대표로 선출된 2019년 2·27 전당대회에서 뚜렷하게 드러

최광웅
이준석의 승리, 민심은 알고 있었다

난다. 2020년 4·15 총선 승리를 준비하던 당시 자유한국당은 대선주자급 당대표를 영입하기로 하고, 박근혜 전 대통령 탄핵심판 기간 대통령권한대행을 역임한 황교안 전 국무총리에게 등판을 요청한다. 일반적으로 중간선거인 총선과 지방선거는 제1야당의 경우 대선 후보가 지휘봉을 확실히 잡아야 승리할 확률이 매우 높다. 이와 반대의 경우 패배하는 비율이 높다는 사실이 과거의 선거 데이터가 입증하기 때문이다. 그런 이유로 황교안 카드가 유력하게 등장했다. 실제로 2012년 대선을 앞두고 민주통합당 내 친노 진영의 유력 대선주자였던 문재인 대통령은 19대 총선에서 험지인 부산 사상구 출마로 발이 묶였다. 선거 중반 이후 2위와의 격차가 어느 정도 벌어져 시간적 여유가 생기면서 부산·경남·울산 전역에 대한 지원 유세에 나섰지만 이미 대세는 기운 상태였다. 이 같은 실패 경험을 평가·반성하면서 문 대통령은 2016년 총선에서는 아예 지역구도, 비례대표도 출마조차 하지 않는 배수진을 치고 전국 지원유세를 다녔다. 1996년 총선 불출마와 1997년 대선에 전념한 김대중 전 대통령 모델을 본뜬 것이었고, 이 전략은 결국 성공했다.

　　2019년《동아일보》《중앙일보》《매일경제》등 주요 언론사가 실시한 신년 여론조사에서 차기 대선주자 지지

02　　2017년 2월 13일부터 2020년 2월 17일까지 존속한 국민의힘의 전신 정당이다.

따르릉 따르릉 비켜나세요,
이준석이 나갑니다 따르르르릉

	여당	제1야당	비고
2012년 4월 총선	152	127	유력 대선주자 문재인, 험지 부산 지역구 출마
2016년 4월 총선	122	123	대선주자 문재인, 지역구 불출마 및 전국 지원유세
2020년 4월 총선	180	103	유력 대선주자 황교안, 험지 종로구 출마

표 1. 제1야당의 유력 대선주자 총선 출마와 선거 결과 비교(단위: 석)

출처: 데이터정경연구원(2021)

도 평균은 범보수권 1위가 16.3퍼센트로 황교안 전 국무총리였다. 2위는 오차범위 이내로 바짝 추격 중(14.0퍼센트)이며 2년 전 대선에 출마한 유승민 전 의원이었다. 이어서 오세훈 전 서울시장(11.1퍼센트)이 3위를 나타냈다. 그러나 유승민 전 의원은 아직 새로운보수당03에 남아 있었기 때문에 자유한국당 당대표 출마 자체가 불가능한 상태였다. 따라서 전당대회 불과 43일 전에 자유한국당에 입당하며 당대표 출마를 선언한 황 전 총리와 그보다는 조금 빨랐지만 90일 전에 복당하고 선거전에 뛰어든 오 전 서울시장 간의 2파전이었다. 박근혜 정부에서 5년 가까이 법무부장관과 국무총리를 지낸 황 전 총리가 본격적인 당대표 선거운동에 나서자 친박 진영은 일제히 환영에 나섰다. 출마 채비에 나섰던 중진들도 하나둘씩 포기하고 그를 지지하기에 이른

03   2020년 1월 5일부터 2월 17일까지 존속한 바른미래당 출신 의원들이 결성한 정당이다. 미래통합당(현 국민의힘)에 흡수·통합되었다.

	당원 투표(70퍼센트)	국민 여론조사(30퍼센트)	합계
황교안	55.34	37.70	50.05
오세훈	22.85	50.23	31.07
김진태	21.80	12.07	18.88

표 2. 자유한국당 2019년 2·27 전당대회 당대표 경선 결과(단위 : 퍼센트)
출처: 자유한국당 전당대회 선거관리위원회 발표 자료

다. 비록 황 전 총리가 여의도 정치판 경험은 전혀 없지만, 박근혜 전 대통령이 탄핵심판으로 직무 정지되기 직전까지 호흡을 맞춘 인물로서 친박의 상징으로 내세우기에는 아무리 찾아보아도 그만한 인물이 없었다.

황교안 후보는 2·27 전당대회에서 2위에 그친 오세훈 후보를 여유 있게 따돌리고 당대표로 선출되었다. 그의 합계 득표율은 과반수를 넘어서서 정치 초년생치고는 엄청난 파괴력을 보여주었다. 하지만 그 내용을 찬찬히 살펴보면 당심의 승리요, 민심에서는 패배한 불안한 승리였다. 황 대표는 38만여 명이 참여한 당원 선거인단 투표에서는 무려 55퍼센트가 넘는 압승을 거두었다. 하지만 국민 여론조사에서는 오히려 오세훈 전 서울시장에게 12퍼센트 이상 크게 뒤졌다. 특히 오 전 시장은 2011년 무상급식 주민투표로 서울시장직에서 물러난 이후 7년여 만에 전국적으로 민심의 50퍼센트가 넘는 폭발적 지지를 획득함으로써 정치 재개의 명분을 확보할 수 있었다.

따르릉 따르릉 비켜나세요,
이준석이 나갑니다 따르르르릉

특히 국민 여론조사는 역선택[04] 방지를 위하여 자유한국당 지지층과 무당층(지지 정당 없음/잘 모르겠음)만을 대상으로 한정해 실시한다. 이는 더불어민주당도 지도부 경선이나 공직 후보자 선출을 위한 국민 여론조사에서 같은 방식을 제도화하고 있다. 그렇기 때문에 지지층에 더하여 무당층을 얼마나 확보할 수 있는지 여부가 이런 방식의 선거에서는 승패를 가르는 핵심 포인트다. 황교안 대표는 민심이 아니라 당심의 대변자라고 할 수 있었다. 좀 더 구체적으로는 반공보수와 대구·경북, 60대 이상 노인층, 그리고 친박근혜 지지층의 '빠심'만을 대변하고 확장성의 한계를 보여준 황교안 당대표. 그가 진두지휘한 2020년 4·15 총선 결과는 과연 어떻게 되었을까? 독자 여러분도 잘 알다시피 더불어민주당 180석 대 미래통합당 103석으로, 보수정당 역사상 최저 의석 확보라는 대참패다. 만약 2·27 전당대회에서 민심의 압도적 지지, 특히 무당층으로부터 높은 지지를 받은 오세훈 전 서울시장을 당대표로 내세웠다면 그 결과는 사뭇 달라졌을 것이다. 이 21대 총선에서 무당층이 많아서 스윙보터[05] 지역이라고 분류되는 수도권/충청권 선거구 29곳이 5퍼센트 이내에서 승패가 갈렸는데, 미래통합당은 이중 겨

---

04   정보의 격차 때문에 오히려 품질이 낮은 상품을 선택하는 상황을 말한다. 정치시장에서는 상대적으로 정보력을 더 많이 가진 집단이 왜곡이나 오류를 통해 이익을 취하기 위해 '반대의 선택'을 취하는 행위를 말한다.

		오세훈	황교안
연령별	19~39세	19.2	15.7
	60세 이상	25.6	38.0
지지 정당별	자유한국당 지지층	20.4	64.0
	무당층	23.1	20.1
권역별	수도권	24.8	21.9
전체		23.8	23.9

표 3-1. 자유한국당 2019년 2·27 전당대회 당대표 여론조사 집계평준화(단위 : 퍼센트)
출처: 중앙선거여론조사심의위(2019. 2. 11-2. 24 사이) / 집계: 데이터정경연구원

우 10곳(34.5퍼센트)만을 승리하였다. 미래통합당은 스윙보
터 지역에서 대략 3분의 1을 확보했기 때문에 전체 의석에
서도 고작 3분의 1에 머무를 수밖에 없었다.

　　표 3-1은 미국의 통계 전문 사이트인 〈파이브서티에이
티〉[06]가 실시하는 방식을 사용해 데이터정경연구원이 분석
한 통계표다. 즉, 자유한국당 2·27 전당대회 바로 직전 다섯
차례 실시된 여론조사 결과를 수집한 다음 집계 평균화[07] 방

05　선거에서 어떤 후보에게 투표할지 결정하지 못한 유권자들이다. 마음이 흔들리는
　　투표자라는 의미에서 스윙보터(swing voter)이며, 부동층 또는 중도층이라는 용어
　　로도 섞어 쓴다.

06　미국 통계학자 네이트 실버가 만든 여론조사 분석, 정치 경제, 스포츠 예측 전문 사
　　이트. 2008년 선거부터 여론조사 집계를 시작했다. FiveThirtyEight(538)는 미국
　　대선의 선거인단을 상징한다.

따르릉 따르릉 비켜나세요,
이준석이 나갑니다 따르르르릉　　　　　　　　　61

법을 적용하여 오세훈, 황교안 두 당대표 후보의 총선 리더십 경쟁력을 비교하였다. 역시 황교안 전 총리는 자유한국당 지지층(64퍼센트)과 60세 이상(38퍼센트) 등 전통적인 보수의 당심으로부터 절대적인 지지를 확보했다. 그러나 나머지 무당층과 수도권 등 외연을 넓히는 측면에서 보면 친박 출신이라서 근본적 한계를 보여주었다. 이에 반해 오세훈 전 서울시장은 수도권(+2.9퍼센트), 무당층(+3퍼센트), 2030 청년층(+3.5퍼센트) 등에서 황교안 전 총리보다 상대적으로 높은 지지를 얻었다. 만약 총선 지휘봉을 잡게 되었다면 오 전 시장의 리더십 확장성이 높아서 스윙보터층에 훨씬 더 강력하게 다가갈 수 있음을 보여주는 아주 좋은 데이터다.

날짜	조사기관	표본수	오차범위	조사방법	응답률
2.22~2.24.	알앤써치	1,120	±2.9	무선ARS 100퍼센트	7.9
2.19~2.21.	한국갤럽	1,001	±3.1	무선면접 85퍼센트 + 유선면접 15퍼센트	16.3
2.16~2.17.	조원씨앤아이	1,033	±3.0	ARS 무선 80퍼센트 + 유선 20퍼센트	2.9
2.15~2.17.	알앤써치	1,160	±2.9	무선ARS 100퍼센트	8.2
2.11~2.13.	서던포스트	1,000	±3.1	ARS 무선 72퍼센트 + 무선 28퍼센트	3.1

표 3-2. 자유한국당 2019년 2·27 전당대회 당대표 여론조사 설계표(단위: 명, 퍼센트)
출처: 중앙선거여론조사심의위원회

07 실제 근사치에 접근하기 위하여 단순 평균이 아닌 가중 평균을 내는 방식을 사용한다.

2016년 총선과 2017년 대선, 그리고 2018년 지방선거에 이르는 등 내리 3연패한 보수 진영은 정기 여론조사를 통하여 차기 대선 후보로 화려하게 부상한 황교안 전 총리를 양자로 들였다. 그리고 전당대회를 거쳐 당대표직의 전권까지 맡겼다. 그런데 그 여론조사에 나타난 민심은 진짜 민심이 아니었다. 그 민심은 다름 아닌 박근혜 전 대통령의 탄핵을 부당하다고 여기는 대구·경북, 60세 이상, 태극기 부대에 우호적인 세력 등 친박 중심이었다. 친박 자체가 문제인 것은 아니지만 무조건 박근혜를 지키겠다는 '빠심' 하나만으로는 결코 선거에서 승리할 수 없다. 플러스알파가 있어야 하는데, 그것을 소홀히 한 황교안도, 자유한국당도 스스로 대패를 자초해버렸다. 민심은 내 편이나 네 편이 아니다. 민심의 결정권은 오로지 스윙보터, 곧 무당층에 있다.

　　이준석 현상은 이미 2019년 자유한국당 2·27 전당대회에서 그 조짐이 서서히 잉태하기 시작했다. 민심 반영이 30퍼센트밖에 되지 않는 당대표 선출 제도의 구조적 한계 때문에 비록 오세훈 후보가 당권 확보에는 실패했으나 3자 구도에서도 국민의 마음을 과반 이상 얻었다는 데 의의가 있다. 따라서 오세훈은 이미 패배한 것이 아니었다. 절반 이상은 성공한 셈이었다. 그런 까닭에 자유한국당이 참패한 2020년 4·15 총선에서, 그것도 선거구가 신설된 15대 총선 이래 단 한 차례도 보수정당 후보에게 당선을 허용하지 않은 힘지 중 험지인 서울광진(을)에서 불과 2.5퍼센트 차이까지 바짝 따라붙을 수 있었다.

박원순 전 서울시장의 유고 사태로 1년 만에 갑작스럽게 또 한 차례 등판 기회가 찾아왔지만 오세훈은 결코 서두르지 않았다. 그는 2021년 상반기 서울시장 보궐선거를 앞두고 처음부터 욕심 부리지 않는 모습을 보였다. 오세훈 후보는 가장 먼저 범야권 주자로 출마 결심을 밝힌 안철수 국민의당 대표에게 국민의힘 입당·합당을 촉구하며, 이른바 '조건부 출마'를 선언하고 4·7 서울시장 보궐선거전에 뛰어들었다. 서울시청과 정권 탈환의 기반 확보를 위해 일차적으로 1대1 구도를 만든다는 명분을 내세웠다. 그래서 자신보다 중도층에 확장성이 더 있다고 하는 안 대표를 위해 시간을 두고 기다리겠노라며 겸양의 미덕까지 보여주었다. 이를 지켜본 중도·무당층 유권자들은 실로 어떤 정치적 감성을 표시했을까? 그러자 국민의힘 서울시장 후보 선출을 위한 여론조사에서 오세훈 후보(41.64퍼센트)는 뜻밖에 나경원 후보(36.31퍼센트)를 10퍼센트 이상 격차로 누르고 국민의힘 후보에 선출되는 기적이 일어난다. 그리고 국민의힘-국민의당 단일후보 선출 여론조사에서도 2차 기적이 잇달아 재현되며 안철수 국민의당 대표까지 보기 좋게 꺾어버렸다. 이처럼 오세훈 후보가 당내 여론조사에서 줄곧 1위를 달렸던 나경원 전 의원과 범 보수 진영 내 경쟁력 조사에서 수개월 동안 1위를 차지해온 안철수 대표를 각각 따돌린 이유는 바로 철저하게 중도·무당층을 중심으로 공략한 로우키low-key08 전략이 성공했기 때문이다.

		나경원	오세훈
지지 정당별	자유한국당 지지층	47.2	29.8
	무당층	13.9	18.0
전체		23.9	19.4

표 4. 4·7 서울시장 보궐선거 여론조사 집계 평준화(단위: 퍼센트)
출처: 중앙선거여론조사심의위 / 집계: 데이터정경연구원 / 2021. 2. 15-2. 26 사이 여론조사
(한길리서치, 넥스트인터, 리얼미터, 알앤써치 4개 기관)

	당원 투표(70퍼센트)	국민 여론조사(30퍼센트)	합계
이준석	61,077(37.41)	58.76	43.82
나경원	55,820(40.93)	28.27	37.14
주호영	25,109(16.82)	7.47	14.02
조경태	4,347(2.91)	2.57	2.81
홍문표	2,841(1.9)	2.94	2.22

표 5. 국민의힘 2021년 6·11 전당대회 당대표 경선 결과(단위: 명, 퍼센트)
출처: 국민의힘 전당대회 선거관리위원회 발표자료

08 사전적 의미는 '주목을 끌지 않도록 억제된'이다. 선거 전략용어로 사용되며, 조용하면서 신중하게 바닥을 다지는 행동을 말한다. 반대인 하이키 전략은 주목도를 높여서 자신의 메시지를 적극적으로 알리는 방식이다.

따르릉 따르릉 비켜나세요,
이준석이 나갑니다 따르르르릉

모든 선거의 결정권은 마음이 오락가락하는 스윙보터가

"민심이 승부 갈랐다…… 이준석 여론 득표율, 4명 총합보다 17퍼센트 포인트 높아."

결국 당심에서 바짝 추격하면서 민심에서 최대한 점수를 따낸 것이 이 대표의 승리 요인이라는 분석이다. - 《조선일보》

'이준석 돌풍'을 당대표로 현실화한 결정적 요소는 '민심'이었다. 이 후보는 당원 투표에서 나경원 후보보다 3.5퍼센트 뒤처졌다. 하지만 여론조사에서는 이 대표가 58.8퍼센트를 기록해 28.3퍼센트를 얻은 나 후보의 두 배를 훌쩍 넘겼다. 당원 지지는 떨어졌지만 국민들에게서 지지를 더 많이 받아 당선된 것이다. - 《경향신문》

이준석 당대표가 선출된 직후 주요 언론사가 쏟아낸 기사다. 이들은 '당심=비 이준석, 민심=이준석'이라는 등식을 기정사실화하고 있다. 하지만 이준석 당대표가 얻은 득표율을 살펴보면, 일단 당심에서도 전직 4선 의원 출신으로 정치 대선배인 나경원 전 원내대표를 상대해 고작 3.52퍼센트만을 뒤졌을 뿐이다. 표수로는 5,257표다.

보수정당이 당대표 경선에 여론조사를 처음으로 도입한 건 2004년 3월 23일 한나라당 제6차 전당대회에서다. 2004년 벽두부터 불법 대선자금 사건으로 구속된 서청원

최광웅
이준석의 승리, 민심은 알고 있었다

전 대표에 대한 석방결의안을 통과시키면서 국민여론은 매우 따가웠다. 엎친 데 덮친 격으로 무리하게 밀어붙인 노무현 대통령에 대한 탄핵 역풍이 거세게 불어 한나라당은 개헌선(100석) 확보도 어렵다는 위기감이 감돌았다. 퇴진 압박을 받던 최병렬 대표가 소장 개혁파들의 요구를 수용함으로써 조기 전당대회가 열렸고, 국민의 관심을 끌어 모으기 위해 보수정당 사상 최초로 당대표 경선에 여론조사 제도를 도입하는 깜짝 이벤트를 벌인다. 이때 혜성처럼 등장한 인물이 바로 박정희 전 대통령의 장녀인 박근혜 전 부총재였다. 당시 박근혜 당대표 후보는 1998년 4월 보궐선거로 등원한 52세의 재선 의원으로, 심지어 1996년 총선에서는 통합민주당(총재 이기택)조차 영입하려 했던 개혁 성향 초·재선 의원들의 대표 격이었다. 그는 전당대회에서 정무1장관과 국회부의장 등을 역임한 5선의 홍사덕 의원을 상대해 28퍼센트 이상 차이로 여유 있는 승리를 거두었다. 박근혜 후보는 당원 투표는 물론이고 국민 여론조사에서도 평균득표율 정도의 격차(27퍼센트 이상)를 보이면서 대선주자급으로 꼽히던 홍사덕 의원의 코를 납작하게 만들었다.

하지만 당시 선출된 박근혜 당대표의 여론조사 득표율(49.76퍼센트)도 과반수 미만이었으며, 앞에서 살펴본 2019년 2·27 전당대회 당시 오세훈 당대표 후보의 여론조사 득표율도 50퍼센트를 갓 넘은 정도였다. 이 두 거물과

날짜	정당명	대표 당선자	득표율(순위)	후보자수	비고
2003.3.23.	한나라당	박근혜	49.76(1)	5인	#
2006.7.11.	한나라당	강재섭	15.17(3)	8인	이재오(22.63)
2008.7.3.	한나라당	박희태	30.13(2)	6인	정몽준(46.79)
2011.7.4	한나라당	홍준표	25.21(2)	7인	
2014.7.14.	새누리당	김무성	24.60(1)	9인	
2017.7.3.	자유한국당	홍준표	49.40(1)	3인	#
2019.2.27.	자유한국당	황교안	37.70(2)	3인	# 오세훈(50.23)
2021.6.11.	국민의힘	이준석	58.76(1)	5인	#

표 6. 국민의힘 역대 주요 당대표 당선자의 여론조사 득표율(단위: 퍼센트)

정리: 데이터정경연구원(2021) / # 표시 부분은 대표와 최고위원을 분리해 선출했고,
나머지는 1인 2표제로 투표해 1위가 당대표를 맡는 방식이었음.

비교하면 이준석 당대표의 여론조사 지지율은 엄청난 대
기록임을 알 수 있다. 그동안 보수정당의 대통령 후보로 출
마했거나 출마를 시도한 홍준표(49.4퍼센트), 정몽준(46.79
퍼센트), 김무성(24.6퍼센트), 황교안(37.7퍼센트), 이재오
(22.63퍼센트) 등 기라성 같은 정치인들이 당대표에 선출되
면서 얻은 여론조사 득표율과 비교해도 전혀 꿀리지 않는
다. 비록 헌법상 40세 연령 제약 때문에 당장 내년 출마는
불가능하지만, 이 대표가 현재 대선주자급으로까지 떠오른
강력한 배경이다.

그런데 대부분 언론사와 정치 분석가들이 호들갑을
떤 것처럼 '이준석을 선택한 민심=국민여론이다'라는 등식

은 전혀 맞지 않는다. 앞에서 얘기한 것처럼 이번 당대표 선거에서도 국민 여론조사는 역선택 방지를 위하여 국민의힘 지지층과 무당층만을 대상으로 한정하였다. 국민의힘 전당대회 선거관리위원회가 발표한 개표 자료에는 원시 데이터를 공개하지 않기 때문에 6·11 전당대회 직전 중앙선거여론조사심의원회에 공개된 여론조사를 참고해 분석하였다. 한국갤럽과 NBS(앰브레인퍼블릭, 케이스탯리서치, 코리아리서치인터내셔널, 한국리서치 등 4개 여론조사 기관 공동)는 100퍼센트 무선전화 면접방식으로 매주 선거여론 조사를 정기 실시해 발표한다. 6·11 전당대회 직전 4주간 여론조사 결과를 집계하면 평균이 다음과 같다. 한국갤럽 조사에서는 국민의힘 27퍼센트, 무당층 29퍼센트이며 합계가 56퍼센트다. NBS(4개 여론조사 기관 공동) 조사에서도 국민의힘 27퍼센트, 무당층 29퍼센트이며 합계가 56퍼센트다. 따라서 대략 국민의힘 지지층과 무당층은 56퍼센트로 6·11 전당대회 국민 여론조사 대상자라고 할 수 있다. 즉, 민심은 민심 100퍼센트가 아니라 민심의 56퍼센트만을 대표한다는 숨겨진 사실이다.

이어서 데이터정경연구원은 6·11 전당대회 날짜를 역순으로 중앙선거여론조사심의위원회에 등록·공개된 국민의힘 당대표 적합도 여론조사를 분석하였다. 분석은 이번에도 〈파이브서티에이티〉의 방식을 사용하였다. 즉, 최근 다섯

	국민의 힘 지지층		무당층		합계	
날짜	한국갤럽	NBS	한국갤럽	NBS	한국갤럽	NBS
6월 2주	27	30	30	29	57	59
6월 1주	27	28	29	27	56	55
5월 4주	27	26	27	29	54	55
5월 3주	26	23	30	31	56	54
평균	27	27	29	29	56	56

표 7. 국민의힘 6·11 전당대회 직전 4주간 여론조사(단위: 퍼센트)

출처: 중앙선거여론조사심의위원회

차례 실시된 여론조사 결과를 수집한 다음 집계 평균화 방법을 적용하였다. 그런데 100퍼센트 ARS 방식이 아니어서 그 결과가 튀는 NBS 조사(5. 31-6. 2 / 100퍼센트 무선전화 면접방식)와 한길리서치 조사(6. 5-6. 7 / 무선 ARS 70.5퍼센트 + 유·무선전화 면접 29.5퍼센트 방식)는 제외하였다. 이는 거의 유사한 방식의 조사여야 일정한 경향성을 볼 수 있기 때문이다.

이준석을 표현하는 키워드는 남성, 2030청년, 수도권, 중도·무당층 등 이 네 가지로 요약할 수 있다. 우리나라 정당 역사에서 처음으로 100석이 넘는 제1야당, 그것도 집권 경험이 가장 오래된 정당에서 선출직 빵(0)선이라는 비아냥거림을 뒤로하며 어느 날 갑자기 등장한 이준석 당대표. 이 현실은 여야를 떠나 그 자체가 우리 한국 정치사에 획기적인 전환점을 맞게 되었다. 이동학 민주당 청년최고위원을

		이준석	나경원	비중
권역별	수도권	45.2	19.5	50.3
	영남권	41.7	21.1	25.0
성별	남성	51.5	19.8	49.6
	여성	35.5	19.1	50.4
연령대별	18~39세	47.8	14.9	33.3
	40대	42.6	18.1	18.7
	50대	41.9	20.7	19.4
	60세 이상	39.8	24.8	28.5
지지 정당별	국민의힘	43.3	22.7	37.2
	무당층	42.9	13.6	16.7
	국민의힘 + 무당층	43.2	19.9	54.0
전체		43.4	19.5	100

표 8-1. 국민의힘 6·11 전당대회 직전 당대표 여론조사 5개 집계 평균화(단위: 퍼센트)

출처: 중앙선거여론조사심의위 / 집계: 데이터정경연구원 / 2021. 2. 15-2. 26 사이 여론조사(한길리서치, 넥스트인터, 리얼미터, 알앤써치)

비롯해 많은 여권 정치인들이 그의 당선에 축하의 박수부터 보낸 것은 정권교체에 머무르지 않고 정치교체와 세대교체까지 바란다는 기대감의 표현이다. 그런데 처음엔 '이준석 미풍'으로부터 시작해서 겨우 두 달 만에 '이준석 현상'을 넘어서서 아예 '이준석 당대표'를 만들어버린 이 현실은 도대체 어디서 기인한 것일까? 누가 새파란 만 36세 청년 이준석에게 2022년 대선 8개월을 앞두고 보수정당의 지휘봉

따르릉 따르릉 비켜나세요,
이준석이 나갑니다 따르르르릉

조사날짜	조사기관	표본수(오차범위)	응답률	조사방법(ARS)
5.30~6.1.	조원씨앤아이	1,003(±3.1)	3.0	무선 95퍼센트 + 유선 5퍼센트
6.1~2.	알앤서치	1,044(±3.0)	5.2	무선 100퍼센트
6.5.	PNR리서치	1,002(±3.1)	3.3	무선 100퍼센트
6.5~6.6.	에브리미디어	1,000(±3.1)	3.3	무선 90퍼센트 + 유선 10퍼센트
6.9.	여론조사공정	1,002(±3.1)	3.2	무선 100퍼센트

표 8-2. 국민의힘 6·11 전당대회 직전 당대표 여론조사 5개 설계표(단위: 명, 퍼센트)
표본오차 공통: 신뢰수준 95퍼센트 / 출처: 중앙선거여론조사심의위원회

을 맡기려고 했을까? 결론부터 얘기하자면 '이준석'을 갈망하는 어떤 특정한 집단이 있다. **표 8-1**을 자세히 살펴보면 이준석을 떠받치는 일정한 흐름을 발견할 수 있다.

한편 **표 8-1** 분석 결과를 하나하나 살펴보면 다음과 같다. 전체 응답자(유권자)를 대상으로는 이준석 후보 43.4퍼센트 대 나경원 후보 19.5퍼센트로, 두 후보 간 격차는 23.9퍼센트다. 국민의힘 지지층만으로 좁혀도 이준석 43.3퍼센트 대 나경원 22.7퍼센트로 차이는 20.7퍼센트, 오차범위 정도로 별 변화가 없다. 그런데 무당층(지지 정당 없음 / 잘 모름)으로 넓히면 이준석 42.9퍼센트 대 나경원 13.6퍼센트로 차이는 29.3퍼센트, 즉 오차범위 밖으로 확 벌어진다. 바로 이 지점이 앞으로 이준석 당대표가 2022년 대선을 준비하며 중도·무당층 확장이라는 목표에 비추어 볼 때 첫 번째 강점이 될 것이다.

    연령별로 살펴보면, 18~39세 사이 청년층에서 이준석 대표는 47.8퍼센트로 본인 전체 평균보다 4.4퍼센트가 높다. 그러나 나경원 전 의원은 14.9퍼센트로 본인 평균(19.5퍼센트)보다 오히려 4.6퍼센트나 낮다. 둘 사이 격차는 32.9퍼센트로 전체 평균보다 9퍼센트가 높다. 이처럼 유권자 비중 3분의 1을 점유하는 청년층에서 인기가 높다는 사실은 20대 대선 지휘봉을 잡게 된 이준석 당대표의 두 번째 강점이다(60세 이상은 이준석 대표는 상대적으로 낮고, 나경원 전 의원은 상대적으로 높다).

    권역별로 살펴보면, 이준석 대표는 수도권에서 45.2퍼센트로 자신의 전체 평균보다 약간 높고, 나경원 전 의원(19.5퍼센트)과의 격차는 25.7퍼센트다. 서울 지역구 3선에 서울시당 위원장을 역임한 나경원 전 의원을 상대로 한 노원(병) 선거구 3전 3패의 수도권 경쟁력, 이 지점이 바로 이준석 당대표의 세 번째 강점이다. 수도권은 유권자의 절반 이상을 차지하며 이제 모든 선거의 승부를 가른다. 성별로 살펴보면 이준석 대표는 남성에서 51.5퍼센트로 압도적이며, 나경원 전 의원(19.8퍼센트)과 격차는 31.7퍼센트다. 이 점은 이준석 당대표의 네 번째 강점이다. 유권자의 절반은 남성이다. '남성표 하나만이라도 내 편으로 확실하게 확보해 선거에서 이겨야 한다'라는 유혹에 빠져들 수밖에 없는 대목이다.

종합해보면 이준석 당대표는 남성층에서 압도적이고 중도 및 무당파에서 상당한 지지를 얻고 있다. 대선에서 가장 중요한 수도권에서도 영남권과 비교해 오차범위 밖(3.5퍼센트)으로 더 많은 지지를 받고 있다. 영남권은 모든 대선에서 광적으로 국민의힘만 찍는 대구·경북을 포함한 지역으로 확실한 보수의 본당이다. 또한 이준석 대표는 대표적인 스윙보터인 2030 청년층에서는 노인층보다 플러스 10퍼센트 가깝게 압도적인 지지를 받고 있다. 물론 만 36세 청년이기 때문에 청년층을 대변하기에는 이준석 만한 리더십도 없는 것은 사실이다. 지난 20여년 이상 86세대가 청년층을 대변해왔다고 하지만 그들도 이미 50대 초반에서 60대 초반까지로 나이가 들어 더 이상 청년들과 소통 자체가 불가능한 '꼰대'가 되어버렸다.

　　자, 이만 하면 '이준석 현상'은 더 이상 바람이 아니라 현실이다. 그렇기 때문에 당심(국민의힘 지지층, 영남권, 60세 이상 노인층, 반공 보수층 등)을 이유로 자연인 '이준석'이 아닌 '이준석 현상'이라는 새롭게 나타난 트렌드를 거부하기는 어렵게 되었다. 아니 근거를 대기도 옹색하다. '이준석 현상'은 이준석 개인에 대한 기대가 아니라 당 쇄신에 대한 국민적 요구라고 할 수 있다. 4년 동안 숨 가쁘게 4연패를 당했지만 '웰빙 정당'이라는 비난에서 한 치도 벗어남이 없던 국민의힘에 빵(0)선의 30대 정치인을 내세움으로써 쇄신의 단초를 마련하는 건 건 국민 모두를 위해 매우 바람직한 일이다. 당대표와 이제 곧 선출될 대통령 후보 모두 신선한 얼굴로 바뀌는 일이야말로 땀을 흘려 열심히 세금을 납부함으로써 국민의힘 정당 활동을 간접 지원하는 국민에 대한 공공서비스의 출발이기 때문이다.

중원 확대 전략을 통해야 승리는 가능하다

서울대 아시아연구소가 2015년 6월 12-30일 사이 실시한 '정치성향' 조사(전국 1천 명, 대면 면접조사, 표본오차 95퍼센트, 신뢰수준 ±3.1퍼센트 포인트)에서는 중도층이 47.4퍼센트로 거의 절반에 가까웠다. 보수는 28.7퍼센트였고 진보는 20.5퍼센트였다. 여기에서 중도층은 이념적 중도라기보다는 스윙보터에 가깝다. 그들은 양자 구도일 경우, 친환경 무상급식[09]과 공공부문 일자리 확대 공약[10] 등이 주목을 받으면 민주당에 투표해 한나라당을 심판한 유권자들이다. 그러나 경제민주화 확대와 영세 자영업자 빚 탕감 공약이 제시되면 새누리당에 투표해 정권 재창출에 힘을 실어준 유권자들이다. 그런데 제3지대에 일정한 정치세력이 출현해 3자 구도가 형성되면 이들은 제3지대로 일정하게 이동해온 유권자들이다. 따라서 갈수록 탈이념화로 달려가

[09] 2010년 지방선거에서 한나라당은 저소득층과 농어촌 학생을 위주로 2012년까지 197만 명에게 무상급식을 공약했다. 민주당을 필두로 한 야권연합은 2011년부터 초중고 모든 학생에게 친환경 무상급식 전면 실시를 공약했다.

[10] 한나라당은 공공부문에 약 30만 개의 일자리를 만들어 근로 능력이 있는 저소득층과 청년층, 노인층에 골고루 혜택이 돌아가도록 한다는 공약을 내걸었다. 민주당은 사회서비스 일자리 약 100만 개 창출 및 비정규직 지원 강화 및 중소기업·자영업자에 대한 지원 강화, 그리고 교사·경찰·소방직 등 공공부문 부족 인력을 충원하는 방식으로 재정지출을 통한 직접 일자리 창출(안)을 공약으로 제시했다. 즉, 문재인 정부의 공공부문 일자리 81만개 확대 공약은 이때 처음 제시된 것이다.

는 시대에 이들의 지지를 확보하는 것은 선거 승리에 절대적이라 할 수 있다. 김대중 전 대통령은 충청권과 일부 대구·경북권역을 포함한 DJP연합, 즉 지역연합 방식으로 집권에 성공했다. 노무현 전 대통령은 노-정 단일화, 즉 제3지대에서 돌풍을 일으킨 정몽준 세력과의 연합을 통해 재집권을 이어갔다. 김-노 두 대통령의 공통점은 민주진보 연대방식, 즉 기존 세력의 파이를 극대화하는 정도에 그치는 것이 아니라 그 외연을 중원으로 최대한 확장시킨 데 있다. 여기서 중원이라 함은 이념적으로는 중도, 지역적으로는 수도권·충청권, 연령대는 2030 청년층, 그리고 50퍼센트 가까이에 이르는 스윙보터들이다. 20년이 지난 지금 수도권의 중요성은 더욱더 중요해지고 있다.

한국일보가 지난 2021년 5월 25일-27일 사이 한국리서치에 의뢰해 창간 기념으로 실시한 정치조사(전국 3천 명, 인터넷 조사 69.1퍼센트 + 스마트폰 앱 조사 30.9퍼센트, 표본오차 95퍼센트, 신뢰수준 ±1.8퍼센트 포인트, 응답률 14.7퍼센트)에서도 무당층은 2020년 총선 때보다 무려 14퍼센트가 늘어나 32.6퍼센트에 달했다. 대통령에 대한 신뢰가 점점 떨어지고 제1야당의 대선주자도 뚜렷하게 등장하지 않은 데 따른 자연스러운 현상이다. 그런데 중도층으로 분류할 수 있는 '기타 정치 성향'은 과반에 육박하는 46.8퍼센트였다. 당파 충성도가 강력하지 않은 뉴민주(1.6퍼센트)와 뉴보수(6.6

퍼센트)를 전부 더하면 무려 55퍼센트나 됐다. 이들은 제3지대의 주요지지 기반이지만, 이준석 국민의힘 당대표 선출로 인해 그 성공 가능성은 상당 부분 소멸했다. 스윙보터를 기반으로 하는 제3지대는 총선에서는 주로 여소야대를 만들어온 주인공들이다. 그러나 이들도 1대1 구도로 맞붙는 대선에서는 보수 또는 민주진보 후보 어느 한쪽에 대한 선택을 강요당한다. 제3지대 후보가 끝까지 완주하거나 DJP연합 때처럼 완벽한 연대를 이루지 못할 경우 선거 승리는 불가능했다(14대 김대중-박찬종, 15대 이회창-이인제, 16대 이회창-정몽준, 18대 문재인-안철수, 19대 홍준표-안철수-유승민).

지난 2012년 19대 총선에서 민주통합당과 통합진보당은 전국 단위에서 완벽한 선거연합을 완성했다. 비례대표 득표율에서도 46.75퍼센트 대 42.8퍼센트로 새누리당에 앞섰다. 그러나 의석은 140석 대 152석으로 12석이나 뒤졌다. 그런데 충청권만큼은 달랐다. 충청권 지역당이자 제3지대에 남아 있던 자유선진당이 두드러지게 활약한 가운데 충청권 25석 의석이 새누리당 12석, 민주통합당 10석, 자유선진당 3석 등으로 근소한 차이지만 여소야대였다. 이에 박근혜 캠프는 신속하게 움직였다. 역대 대선에서 '충청권 승자가 최후 승리자가 된다'는 법칙을 알고 있었기 때문이었다. 대선 불과 한 달 전에 자유선진당 후신인 선진통일당(대표 이인제)을 기습적으로 흡수 통일하고 대선에 임했으니 역시 주효한 전략이었다. 14대 총선에서는 제3세력인 통일국민당의 활약으로 한때 218석에 달하던 거대여당 민자당은 과반수에서 미달되고 여소야대가 재현되었다. 이를 바탕으로 만약 민주당(김대중)-통일국민당(정주영) 연립정부 합의가 1992년도에 이루어졌다면 야권연합 후보의 필승팀이 꾸려졌을 것이다. 김대중-정주영 후보가 얻은 표의 산술적 합계가 50퍼센트를 넘었으며 시너지 효과까지 더해졌다면 최초의 정권교체는 5년 전에 이미 달성되었다. 이를 몸소 실천한 이가 2002년 노무현 후보였다. 재벌 본당 정몽준 후보와 과감하게 단일화를 했으니, 그것이 바로 승리의 원동력이었다. 후일담을 들어보면, 노무현 전 대통령은 그의 정치 고문 김원기 전 국회의장에게 "차라리 이회창 씨가 대통령을 하는 것을 허용하면 했지 대한민국 최고의 재벌 출신 정몽준 씨에게 한밤중에 찾아가 사과하는 일은 도저히 못하겠다"라고 말할 정도였다. 하지만 노 후보는 끝내 이를 참고 실천했고, 정몽준의 문전박대가 오히려 전

정당명	민자당	민주당	통일국민당	신정당
후보명	김영삼	김대중	정주영	박찬종
득표율	42.0	33.8	16.3	6.4

표 9. 14대 대선 후보별 득표율(단위: 명, 퍼센트)
출처: 중앙선관위 선거통계시스템

따르릉 따르릉 비켜나세요,
이준석이 나갑니다 따르르르릉

국에서 지지자들의 자발적 투표 격려운동으로 쏟아져 57만 표 간발 승리를 거두었다.

단결만을 외치면서 승리를 기대한다는 것은 낡은 선거 전략이다. 민주진보 단일화 또는 태극기 세력까지 포함한 보수 단결만으로는 무조건 승리가 담보되지 않는다. 폭넓은 제3지대, 더욱 늘어나고 있는 스윙보터들을 공략하지 못하면 결코 승리는 없다. 1대1 구도는 선거 승리의 필요조건이다. 그러나 충분조건은 아니다. 그 스윙보터들, 중도·무당층 유권자들을 확보하는 데에는 이제 '이준석 현상'을 활용하는 전략보다 더 나은 전략은 없다.

수도권은 중원의 핵심이다. 원내교섭단체 구성에 실패한 자유선진당(18대)과 16년 만에 원내교섭단체를 만든 1기 국민의당(20대)을 비교해보면, 수도권의 중요성을 절감할 수 있다. 양당의 수도권 득표가 텃밭인 충청권과 호남권에 각각 영향을 미쳤다고 확인된다. 수도권에서 6퍼센트대로 거의 외면을 받은 자유선진당은 충청권 의석 24석 중 14석(58.3퍼센트)을 얻었으나, 수도권에서 그 3배(18퍼센트대)를 받은 국민의당은 호남의석 28석 가운데 23석(82.1퍼센트)을 싹쓸이했다. 2016년 당시 광화문 탄핵집회 등에서 서울의 여론 향배를 주시해온 지방 주민들은 수도권의 움직임을 보고 자신들의 행동을 결정한 바 있다. 그렇기 때문에 각 정당마다 경쟁적으로 광주 5·18묘지를 찾을 게 아니라

진짜 중요한 수도권 유권자의 마음을 얻는 데 힘써야 한다. 따라서 평민당의 황색 돌풍, 자민련의 충청도 핫바지 열풍, 1기 국민의당이 일으킨 녹색 태풍은 북상하는 남풍이 아니었다. 서울로부터 시작해 북에서 남으로 부는 북풍이었다. 총선 여소야대 또는 다당 체제 성립 여부도 수도권에서 결판난다. 대선 승리도 경부선 상행선이 아니라 하행선 유세 일정에서 갈린다. 2012년 마지막 날 대선 유세 역시 박근혜 후보는 서울역에서 출발했고 문재인 후보는 부산역에서 시작했으나, 서울역에서 출발한 박근혜 후보가 승리했다.

13대	14대	15대	20대
공화당	국민당	자민련	국민의당
9석	7석	5석	2석

표 10. 제3 교섭단체의 수도권 지역구 의석 획득 현황(단위: 석)

출처: 데이터정경연구원(2021) / 원시데이터: 중앙선관위 선거통계시스템

	자유선진당	국민의당
선거구 수	111	122
후보자	43	101
평균 득표율	6.12	18.31
당선인	-	2

표 11. 자유선진당(18대)과 국민의당(20대) 수도권 득표 비교(단위: 석, 명, 퍼센트)

출처: 데이터정경연구원(2021) / 원시 데이터: 중앙선관위 선거통계시스템

따르릉 따르릉 비켜나세요,
이준석이 나갑니다 따르르르릉

20대 보수화가 아니라 탈이념이다

박영선 전 중소벤처기업부장관은 4·7 서울시장 보궐
선거 기간 중 여론조사에서 20대 지지율이 낮게 나타나자
"역사에 대한 20대의 경험 부족과 일자리·미래에 대한 불
안 때문이다"라고 말했다가 여론으로부터 뭇매를 맞았다.
박 전 장관은 20대가 과거에는 주로 민주진보 정당을 지지
해온 경험을 에둘러 표현한 것으로 보인다. 실제 2002년
노풍盧風의 주인공은 20대로 노무현 후보 대 이회창 후보의
득표율(출구조사, 이하 같음) 차이는 거의 더블스코어였다.
2007년 대선에서 정동영 후보가 사상 최악의 530만 표 차
이로 대패를 당했으나, 20대 득표율은 정동영, 문국현, 권
영길 등 합계만 40.1퍼센트였다. 물론 반대의 경우도 있다.
2012년 대선에서 문재인 후보는 1대1 구도에서 박근혜 후
보에게 3분의 1이 넘는 득표율을 허용함으로써 아쉬운 패
배를 허용했다. 5년 뒤 5자 구도에서 보수와 중도 후보 3명
을 전부 합쳐도 39.3퍼센트에 불과한 것과 대비하면 뼈아
픈 대목이다. 하지만 2020년 총선 때도 32퍼센트 선을 유
지하던 20대의 보수당 지지율은 단 1년 만에 25퍼센트 이
상 늘어나 4·7 보궐선거에서 민주당을 강타했다.

앞에서 소개한 한국일보 여론조사(2021년 5월 25-27
일)를 살펴보자. 18세-20대의 지지 정당은 민주당 18.5퍼
센트 대 국민의힘 17.1퍼센트로 오차범위 이내에서 민주당

2002 대선	2007 대선	2012 대선	2017 대선	2020 총선	2021 보선
노무현 60.7	정동영 20.7	문재인 65.8	문재인 47.6	민주당 56.4	박영선 34.1
이회창 33.1	이명박 42.5	박근혜 33.7	홍준표 8.2	통합당 32.0	오세훈 55.3
	이회창 15.7		안철수 17.9		
	문국현 15.9		유승민 13.2		
	권영길 3.5		심상정 12.7		

표 12. 2002년 이후 방송 3사 출구조사에서 나타난 20대 연령 득표율(단위: 퍼센트)

출처: 데이터정경연구원(2021) / 2002년은 방송 3사 평균 / 2007년은 SBS / 2020 총선은 지역구기준

이 약간 높았으나 무당층(부동층)은 무려 44.6퍼센트로 나타났다. 전화 여론조사보다 더 솔직하게 의견을 밝히는 인터넷·모바일 조사의 특성이 반영된 것이다. 하지만 정부여당을 향한 정책 비판과 내년 대선에 관한 여론은 아주 매서웠다. 이 부동층이 양자 구도에서 대부분 국민의힘의 손을 들어주고 있는 것이다. 지난 1년간 대부분 국민이 국가경제가 나빠졌다고 답변한 가운데 70퍼센트가 넘게 응답한 유일한 연령대는 바로 이 20대(18-19세 포함)였다. 부동산 정책과 LH사건이 대통령 국정 지지도에 가장 큰 영향을 미쳤다(71.6퍼센트)고 응답한 연령대도 바로 이들이었다. 앞으로 경제성장을 가장 잘 추진할 정당은 국민의힘(23.2퍼센트)이며 민주당(13.4퍼센트)보다 10퍼센트가량 더 높았고, 부동산 주거안정 분야는 국민의힘 14.5퍼센트 대 민주당 4.4퍼센트로 3배 이상 차이가 났다. 그리고 이들은 내년 대선에서 여당 심판(40.2퍼센트)을 여당 재지지(16.4퍼센트)보

따르릉 따르릉 비켜나세요,
이준석이 나갑니다 따르르르릉

다 2.5배쯤 높게 응답했다.

　오세훈 서울시장 당선과 이준석 당대표 선출 과정을 보면 20대 남성들의 보수당에 대한 압도적 지지 현상이 나타났다. 반페미니즘이라고 해석하는 사람들도 있으나, 각종 여론조사 결과를 살펴보면 일자리와 주택가격 폭등 등 경제적인 문제가 주된 이유로 보인다. 연애시장에서조차 얼굴을 내밀 수 없는 처지의 20대 남성의 분노투표angry vote를 자아낸 것으로 판단된다. 미국이나 프랑스 대선 등 선진국 선거에서도 트럼프나 마린 르펜Marine Le Pen과 같은 보수 후보의 남성층 유권자 강세 현상은 공통적으로 나타난다. 2017년 프랑스 대선 결선투표에 진출한 극우 포퓰리스트 르펜은 여성이면서도 자신의 득표율(34퍼센트)보다 남성층(38퍼센트)과 25-34세 남성들, 즉 일자리 불만계층으로부터 더 높은 지지를 얻었다. 2020년 대선에 낙선한 트럼프 역시 바이든과 비교해 남성과 청년층 백인 유권자에서만큼은 절대 우위를 지켰다. 따라서 '이대남 현상'은 오세훈 서울시장만 누린 특별한 케이스가 아니다.

　20대는 자영업자와 함께 대표적인 부동층이다. 부동층은 먹고사는 문제에 엄청나게 민감하다. 부동층은 말 그대로 정치적 성향이 고정되어 있지 않기 때문에 첫 투표권을 행사하는 18세부터 20대 시기에 걸쳐서 경제 상황과 정치사회적 조건을 보고 조심스럽게 반응한다. 이명박(17대

	전체	남성	여성	백인 18-29세	백인 30-44세	백인 40-59세	60세 이상
바이든	51	45	57	44	41	38	42
트럼프	47	53	42	53	57	61	57

	전체	남성	여성	18-24세	25-34세	50-59세	70세 이상
마크롱	65.5	62	68	66	60	64	78
르펜	34.5	38	32	34	40	36	22

	전체	남성	여성	18-29세	30대	40대	60세 이상
오세훈	59.0	60.9	57.2	55.6	56.5	48.3	71.9
박영선	37.7	36.3	39.1	33.6	38.7	49.3	27.2

표 13. 2020 미국대선-2017 프랑스대선-2021 서울시장 보선 출구조사 비교(단위: 퍼센트)

출처: National Election Pool / Ipsos France / 방송3사 출구조사

대선)이나 오세훈(2021년 보궐선거)에게 투표한 것은 실용적인 선택, 그 이상도 이하도 아니었다. 20대는 자신의 이해관계를 우선시 하는 스윙보터다. 한마디로 실용주의자들이다. 586세대가 과거 자신의 경험만으로 단정하듯 그들은 처음부터 진보가 아니었다. 10대 후반-20대는 질풍노도의 시기라는 말도 있지 않은가. 이는 1차적으로 자신의 정치 신념을 형성하는 과정이라는 뜻이다.

중앙선관위가 전국 동시선거 때마다 선거 전후로 '유권자 의식조사'를 실시해 그 결과를 발표하는데 아주 흥미로운 대목이 반복해서 발견된다. 다 아는 상식이지만 20대 (18-19세 포함)가 특히 낮게 투표 참여의사를 보이고 실제로

따르릉 따르릉 비켜나세요,
이준석이 나갑니다 따르르르릉

투표율도 낮다. 그런데 30대 이상부터는 투표 불참의사를 밝힌 이들에게 그 이유를 물으니 "투표해도 (나라가) 바뀌지 않는다"라는 답변이 평균 50퍼센트를 넘고, 오히려 겨우 20퍼센트 수준이다. 대신 20대는 "후보자를 잘 모르고, 정치에 무관심해서"라고 응답하는 비율이 무려 50퍼센트가 넘는다. 따라서 20대가 투표장에 나올 가능성이 있는 경우는 다음 두 가지다. 정치에 관심이 있거나 후보자에 대한 정보가 있는 경우다. 후자는 보통 TV와 SNS가 50퍼센트 이상의 정보를 제공하지만 적극 투표층에서는 부모님의 영향, 즉 유전적 요인이 크다는 행동유전학 논문도 있다.

국민의힘이 전국 동시선거에서 최근 4연속 패배를 한 주요 이유 중 한 가지는 2030 청년세대로부터의 외면이었다. 이준석 당대표 선출 이후 정치 분석가들은 이렇게 말한다. "영남 중심, 60세 이상 고 연령층, 친박 중심 보수적 당원들도 결국은 변화를 요구하는 여론을 따라 전략적 선택을 할 수밖에 없었다." 그러면서 당내 별다른 조직적 기반도 없는 이 대표에게 적지 않은 당심(나경원 후보와 3.52퍼센트 차이)이 집중된 사실을 두고, "전통 지지층도 이제는 민심을 따라 '전략적 판단'을 시작했다"고 분석한다. 국민의힘에는 당비를 내는 책임당원이 약 28만 명이 있다. 이 중 대구·경북이 30.7퍼센트, 부산·울산·경남이 24.6퍼센트를 차지한다. 따라서 국민의힘은 영남권(55.3퍼센트)만 전체의 절반이 넘는 명백한 영남당이다. 그런 이유로 전통적으로 영남 당원들은 지역 출신 당대표 후보를 지지해왔으나 이번만큼은 달랐다. 대구에서 5선을 하고 있는 주호영 의원의 당원 투표 득표율은 16.8퍼센트였고, 부산 5선 조경태 후보는 2.9퍼센트에 그쳤다. 국민의힘 당원은 연령 분포에서도 60대 이상이 42퍼센트, 50대가 30.6퍼센트로 50대 이상이 72.6퍼센트를 차지하고 있다. 20대(3.9퍼센트), 30대(7.7퍼센트), 40대(15.7퍼센트) 당원을 전부 합쳐도 27.3퍼센트로, 이 대표의 당원 투표 득표율보다 10퍼센트 포인트가 적다. 이 대표가 20-40 당원 지지만으로는 선출된 것이 아니라는 뜻이다. 결국 이준석 대표는 영남과 고령 당원들의 지지 속에서 당선된 것으로 보인다. 정치 분석가들은 이 같은 '전략 투표'가 4·7 서울시장 보궐선거 당시 당내 경선 때부터 등장했다고 주장한다. '외연을 확장할 수 있는 후보를 밀어야 한다'는 논리가 당원들에게 먹혔다는 논리다. 그러나 미국의 유명 정치심리학자들은 '전략 투표 또는 이성적인 투표는 없다'라고 단정한다. 유권자들은 그때그때 감성 투표를 할 뿐이라고 말한다.

정치 성향은 유전적 요인이 매우 크다. 2005년 미국 라이스대학 정치학자 존 앨퍼드John Alford는 20년 동안《행동유전학》지에 발표된 쌍둥이 3만 명의 정치적 견해를 연구twin study한 논문을《미국 정치학평론APSR》에 게재했다.

그가 제시한 결론은 "정치 성향은 유전에 의해 결정된다"
이다. 캘리포니아대 정치학자 제임스 파울러James Fowler가
522명의 쌍둥이 투표 기록을 분석해 2007년《미국정치학
회지APSA》에 발표한 보고서에도 "투표에 미치는 요인 가
운데 유전은 60퍼센트이고 환경이 40퍼센트다"라고 나온
다. 이처럼 미국은 집안이 공화당이면 대부분 공화당, 민
주당이면 대부분 민주당이다. 미국은 "Republican 또는
Democrat로 태어난다"라고 할 만큼 계급, 인종, 지역, 종
교에 따른 정당 일체감이 엄청 높은 나라다. 그래서 땅 덩
어리가 넓어서 오픈 프라이머리(예비선거)라는 게 평소 안
하던 당원 가입을 하러가는 행위 비슷한 것이다. 정당 충성
도가 없는 사람이 예비선거에 참여한다는 우리나라 식의
인식은 그래서 잘못 알려진 것이다. 한편 캔자스대학 패트
릭 밀러Patrick Miller는 좌·우파의 확증편향[11]을 연구해온 정
치심리학자이다. 그는 2010년 중간 선거를 분석해 2015년
4월《계간 정치학 연구PRQ》에 발표했다. "공화당 또는 민
주당에 대한 당파 충성도가 높은 과반(54퍼센트) 유권자들
은 스포츠 경기에서 광적인 팬처럼 물불을 가리지 않고 지
지 정당을 위해 행동한다. 정책이나 이념을 중심으로 정치

---

11   confirmation bias, 심리학 용어로 자신의 신념과 일치하는 정보는 받아들이고
      신념과 일치하지 않는 정보는 무시하는 경향 또는 사고방식이다.

적 선택을 하는 경우는 겨우 35퍼센트에 불과하다. 정치인들도 유권자들로 하여금 극단적인 적개심을 조장하고, 어떻게든 상대를 패배시키는 활동만을 목표로 한다. 이러한 극단적인 당파성 경쟁은 정치의 양극화를 불러온다." 밀러의 분석에 따르면 당파 충성도가 강한 유권자들은 설사 불법이라고 알려줘도 자신이 지지하는 정당의 승리를 위해서라면 무려 38퍼센트나 흔쾌히 동의했다. 그들이 말한 가장 일반적인 불법은 투표용지 도둑질, 유권자에 대한 투표 방해 행위, 상대 후보에 대한 신체적 위협 등이다. 이는 민주주의 역사 240년을 자랑하는 미국에서 감히 상상조차 할수 없다. 이처럼 미국 유권자들도 네거티브에 강력하게 동의하며 부동층을 제외하면 '내가 지지하는 정당이면 무조건적으로 찍는다'는 사실이다. 밀러의 이 논문은 우리나라에도 이제는 만성화된 '팬덤 정치'의 원인을 규명할 매우 중요한 연구 성과다. 팬덤fandom은 집단행동을 통해 정당과 정치인을 맹목하면서 'x빠' 정치의 폐해를 낳고 있다. 그런데 밀러의 이 연구에서 나머지 '무응답'은 24퍼센트다. 이 24퍼센트가 바로 부동층, 스윙보터다.

정리하자면 유전적 요인이 아닌 정치적 신념의 변화는 바로 20세 전후에 이루어진다는 사실이다. 그때가 한참 질풍노도의 시기이기 때문이기도 하겠다. 물론 20대 이후에도 부동층은 결코 적지 않은 비율로 남아 있다. 부동층이 존재하는 이유는 경제적인 이유가 가장 크다고 확인된다. 2021년 이준석 현상을 만든 부동층(중도, 무당층)은 이해관계에 따라 보수에서 진보로, 다시 진보에서 보수로 마음이 흔들리는 유권자들이다. 물론 이들은 정치 신념이 아직 여물지 않은 20대가 가장 많다. 이들의 마음속을 하나둘씩 열어 더 가까이 다가갈 수 있다면 2022년 3월 대선에서 최후 승자가 된다.

2016년 총선부터 2020년 총선까지 더불어민주당은 민심을 숭배해 4연속 승리했으나 2021년 보궐선거에서는 전혀 달랐다. 민주당은 강성 지지층에게 둘러싸여 당헌까지 바꿔가며 서울시장, 부산시장 후보를 내고 최선을 다했지만 소용없었다. '빠심' 결집만으로는 승리를 낚기에 2퍼센트가 부족하다는 또 한 차례의 교훈이다.

2022년 대선은 2002년과 2012년에 이은 세 번째 양자 구도가 될 전망이다. 2002년 노무현 후보는 자신의 정치적 기반이 통추(국민통합추진회의)였다. 김원기, 김정길, 노무현, 박석무, 유인태, 원혜영 등이 주축인 통추는 1996년 총선에서 낙선을 각오하고 세대교체를 주장해 처음부터 수도권과 2030 청년층으로부터 강력한 지지를 확보했다. 2012년 박근혜 후보는 경제민주화와 기초연금 20만원 지급 공약 등을 내세운 김종인 위원장을 간판으로 좌 클릭해 중도 확장에 성공했다. 2022년 대선 레이스가 본격적으로 시작된 지금, 송영길 대표가 이끄는 더불어민주당은 예비 경선 이벤트로 '조국 흑서' 저자인 김경율 회계사를 국민면 접관에 섭외했다가 일부 후보자와 열성 당원들의 반대 속에 취소해버렸다. 이에 반해 이준석 국민의힘 대표는 당 대변인 선발 토론 배틀에 청와대 이철희 정무수석을 외부 심사위원으로 제안해 화제를 모았다. 비록 이 수석이 고사하며 심사위원 참여는 무위로 그쳤으나 두 정당 간 열린 자세는 뚜렷하게 비교되었다. 따라서 이런 상황이라면 송영길 대표와 이준석 대표 간 중도·무당층 흡수 전략 대결은 그 결과가 빤하게 예측된다. 1987년 이후 한 정당이 두 번 연속 집권해온 법칙성이 2022년에서만큼은 깨질 수도 있겠다. 사상 처음으로 5년 만의 정권교체가 이루어질지도 모르겠다.

이준석, 도덕과 담합과 위선의 정치를 뛰어넘다[01]

장 훈

01 이 글은 2021년 6월 18일 중앙일보에 실린 필자의 칼럼을 부분적으로 가필한 것이다.

중앙대 교수

이준석 현상은 1987년 민주화 이후
뻣뻣해지고 무감각해진 제도권 정치에
대한 반란이다. 반란의 에너지는 오랫동안
생활세계의 바닥에서 축적되어왔다.
이제야 순발력, 판단력, 마키아벨리적
냉정함을 갖춘 젊은 리더를 통해서
폭발한 것이다. 이 폭발에는 여야가
따로 없다.

이준석의 당대표 당선 이후 뉴스피드를 도배하다시피 한 분석들을 모아보면 이렇다. '이준석 현상은 통쾌한 세대 반란이다' '이준석 현상은 파괴적 정치혁신이다.' 열광적 분석이 쏟아지자 36세 젊은이의 도약에 대한 우려와 질투도 따라붙었다. 시장자유주의로의 퇴행일 뿐이라는 당파적 비판도 곁들여졌다. 젊은 야당 대표의 선출에 온 나라가 떠들썩한 것은 이준석 현상의 파장이 그만큼 크다는 뜻이리라.

50대 후반의 내가 이준석 현상에 담긴 MZ세대의 꿈과 희망을 온전히 이해하기는 어렵다. 다만 사회과학적 해석 몇 가지를 독자들과 나눌 뿐이다. ① 이준석 현상은 정치귀족들이 겹겹이 쳐놓은 담합체제를 뚫는 혁명적 반전이다. ② 이준석 현상은 불공정한 국가 개입과 간섭을 질타하는 청년들의 반란이다. ③ 이준석 현상은 우리 정치의 DNA에 깊이 새겨진 도덕과 명분 정치의 종언이다.

첫째, 이준석 대표는 프랑스의 젊은 대통령 에마뉘엘 마크롱Emmanuel Macron의 강한 맛 버전이다. 장관직을 거쳤을 뿐 선출직 경력이 전혀 없던 정치 신인 마크롱은 2017년 40세의 나이에 앙마르슈En Marche라는 미니 정당을 창당하고, 당의 후보로 대통령 자리에 올라 세계를 놀라게 하였다. 마크롱 외에도 이탈리아 오성운동02을 이끄는 베페 그릴로Beppe Grillo, 스페인의 포데모스Podemos 정당03처럼 오늘날 기성 정치에 염증을 느끼는 새로운 정당, 새로운 인물의 부상은 전 세계적인 현상이라고 할 수 있다. 제2차 세계대전 이후 산업화사회와 짝을 이루던 정당 정치, 제도권 정치는 더 이상 작동하지 않으며, 오늘날 대안정당, 새로운 정당 운동, 포퓰리즘 등 실로 다양한 형태의 도전이 시도되고 있다.

이런 가운데 새로운 인물의 제도정치권 진입을 저지하는 카르텔 정치의 장벽은 프랑스보다 한국이 월등히 높고 험하다. 이준석 대표는 당대표 선출을 위한 여론조사에서 2위 후보자를 두 배 이상 앞서고도 당원 투표에서 다소 뒤져 종합 집계로는 6퍼센트 차로 승리했다(조직의 벽). 앙

02 오성운동(이탈리아어: Movimento 5 Stelle 모비멘토 친퀘 스텔레)은 코미디언 출신의 정치인 베페 그릴로가 2009년 10월 4일 창당한 이탈리아 정당이다. 오성운동은 생태주의 경향을 갖고 있으며, 일부 유럽회의주의적인 모습을 보이기도 한다. 또한 오성운동은 직접 민주주의를 지지하며, 인터넷 무료화를 주장하고 있다. 오성운동의 '오성(다섯 개의 별)'은 오성운동이 추진한 다섯 가지 이슈를 뜻한다. 다섯 가지 이슈는 공공 수도, 지속 가능한 이동성, 개발, 접속 가능성, 생태주의다. 편집자 주.

03 포데모스(Podemos, 우리는 할 수 있다)는 2014년 1월 16일에 창당된 스페인의 극좌 정당이다. 이 정당은 스페인 내의 차별과 억압에 반대하는 대규모 시위인 15-M 운동의 여파로, 스페인의 정치학인 파블로 이글레시아스가 창당하였다. 좌익 대중주의 성향으로 불평등, 실업, 경제 불안, 유럽 부채 위기 등의 문제에 있어 긴축정책의 재협상을 요구하고, 리스본 조약을 축소하라고 촉구하였다. 2014년 5월 25일에 열린 2014년 유럽의회 선거에서는 7.98퍼센트, 1백2십만 표의 득표를 받아 총 54석 중 포데모스 5석이 유럽의회에 진출하였다. 이후 2019년 4월 28일에 열린 2019년 4월 스페인 총선거에서는 14퍼센트를 득표해 350석 중 30석을 얻어 스페인 제4당을 차지하였다. 편집자 주.

따르릉 따르릉 비켜나세요,
이준석이 나갑니다 따르르르릉

마르슈 같은 신생 정당의 창당은 한국에서 더더욱 견고한 진입장벽과 마주친다. 우리 정당법은 정당설립 요건으로 최소 5개 이상의 시, 도당 조직과 각 시, 도당별 1천 명 이상의 당원 확보를 규정하고 있다(법의 벽). 게다가 의원 당선자를 내지 못하거나 일정 수준 이상의 득표를 하지 못할 경우 정당은 법에 의해 해산될 수도 있다.

결국 1987년 민주화 이후에도 한국의 정당 정치는 과거 권위주의 시대의 집권당과 야당이 간판만 바꿔단 채 그들끼리의 카르텔을 유지하는 역사가 이어져왔다(나는 이를 민주화 이후의 계승형 카르텔 정당체제가 지속되어 왔다고 표현한 바 있다). 현 담합체제의 여당에는 민주화 운동가들이 기득권을 이어왔고, 국민의힘은 사회 각계의 명망가들이 주를 이루는 명사정당으로 이어져왔다. 이준석 대표의 선출은 이러한 명망가들의 담합체제를 흔드는 사건이었다는 점에서 많은 이들이 후련함을 느끼지 않았을까?

둘째, 적잖은 논란이 되고 있는 이준석 표 능력주의는 불공정한 국가의 개입과 이른바 586들의 가족 세습능력주의를 비판하는 청년들의 처절한 외침에 대한 메아리다. 2019년에 펴낸 대담집 『공정한 경쟁』에서 이준석 대표는 "우리가 추구해야 할 가치는 자유"이며 "공정은 그 위에서 하는 달리기 게임"이라고 표현했다.

당연히 그는 원칙 없이 정치적 선심 쓰듯 진행된 비정

규직의 정규직 전환을 소리 높여 반대해왔다. 수년간 고시원 골방에서 고생한 끝에 통과한 정규직 일자리를 그렇게 내주면, 그동안의 노력으로 통과한 사람은 뭐가 되느냐는 청년들의 절규에 대한 화답인 셈이다.

하지만 시장의 효율과 자유경쟁의 가치를 전면에 내세우는 이준석 대표와 청년 지지층의 공명을 자유주의 연합의 탄생으로 보기에는 아직 이르다. 대학생 작가 임명묵은 이렇게 청년들의 목소리를 전한다(임명묵, 『K-를 생각한다: 90년대생은 대한민국을 어떻게 바라보는가』). "공정에 대한 90년대생들의 외침은 그들이 처한 심리적 압박과 가치의 퇴조라는 배경 하에서 형성된 정서적 기초가 특정 이슈와 맞물려 터져 나오는 현상에 가깝다." 시험과 그에 기반을 둔 능력주의를 지지하는 것은 "그들이 느끼는 불안 속에서 유일하게 예측가능성을 제공해주는 시스템"이기 때문이라는 것이다. 이런 처연한 현실을 앞에 두고 이준석 현상을 그저 삭막한 시장주의로의 퇴행이라고 비판하는 것은 기성세대들의 말의 사치가 아닐까?

셋째, 이준석 대표의 말과 행동은 그동안 한국 정치를 지배해온 도덕의 정치, 명분의 정치가 끝났음을 알리고 있다. 일본학자 오구라 기조의 예리한 지적대로, 한국의 정치 경쟁은 도덕과 명분을 차지하는 싸움이었다. 오랜 기간 한국에서 유학하며 작성했던 박사학위 논문을 토대로 한 『한

국의 하나의 철학이다』라는 저서에서 오구라는 "조선시대
에는 도덕을 쟁취하는 순간, 권력과 부가 저절로 굴러 들어
온다고 모두가 믿고 있었다. 그래서 조선에서는 무력으로
투쟁하지 않고 이론으로 투쟁하였다. 우리 도덕이야말로
올바르다는 논리로 싸운 것"이라고 지적한다.[04]

　이처럼 도덕과 명분이 주도하는 정치는 민주화 이후
21세기 한국에서도 큰 힘을 발휘해왔다. 현재의 여당은 민
주화라는 대의명분에 이어 인권, 환경 등으로 도덕규범을
넓히며 세력을 확장해왔다. 야당은 산업화와 선진화라는
발전주의 규범을 권력경쟁의 축으로 삼아왔다. 이에 따라
한편에서는 민주화의 이념과 역사가 성역화되고, 다른 편
에서는 박정희 모델이 신화화되어왔다.

　이에 대해 이준석 대표는 더 이상 명분과 도덕에 기대
지 말라고 외친다. 그는 싱가포르의 사례를 빗대어 "도덕주
의 국가 운영과 리더들의 도덕적 강박"이 문제의 근원이라
고 비판한다.[05] 이제 시대가 요구하는 것은 실력을 갖춘 리

04　오구라 기조, 『한국은 하나의 철학이다』, 도서출판 모시는 사람들. 20-22쪽,
　　2017.

05　이준석, 『공정한 경쟁』, 나무옆 의자, 250쪽, 2019. "싱가포르의 리콴유 총리는 독
　　재자라는 말을 들어가면서 섬나라를 가난에서 탈출시켰다. 하지만 도덕주의적인
　　국가 운영관이 아주 강했다. (중략) 도덕적으로 타락하면 나라가 망한다는 강박이
　　자리 잡은 것이다."

더이며, 도덕과 명분의 탈을 쓴 정치는 퇴장하라는 그의 주장에 청년들은 박수를 치고 있다.

결국 이준석 현상은 1987년 민주화 이후 어느덧 뻣뻣해지고 무감각해진 채 심통만 늘어난 제도권 정치에 대한 반란이다. 반란의 에너지는 사실 오랫동안 생활세계의 바닥에서 축적되어왔다. 다만 이제야 논리와 순발력, 판단력, 마키아벨리적 냉정함을 두루 갖춘 젊은 리더를 통해서 폭발하고 있을 뿐이다. 이 폭발에는 여야가 따로 없을 것이다.

이준석은
'이준석 세대'를
배신하라

공희준

메시지 크리에이터

이준석이 오랫동안 장수할 수 있는
슬기롭고 믿음직한 원동력은 어디에 있을까?
그것은 이준석이 지지자들을 유연하고
창의적으로 배신하는 데 있다.
'이준석 신드롬'을 창조한 이준석 세대가
현재가 되고 과거가 되는 순간,
이준석은 지지자들을 용기 있게
배반해야 한다.

당심이라는 이름의 괴물

우리나라의 집권여당인 더불어민주당과 제1야당 국민의힘은 일반 국민의 여론을 뜻하는 민심과 당내 기득권층의 이해관계를 반영하는 당심黨心이 따로 놀게 만드는 데 가히 도가 튼 집단이다. 두 당은 당심과 민심이 무관하게 존재하는 의사결정 구조를 정상적인 정당민주주의가 작동한 결과물이라고 오랫동안 강변·호도해왔다.

문제는 더불어민주당과 국민의힘의 공통된 주력 '수익원'이 양당이 그토록 오매불망 애지중지 떠받드는 열성 당원들이 납부한 당비가 아니라 보통의 국민들로부터 세금 형태로 징수되는 국고보조금에 있다는 점이다. '권리는 사유화하고, 책임은 사회화'시키는 여의도 정치권의 고질병이 발현된 셈이다.

당심과 민심이 따로 노는 구조는 작년에 치러진 제21대 총선에서 국민의힘의 전신인 미래통합당을 수도권에서 궤멸시키다시피 한 원흉이었다. 민심의 잣대로는 정치를 해서는 안 될 황교안 전 국무총리가 당수로 뽑힌 사건도, 2030세대의 기준으로는 비호감의 끝판왕인 김진태·민경욱·차명진 등 친박 성향의 강경극우 인사들이 태연히 공천을 받아 언죽번죽 선거에 출마한 사태도 민심은 태양계에 자리해 있는데 당심은 안드로메다로 가버린 대한민국 보수 야당의 기이하고 엽기적인 정당 구조 탓이었다.

박근혜 정권 출범 이래로 보수정당의 만성질환처럼 되어버린 민심과 당심의 분리증상은 국민의힘 입장에서는 다행스럽게도 최근 들어 급격히 호전 양상을 보이는 듯하다. 하지만 야당이 당심과 민심의 일치를 향해 느리지만 착실히 움직이는 것과는 대조적으로 여당인 더불어민주당은 당심이 민심을 더욱 모질고 매정하게 핍박하고 있다.

그렇다면 현재의 민심은 도대체 무엇을 간절히 바라기에 진보여당의 당심과 번번이 충돌하고, 보수야당의 당심과 꾸준히 갈등해온 것일까? 민심이 갈급해하는 일들은 여러 가지가 있겠지만 올해 만 서른여섯 살의 이준석 현상과 관련해 한 가지만 꼽자면 전면적이고 광범위한, 동시에 과감하고 신속한 세대교체. 국민은 여당과 야당을 불문하고 '그때 그 사람들'에 대한 대대적 물갈이와 근본적 인적 쇄신을 정치권을 겨냥해 강력하게 요구하고 있다.

이준석 바람은 돌풍이 아니다. 돌풍은 짧고 요란하게 불고 스쳐 지나가는 바람이지만, 이준석을 띄운 세대교체 바람은 앞으로도 계속해서 한반도로 불어올 계절풍이다. 잠시 부는 돌풍은 피할 수 있지만, 장기간 밀어닥칠 계절풍은 누구도 벗어날 재간이 없다. 이준석은 계절의 변화를 예보하는 한 마리 제비다. 놀부처럼 제비 다리를 심술궂게 부러뜨릴 수는 있어도 오는 봄을 막을 수는 없는 법이다.

따르릉 따르릉 비켜나세요,
이준석이 나갑니다 따르르르릉

이준석의 신세계와 여의도의 구세계

모든 대중 정치인은 정치인이다. 그러나 모든 정치인이 대중 정치인은 아니다. 대중에게는 존재감이 생소하고 미미해도 정치를 할 수 있다. 그리고 이는 현재의 한국 정치를 옛 소련 정치와 같은 줄에 위치 지우는 핵심요소다. 소련의 실질적 최고 국가기관인 공산당 정치국을 구성하는 정치국원들은 인민에게 이름이 알려지지 않아도 유력한 정치권력자로 무탈하게 군림·행세할 수 있었다.

21세기 들어 한국의 여의도 정치권은 과거 소련의 모스크바 크렘린을 연상시키듯 대중과 분리되는 정당 구조를 지속해왔다. 더불어민주당과 국민의힘 같은 거대 유력 정당들이 드넓은 바다인 민심과 비좁은 가두리양식장인 당심이 따로 노는 기괴한 의사결정 체계를 정착시킨 데는 대중과 정치의 분리 사태가 가로놓여 있다.

이준석은 대중과 정치의 분리 추세에 마침표를 찍고 대중과 정치가 다시금 하나로 합쳐지는 흐름을 표상한다. 그러므로 대중과 정치가 분리된 상황에서 승승장구해온 여의도의 정치기술자들이 금배지 한 번 달아본 적 없는 30대 중반의 미혼자를 제1야당의 당수로 웅비시킨 대중의 집단적 열망과 염원을 이해하기란 원천적으로 불가능한 노릇이리라.

여의도 정계에 몸담은 인사들은 위로는 당대표급 거

공희준
이준석은 '이준석 세대'를 배신하라

물 정치인부터 아래로는 의원회관의 새내기 비서에 이르기까지, 본인들을 엄청나게 중요한 존재로 착각하는 경향이 있다. 미안한 얘기이지만 정치권 종사자들이 특별한 인간으로 보였던 시절은 김대중과 김영삼과 김종필이 맹활약한 3김 시대가 마지막이었다. 3김의 퇴장 이후 여의도 정치권은 정치를 발판 삼아 안전한 생계수단을 확보하려는 성실하고 근면한, 동시에 유순하고 순종적인 생활인들의 무리 그 이상도 그 이하도 아니다.

국민이 생각하는 21세기 여의도 정치권은 어떤 곳인가? 도대체 어떻게 억대 연봉을 받는지 이해할 수 없는 사람들이 국회의원이라는 이유로 직장 상사 구실을 하고, 공무원 연금수급 자격을 취득하려고 악착같이 보좌진 생활을 이어가는 인간들이 부하직원 노릇을 맡은 곳이다. 범부 반 필부 반인 이곳에서 막스 베버가 역설한 열정, 책임감, 균형감각의 자질과 덕목이 끼어들 틈이 있겠는가?

악명 높은 5공 군사독재 시절, 전두환이 심심할 때마다 텔레비전 화면에 등장해 근엄한 표정으로 뇌까렸던 '안정희구 성향'이 압도적으로 팽배한 공간, 그곳이 한국의 여의도 정치권이다. 여의도 바깥의 일반 세계와 1밀리미터의 질적 차이도 없는 그곳에서 오랫동안 굴러먹은 기록이 미국에 이어 중국마저 화성 표면에 우주선을 성공적으로 착륙시키는 4차 산업혁명 시대에 무슨 경쟁력을, 변별력을,

차별성을 갖겠는가?

　기성 정치인들의 치명적 과오는 국정농단도, 권력독점도, 부정부패도 아니다. 여의도 정치권을 꽉 채운 소시민 특유의 소심하고 속물적인 안정희구적인 심리를 패기 넘치고 혈기방장한 도전정신과 두려움 없는 불굴의 진취적 기상으로 바꾸려고 시도하지 않은 대목이야말로 그들을 끈질기게 따라다닐 업보이자 실책이다.

　모험심과 야심이 균형 있게 조화를 이뤄야만 신속하고 광범위한 변화와 혁신이 성취된다. 모험심이 결핍된 야심은 혁신과 변화 대신 철밥통과 기득권을 낳는다. 모험심은 없고 야심만 가득한 기득권 철밥통이 한국의 정치권을 점령한 결과, 여의도는 '지금 이대로'가 당헌당규의 백미로, 정강정책의 골간으로 턱하니 들어앉은 배부른 꼰대와 한물간 구태들의 기름진 서식처로 전락하고 말았다.

　이준석에 대한 기성 정치인들의 냉담과 몰이해는 청년세대에 대한 기성세대의 냉담과 몰이해다. 도약과 파격에 대한 관료들의 냉담과 몰이해다. 창조적 파괴에 대한 구질서의 냉담과 몰이해다. 혁명과 쇄신에 대한 기득권 구체제(앙시앵 레짐)의 냉담과 몰이해다. 대중의 현상타파 욕망에 대한 현상유지론자들과 복고주의자들의 냉담과 몰이해다. 궁극적으로는 치열한 야생의 세계에 대한 온실 속 화초들의 냉담과 몰이해다.

공희준
이준석은 '이준석 세대'를 배신하라

이준석은 분화구, 이준석 현상은 마그마

이준석 당대표의 탄생 가능성에 국민의힘 중진 정치인들이 극도로 과민하고 신경질적 반응을 보였던 이유는 단순하다. 내년 지방선거에서 국민의힘의 텃밭인 영남 지역을 중심으로 공천권을 행사하려던 계획이 초장부터 어긋나기 때문이다. 점잖게 표현해 공천권 행사이지, 실제로는 공천 장사다.

더불어민주당과 국민의힘 거대 양당은 물론이고 이제까지 대한민국 헌정사에서 숱하게 명멸한 수많은 군소 정당들이 심각한 내홍과 분란을 겪은 원인은 공천 장사를 누가 주도하느냐에 있었다. 공천 장사만 잘하면 평생 편하게 놀고먹을 수 있는 거금을 단번에 거머쥘 수 있다는 사실은 남한 제도권 정치의 부끄럽고 공공연한 비밀이다. 2022년 제8회 전국동시지방선거 국면에서 국민의힘 후보이면 막대기를 꽂아도 뽑아줄 게 분명한 영남권에서 수지맞는 공천 비즈니스를 통해 단물을 알차게 빼먹을 궁리에 여념이 없던 국민의힘의 내로라하는 다선 정치인들에게 이준석이 당권을 잡는 시나리오는 하늘이 무너지는 사태와 다름없다.

그런데 국민의힘에서 지방선거 공천 장사를 벌일 입장이 아닌 더불어민주당의 중진 의원들까지 이준석 후보가 제1야당의 당수로 출현하는 일을 결사적으로 막으려 했던 이유는 무엇일까?

따르릉 따르릉 비켜나세요,
이준석이 나갑니다 따르르르릉

혁신은 혁신을 부른다. 저곳에서 혁신이 일어나면 이곳에서도 혁신이 일어난다. 혁신의 반대말이 정체와 답보가 아닌 도태와 소멸인 까닭이다. 성공하려고 혁신하는 것이 아니라 생존하려고 혁신하는 것이고, 생존하려고 혁신하다 보니 자연스럽게 성공이 뒤따라오는 식이다.

제1야당이 원내 진입 경험이 전혀 없는 30대 당수를 전당대회에서 선출했으니 집권여당 역시 울며 겨자 먹기라도 깜짝 놀랄 만한 젊은 정치인으로 전면적 세대교체에 나서야 한다. 금배지를 달았다는 점을 빼면 이렇다 할 경력도 업적도 없는 여의도 붙박이들이 일제히 집으로 돌아갈 수밖에 없는 강력한 압박 분위기가 급속히 조성된 것이다. 더불어민주당 다선 의원들에게 국민의힘의 중진 정치인들이 사무실에서 짐을 싸는 상황은 더 이상 남의 일이 아니다.

더불어민주당의 몇몇 다선 의원들은 이준석이 수장이 되면 국민의힘이 없어질 거라는 일방적 희망사항을 피력했다. 이준석 체제에서 없어질 것은 국민의힘이 아니라 국회의사당에서 20년 가까이 수단과 방법을 가리지 않고 악착같이 꽂아놓은 더불어민주당 다선 의원들의 숟가락이다.

안철수 현상도, 이재명 현상도, 윤석열 현상도, 이준석 현상도 개인이 유능하고 탁월해서 발생하지 않았다. 인민 대중의 국가에 대한 불신과 환멸이, 현실에 대한 혐오와 염증이 방금 열거한 여러 현상을 낳아왔다. 현상의 주인공으로 떠오른 인물들은 현상의 본질을 이해하는 데 언제나 실패했다. 그들은 스스로 잘나고 훌륭해서 특정한 현상이 생겨났다는 착각과 환상에 예외 없이 함몰됐다.

'현상을 오판하는 현상'에는 특정 현상으로 말미암아 기득권을 위협받는 인물과 조직과 세력이라고 차이가 없었다. 박근혜가 안철수를 견제할수록 안철수의 몸값은 높아졌고, 친문이 이재명을 음해할수록 이재명은 단단해졌으며, 추미애가 윤석열에게 악담을 퍼부을수록 윤석열의 지지율은 상승했다. 그건 지금도 마찬가지여서 여당과 야당을 망라한, 진보와 보수를 아우르는 여의도의 기득권자들이 이준석을 정조준해서 날선 독설과 극악한 막말을 퍼부을수록 이준석의 위상은 오히려 올라갈 뿐이다.

안철수 현상은 무소속 국회의원 시절의 안철수 국민의당 대표가 기득권 구태정치의 한쪽 기둥인 민주당과의 합당을 독단적으로 강행하면서 흔적 없이 녹아내렸다. 이재명 현상은 이재명이 친문 세력과의 거리두기를 망설이자 이내 박스권에 갇혀버렸다. 그건 윤석열 현상도 마찬가지여서 윤석열 전 검찰총장이 구태정치의 전형적 수법인 칩거와 잠행을 고집할수록 서서히 물이 빠질지도 모른다. 이준석 현상은 이준석이 후배들을 꼰대처럼 가르치려 할 때 황혼이 깃들 것이다.

이준석 현상에 극도의 반감과 거부감을 드러내는 기

성 정치인과 기성 언론인과 기성 지식인은 이준석이 당돌하고 맹랑한, 영악하고 이기적인, 무례하고 싸가지 없는 성격임을 어떻게든 부각시키려고 안간힘을 쏟는다. 핵심은 이준석의 사람됨의 좋고 나쁨에, 착하고 못됨에 있지 않다. 공동체의 희망찬 미래를 설계할 의지도, 민중의 보편적 이익을 실현시킬 능력도 없는 주제에 부와 권력과 명예가 보장되는 자리를 오랫동안 과분하게 꿰차고 해먹을 대로 해먹은 기득권 권력자들을 향해 집으로 돌아갈 것을 요구하는 민심의 화산이 마침내 폭발한 데 있다. 비유하자면, 이준석은 시뻘겋게 활활 타오르는 용암 줄기를 거침없이 토해내는 분화구이다. 스포츠에서 내려갈 팀은 언젠가 내려간다는 속설이 있듯이 분출될 용암은 반드시 분출된다. 어차피 분출될 분화구에 엉덩이를 깔고 앉아 있어봐야 화상만 입을 뿐이다.

'이준석 현상'을 만들어낸 여론의 집단적 흐름은 명백하고 현존하는 게임 체인저game changer다. 이준석 현상은 '윤석열 대 이재명'의 양강 구도로 무난히 고착될 것으로 보였던 대선 판세를 뿌리부터 요동시키고 있다. 85년생 이준석 앞에서 61년생 윤석열과 64년생 이재명은 낡고 칙칙한 구태 아저씨의 범주로 자동 편입된다. 한국 정치의 뉴 노멀로 부상한 이준석 앞에서 정치 좌표가 순식간에 급락하는 것이다.

공희준
이준석은 '이준석 세대'를 배신하라

당장 속이 탈 사람은 이재명 경기도지사다. 젊은 야당 대표는 나 홀로 단출하고 경쾌하게 '따릉이'를 타고 첫 출근을 하는데, 국회의원을 30명씩 주렁주렁 거느리고 요란하게 대권 도전에 나선 이재명은 '여의도스럽게' 비칠 수밖에 없다. 이재명은 세력 과시 용도로 어렵사리 구축해놓은 대선 캠프를 미련 없이 해산하고 다시금 단기필마로 뛸 필요가 있다.

　　안철수는 쇠락해도 안철수 현상은 여전히 정치권에 파장을 미치듯이 이준석 개인의 운명이나 거취와 관계없이 이준석 현상을 계기로 폭발적으로 분출된 기성 정치를 향한, 기성세대를 향한, 기존의 사회적 문법과 관행을 향한 분노의 마그마는 앞으로도 오랫동안 거칠고 뜨겁게 한반도 남쪽에 콸콸 쏟아져 나올 것이다. 그러니 간곡히 당부하는 바이다. 황량한 분화구의 풍경에 홀리지 말고 부글부글 끓어오르는 지표 밑의 마그마를 생각하시라.

따르릉 따르릉 비켜나세요,
이준석이 나갑니다 따르르르릉

이준석 Vs '정용진' 트리오

정청래 더불어민주당 의원은 국민의힘 전당대회를 바라보며 이준석이 당대표에 당선되면 국민의힘이 사라질 수 있다고 엄포를 놓았다. 정청래의 근거 없는 엄살이자 우스꽝스러운 할리우드 액션일 뿐이다. 국민의힘은 사라지기는커녕 친박이 정리되고 태극기 부대와도 결별하며 환골탈태하게 되었다.

결국 정청래의 발언은 호들갑이자 공포에 찬 비명이다. 원내 경력이 전무한 이준석이 당대표로 등장한다는 것은 정치권의 전면적 세대교체와 대규모 물갈이를 뜻한다. 거대한 전환의 정세가 조성되면 여의도 국회의사당에 능구렁이처럼 똬리를 터온 기득권 철밥통 다선 중진의원들이 가장 먼저 짐을 싸야 한다. 이준석의 죄가 있다면 정청래의 밥그릇을 깬 죄일 뿐이다.

강용석 일행은 예상에 걸맞게 움직였다. 방향도, 내용도 세간에서 예측한 것과 한 치의 오차가 없었다. 강용석 전 의원이 운영하는 가로세로연구소는 국민의힘 전당대회에서 이준석 낙선을 목적으로 물불을 가리지 않았다. 강용석과 그의 동업자들이 수단과 방법을 가리지 않고 이준석을 방해한 동기는 딱 하나다. 이준석이 대한민국 제1야당의 당수로 뽑히면 가로세로연구소, 정확히 표현하면 (주)가로세로연구소의 영업활동에 막대한 지장이 초래되기 때문이다. 왜냐고? (주)가로세로연구소의 핵심적 수익구조business model는 더불어민주당 정권의 지속가능성과 직결·연동되어 있기 때문이다.

야당으로의 정권교체가 가망 없는 상황에서 태극기 부대로 표상되는 극우 성향의 장·노년층 누리꾼들이 울며 겨자 먹기로 또는 지푸라기라도 잡는 심정으로 (주)가로세로연구소에 쏴주는 후원금은 강용석과 동업자들을 일약 돈방석에 앉혀주었다. 이준석의 놀라운 약진은 야당과 그 지지자들이 강용석과 동업자들이 퍼뜨리는 황당하고 주술적인 음모론에 더는 기대지 않아도 됨을 의미한다. 이준석 당대표 체제는 문재인 정권의 정권 재창출 가도에 빨간불을 켰다. 이는 (주)가로세로연구소의 재무구조에도 부정적 영향을 끼치는 기괴하고 비정상적인 먹이사슬이 여당과 야당을 뛰어넘어, 온라인과 오프라인을 가로질러 형성되어 있다. 강용석의 이준석 저격은 구국의 결단이 아니라 회사를 살리겠다는 구사의 각오다. 이준석에게 죄가 있다면 강용석의 밥그릇을 깬 죄일 뿐이다.

그렇다면 천하의 진중권은 이념으로나 취향으로나 상극인 강용석과 정청래와 어떠한 남모를 곡절과 사연이 있기에 기꺼이 공동운명체가 되기로 작정한 걸까? 이 대목만큼은 미리 천기(?)를 누설해야 할 것 같다. 이준석에게 죄가 있다면 진중권의 밥그릇을 깬 죄일 뿐이다.

진중권 전 동양대 교수는 오래전부터 페미니즘의 수호자를 자처해왔다. 그 과정에서 페미니즘 신봉자들은 진중권의 고정 고객으로 시나브로 자리매김했다. 습관이 오래되면 본능이 되듯이, 이념이 오래되면 직업이 된다. 특정한 주의主義를 옹호하는 행동이 일종의 영리행위처럼 고착되는 것이다.

진중권은 남한 페미니즘 시장의 최고존엄이다. 진중권의 위기가 페미니즘의 위기인지, 페미니즘의 집단적 위기가 진중권 개인의 위기인지 이제는 분간조차 어렵다. 다만 확실한 게 있다면 최근의 이준석 현상은 '직업이 페미니스트인 사람들' 입장에서 결코 유쾌한 일이 아니라는 점이다.

진중권은 여의도 제도 정치권에서 구주류와 신주류가 격돌할 때마다 어김없이 신주류 편을 들어왔다. 참여정부 초기의 새천년민주당 분당 정국에서는 열린우리당 창당을 열렬히 지지했고, 민주노동당으로부터 진보신당이 분화할 시기에는 노회찬과 심상정과 조승수의 약칭인 '노심조'를 열화와 같이 응원했더랬다. 이제는 수다한 누리꾼에게도 친숙해진 평소의 진중권을 전제하면 그는 국민의힘 전당대회에서도 구주류 나경원 전 의원과 주호영 의원을 응당 극렬히 성토하고, 새로운 물결을 일으킨 이준석에게 무조건적 성원을 보내야 마땅하다. 그런데 괴이하게도 진중권은 구주류 중에서도 찐찐찐 구주류인 나경원과 주호영 콤비에

공희준
이준석은 '이준석 세대'를 배신하라

일방적으로 유리하게 작용하는 발언을 고집스럽게 내뱉었다. 필자가 워낙 식견이 짧은 탓에 자세한 내막은 알 수 없지만 '이준석 돌풍'이 진중권의 주요 영업기반인 페미니즘을 심각하게 무너뜨리기 때문은 아닌가라는 유물론적唯物論的 동기 그 이상을 발견할 수 없다.

진중권은 1963년생이다. 정청래는 1965년생이다. (주)가로세로연구소의 실질적 사주인 강용석은 1969년생이다. 세 사람 공히 지금의 한국을 '꼰대민국'으로 만들고 '라떼공화국'으로 전락시킨 1960년대생 50대 남성 무리다. 수천수만 명의 골리앗이 강철 같은 스크럼을 짜고 "흩어지면 죽는다, 흔들려도 죽는다"면서 바락바락 악을 써가며 이준석이라는 외롭고 젊은 다윗에 맞선 모습, 2021년 상반기 한국 사회의 부끄럽고 엽기적인 자화상이다.

1968년생인 정용진 신세계그룹 부회장은 1955년생 대선배인 신동빈 롯데그룹 회장을 향해 유통업계의 패권을 놓고 도전장을 내밀었다.[01] 그러나 정청래, 강용석, 진중권 기성세대 3인조를 일컫는 '정·용·진 연대'는 세대교체의 대장정에 씩씩하고 용감하게 나선 이준석을 겨냥해 인정사정없는 돌팔매질에 열중하고 있다. 성경에서 블레셋 사람 골리앗은 그나마 다윗과의 정정당당한 일대일 대결을 선택했건만, 현실의 한국의 중년 사내들은 치사하게 다윗에게 돌을 던진다. 그것도 막말과 저주라는 가래침을 잔뜩 바른 돌멩이를.

따르릉 따르릉 비켜나세요,
이준석이 나갑니다 따르르르릉

나 또한 전형적인 50대 배불뚝이 중년 남자다. 변변하게 이룬 것도 없이 쓸데없이 나이만 먹고 말았다. 그럼에도 나는 장강長江의 뒷물결에 밀려나는02 사태를 두려워하지 않는다. 정청래와 강용석과 진중권 3인방에게 동세대로서 진심으로 간곡히 부탁드린다. 우리, 비록 푸른 바닷물은 되지 못할지언정 웅덩이에 고인 썩은 물은 되지 말자.

01 2021년 1월, 정용진 부회장은 프로야구단 'SK와이번스(현 SSG랜더스)'를 깜짝 인수하며 롯데자이언츠의 아성에 도전장을 내밀었다. 시즌 개막 후, 정 부회장은 SNS를 통해 "롯데가 유통과 야구를 결합한 사업을 잘하지 못하고 있다" "야구를 안 좋아하는 동빈 형이 내가 도발하니까 야구장에 왔다"고 올리기도 했다. 롯데와 신세계의 자존심 경쟁은 2012년 9월 롯데가 인천시로부터 터미널 부지와 건물 일체를 9천억 원에 매입하면서 1997년부터 인천시와 20년 장기임대 계약을 맺고 인천터미널에서 백화점을 운영해온 신세계를 밀어낸 것으로부터 촉발되었다. 그리고 이는 스타필드와 롯데아울렛, 면세점 경쟁, 최근 이베이 인수까지 이어지고 있다. 편집자 주.

02 장강후랑최전랑(長江 後浪 催前浪), 장강의 뒷물이 앞물을 밀어낸다는 중국의 속담. 장강은 양쯔강(양자강)을 말한다. 옛사람은 가고 새로운 사람이 온다, 이전 시대는 가고 새로운 시대가 도래한다는 의미다. 편집자 주.

이준석의 유일한 아킬레스건?

이번 당대표 경선에서 이준석의 주요 경쟁자는 나경원과 주호영이었다. 나경원은 4선의 전직 의원이다. 주호영 전 원내대표는 5선의 현직 의원이다. 합이 9선, 국회의원 노릇을 무려 36년을 했다는 소리다. 둘을 합쳐 국회의사당 구력이 36년에 달하는 중진 거물이 만 36세에 불과한, 게다가 국회에 방문자 출입증을 끊고 뒷문으로 조용히 드나들었을 이준석에게 완패했다.

나경원과 주호영이 이준석을 상대로 탈탈 털린 사태는 이제 더 이상 여의도 정치권이 한국 사회 최고의 인재가 집결하고 최고급 정보가 유통되는 공간이 아니라는 냉정한 사실을 말해준다. 결국 하등동물인 파충류에 지나지 않는 장수거북이 아무리 장수한들 지혜와 경험이 쌓이지 않듯이 연봉 2억짜리 고소득 직종이라는 그럴싸한 허우대만 달랑 남은 국회의원을 오래했다고 해서 세계에 대한 남다른 통찰력과 국민을 위한 비범한 책임감이 생기는 것은 아님을 금번 국민의힘 전당대회가 증명해주었다.

강남에 집을 사면 돈이 굳는다. 여의도에서 배지를 달면 머리가 굳는다. 현재 다선 국회의원들은 남들과 견주어 머리가 심하게 굳은 인간을 가리킬 따름이다. 4선이면 16년간 머리가 굳었다는 뜻이고, 5선이면 20년간 머리가 돌덩이가 되었다는 의미다. 이준석의 상승세를 꺾을 특단의 대책이랍시고 기껏 착안한 게 구태의연한 계파 싸움에 불을 지피는 일(나경원)이었고, 시대착오적 음모론을 제기하는 짓(주호영)이었던 이유다.

추미애와 조국 남매가 윤석열의 밤의 공동 선거대책본부장이고, 박영선과 김어준 남매가 오세훈의 밤의 공동 선거대책본부장이며, 나경원과 주호영 오누이가 이준석의 밤의 공동 선거대책본부장이 되는 '남한 정치 밤의 3부작'이 바야흐로 완결되었다. 이 웅대하면서도 역설적인 밤의 3부작 가운데 한반도 남쪽에 거대한 변혁의 물결을 몰고 올 시리즈는 나경원과 주호영이 노회한 악당을 맡고, 이준석이 외롭고 의로운 젊은 주인공으로 얼떨결에 등장한 마지막 3편이었다.

조국과 추미애, 두 전직 법무부 장관은 윤석열 전 검찰총장과 협력해서는 안 되는 몸이었다. 박영선 더불어민주당 서울시장 후보자와 김어준 딴지일보 총수에게 오세훈 서울시장은 손잡고 싶어도 잡을 수 없는 관계였다. 이와 대조적으로 나경원과 주호영은 이준석 현상에 숟가락 얹고 올라탈 기회가 차고도 넘쳤다. 만약에 내가 이준석의 거침없는 맹진으로 인해 수세에 직면한 나경원과 주호영이었다면 이렇게 명쾌하게 선언했을 것이다.

– 이준석 후보는 우리 당의 귀하고 빛나는 보배이자 대한민

국의 미래를 이끌어갈 소중한 인재입니다. 제가 당대표에 당선되면 만40세가 되어야만 대통령 선거 출마 자격이 부여되는 현행 헌법조항을 어떻게든 뜯어고쳐 내년 대통령 선거에서 이준석 후보가 국민의힘 후보자로 나서는 길을 활짝 열어놓겠습니다.

여의도에서 다선 의원이라고 거들먹거리며 설악산 기암괴석처럼 딱딱하게 머리가 굳어버린 기성 정치인들은 무슨 황당무계한 백일몽이냐며 나무랄 게 분명하다. 그러나 김대중 전 대통령의 명언대로 정치는 살아 움직이는 생물이다. 수도 서울의 민선시장이 불미스러운 사건에 연루되어 스스로 목숨을 끊으리라고 누가 예견했는가? 상계동에 거주하는, 만 서른여섯 살짜리 미혼남이 70년 한국 현대사 중 55년 넘게 정권을 잡아온, 국회의석 100개가 넘는 주요 정당의 당수로 뽑힐 거라고 누가 상상했는가?

보는 만큼 보이고 바라는 만큼 이뤄진다. 자전거를 타고 페달을 밟으면 20분이면 너끈히 일주할 수 있는 좁디좁은 여의도 바닥에 수십 년간 갇혀 있으면 보이는 건 비루한 정치공학뿐이요, 바라는 건 금배지 한 번 더 다는 게 전부다. 이런 구질구질한 관행과 문법에 무비판적으로 맹종해온 기성세대 수천 명이 낮에는 의원회관에, 밤에는 의사당 주변의 술집과 찻집과 음식점에 옹기종기 모여앉아 하릴없이 출신 따지고, 한심하게 족보 캐묻는 곳이 남조선의 기성

따르릉 따르릉 비켜나세요,
이준석이 나갑니다 따르르르릉

정치권이다.

그렇다면 이준석의 최대 취약점은 무엇일까? 비록 인턴이었을지언정 여의도 밥을 먹었다는 것이다. 국민에게는 쥐약이요, 여의도의 기득권자들에겐 보약인 여의도 밥을 유승민 전 바른정당 대표 밑에서 잠깐이나마 먹었다는 이력 때문에 이준석은 국민의힘 안팎에 서식하는 각종 기득권자들로부터 억울하게 몰매를 맞았다. 허나 유권자들은 알고 있다. 한국 정치의 진짜 암적 존재는 인턴 밥이 아니라 비서관 밥을, 보좌관 밥을, 의원 밥을 먹은 자들이라는 걸. 그럼에도 이준석이 당대표가 되면 밥줄이 끊길까봐, 철밥통을 잃을까봐, 기득권을 놓칠까봐 불안함과 초조함으로 날밤을 지새우며 전전긍긍했을 '직업이 경륜인 사람들'에게 이준석 신드롬을 제압할 기상천외한 한 가지 방법을 무료로 공개하겠다.

'이준석은 유승민의 데릴사위'라는 가짜뉴스를 온갖 잡스러운 유튜브 방송을 총동원해 부지런히 퍼뜨려라. 그러면 이준석은 그의 핵심 지지 기반인 청년세대로부터 '국민 도둑놈'으로 낙인찍힐지도 모른다. 그게 태극기 부대의 정신적 지주인 전광훈 목사처럼 "이준석은 주사파 2중대"라고 음해하는 것보다 덜 좀스럽고 민망한 행동일 터이다.

이준석 현상은 기존 여의도 정치의 가치와 효용을 더는 인정하지 않겠다는 평범한 한국인의 정서와 지향점을

공희준
이준석은 '이준석 세대'를 배신하라

대변하고 반영한다. 국회의원 노릇이 관록이 되고 경쟁력이 되는 세상은 끝났다. 오래도록 금배지를 단 것을 벼슬로 믿은 낡은 인물들이 국민의힘 전당대회를 계기로 일제히 집으로 돌아가지 않는다면 그다음은 국민의힘 전체가 집에 가게 되리라.

강준만의 정권교체와 이준석의 세대교체

만 36세의 이준석 후보가 국민의힘 당대표가 되어서는 절대 안 된다고 주장한 사람들이 폈던 논리는 대략 두 가지다.

첫째, 유승민 득세론이다. 이준석 후보가 국민의힘 당대표로 선출되면 유승민 전 바른정당 대표가 이준석 뒤에서 상왕 노릇을 하며 단기적으로는 제1야당을 좌지우지하고, 장기적으로는 야권의 대선 주자들을 주저앉히고 대통령 선거에 직접 나가리라는, '아니면 말고'의 부채 도사식 판세 전망이다.

유승민-이준석 커넥션은 집에 잠자러 갈 때를 제외하면 여의도 국회의사당 반경 1킬로미터 이내를 좀처럼 떠날 일 없는 '여의도 사람들'이 제기하고 있다. 여의도 사람들이란 정치권에 줄을 대서 먹고사는 인간들을 가리킨다. 제도권이건 비제도권이건, 특정 정당에 적을 두었건 두지 않았건, 정치권에 선을 대고 밥벌이하는 인구 비율은 전체 국민의 0.1퍼센트도 되지 않을 것이다. 그들의 세계관은 평생 국회의사당을 한 번 구경할까 말까한 남한의 대다수 대중의 생각과는 다른 차원에서 놀기 마련이다. 더불어민주당과 국민의힘 보좌진 사이에 복도만 한 틈새가 놓여 있다면, 국회 보좌진과 평범한 인민 사이에는 지구에서 화성 사이의 천문학적 거리가 놓여 있다. 이렇듯 국민들은 이준석 본인조차 미처 깨닫지 못한 이준석 어깨에 얹어진 본질적 시대정신을 주목하지만, 여의도 사람들은 이준석이 누구 밑에서 인턴을 했다는 지엽말단적 계보 놀이에 열중하고 있다.

단언하건대 대한민국 현실 정치권을 강타한 이준석 현상에 내포된 중차대한 역사적 의의는 지질하게 계파나 따지고 천박하게 음모론이나 입에 주워 담는 여의도 사람들에게 이 기회에 국회를 벗어나 땀 흘려 성실하게 노동하는 정상적 사회생활을 하루라도 해보라고 촉구하는 민심의 준엄한 명령이다. 모든 여의도 사람들의 즉각적 하방을 요구하는 강력한 여론이 이준석 현상에 담겨 있다.

둘째, 이준석에게는 구체적 내용contents이 없다는 아우성이다. 여의도 사람들 가운데 그나마 머리가 돌아가는 측에서는 미래 비전을 빨리 제시하라며 이준석을 집요하게 압박한다. 그런데 나는 여의도 사람들 가운데 그나마 머리가 조금이라도 돌아가는 부류에 속한다는 정치인과 언론인과 시사평론가와 시민사회 활동가들이 이준석을 향해 내놓으라며 윽박지르는 미래 비전의 실체가 무엇인지 모르겠다.

소득의 절반을 국가에서 세금으로 뚝딱 떼어가는 북유럽식 복지국가가 그들의 미래 비전인가? 대영제국을 히틀러의 마수에서 구출해낸 구국의 영웅 처칠에게마저 여성차별주의자라는 빨간 페인트를 무차별적으로 뿌려대는 전투적 페미니즘이 그들의 미래 비전인가? 권력자들과 세도가들의 마음에 들지 않는 단어와 표현을 인터넷 검색이 되지 않도록 걸핏하면 금칙어로 지정하는 중국의 지독한 통제체제를 한반도 남쪽에 이식하는 게 그들의 미래 비전인가? 아니면 나이가 벼슬인 전근대적 장유유서 전통의 부활이 그들이 말하는 미래 비전인가?

다른 사람에게 미래 비전을 바라려면 내가 먼저 그걸 공개해야 한다. 이준석으로부터 미래 비전을 쥐어짜려는 각계각층의 유수한 인사들의 공통분모는 정작 자신들의 미래 비전이 무엇인지 아리송하다는 점이다. 꼰대민국이 되어버린 대한민국에서는 단지 1980년대에 대학을 다녔다는 이유와 인연과 배경만으로 능력과 도덕성의 유무와는 상관없이 장관이 되고 차관이 된다. 공기업 사장과 정부 산하기관의 간부가 된다. 국회의원이 되고 지방자치단체장이 된다. 북극점에서는 어디로 향하건 남쪽으로 가게 된다고 한다. 남쪽이 어디인지 굳이 찾아 헤매지 않아도 현재의 위치에서 한 발을 떼면 남쪽으로 저절로 가는 것이다. 1980년대에 대학은커녕 초등학교에도 입학하지 못했다는 사실만으로도 선명하고 공고한 미래 비전으로 포진되는 까닭이 여기에 있다.

강준만 전북대학교 신문방송학과 명예교수는 1997년 12월의 제15대 대통령 선거를 앞두고 "정권교체가 최고의 개혁이다"라며 사자후를 토했다. 박정희가 창당한 공화당

공희준
이준석은 '이준석 세대'를 배신하라

을 모태로 삼은 정당이 30년 넘게 나라의 권력을 독점해온 상황에서 강준만의 절규 섞인 외침은 진선진미한 진리였다. 당시에는 촉망받는 소장파 학자이자 개혁파 논객이었던 강준만은 최근 교단에서 물러났다.

한국은 586세대가 정치권을 비롯한 사회 주요 부문의 실권과 주도권을 30년 가까이 - 학생운동권 용어를 빌리자면 - '전일적으로' 지배·장악해왔다. 군사독재에 버금갈 세대 독재가 오랫동안 자행되어왔다. 1997년 12월에 정권교체가 최대의 개혁이었다면, 2021년 7월은 세대교체가 최고의 개혁인 것이다.

소장파 학자 시절의 강준만은 "정권교체가 세상을 바꾼다"고 단호하게 선언했다. 세월이 흘러 원로학자의 반열에 진입한 강준만의 옛 명제는 이제는 "세대교체가 세상을 바꾼다"라고 업그레이드되어야 한다. 더 늦기 전에.

이준석, 얼떨결에 레닌이 되다

국민의힘은 구태의 본산이다. 꼰대들의 본진이다. 국민의힘의 전신인 새누리당 대표를 지낸 김무성 전 의원이 공항으로 자신을 마중 나온 수행비서에게 눈도 마주치지 않고 여행 가방을 휙~ 밀어버린 사건은 꼰대 반 구태 반의 국민의힘의 문화, 의식, 관행을 여실히 드러낸 장면이었다. 그럼에도 국민의 오랜 염원이었던 정치권의 과감하고 전면적인 세대교체의 첫 장이 하필이면 구태의 온상이자 꼰대의 집합소로 군림해온 국민의힘에서 열렸다. UPI뉴스의 김당 대기자가 진행한 좌담회에서, 나는 마그마는 가장 약하고 얇은 지각을 뚫고 나온다는 지질학적 원리로 그 이유를 설명했다.

레닌은 제국주의 단계에서 최초의 사회주의혁명은 자본주의가 고도로 발달한 영국, 프랑스, 독일, 미국이 아니라 제국주의 열강 가운데 가장 약한 고리인 러시아에서 발생할 것으로 예견했다. 그의 예측은 1917년 10월 볼셰비키혁명으로 정확히 적중하였다. 한국은 압축적 근대화와 더불어 '압축적 꼰대화'마저 동시에 이룩한 희귀 국가다. 다른 나라가 수백 년 걸쳐 이뤄낸 산업화와 민주화를 수십 년 만에 달성했듯이 다른 나라의 진보 지식인계급이라면 수십 년간 걸쳐 이루어질 특권적 수구기득권층으로의 변신 및 편입을 길게는 5~6년, 짧게는 1~2년 만에 성취(?)해냈다.

공희준
이준석은 '이준석 세대'를 배신하라

그 부산물이 진보 진영의 대표 브랜드처럼 자리한 '내로남 불'의 위선과 이중 잣대다.

장기간의 축적의 시간을 갖지 못한 성과물은 바닷가 모래성처럼 위태로운 법이다. 압축적 근대화를 실현시킨 한국에서의 산업화와 민주화는 오늘날 그 지속가능성이 의문시되고 있다. 전자는 국제통화기금IMF 관리체제로 취약성이 노출되었고, 후자는 박근혜 탄핵과 조국 사태를 거치며 그 부실함이 여지없이 폭로된 탓이다. 경제는 재벌 집중의 우편향과 공무원 천국의 좌편향 사이를 갈팡질팡하고 있다. 정치는 박근혜 정권의 오만과 문재인 정권의 불통 사이에서 완전히 실종되고 파산하였다. 국민이 사회적 불만 세력이 될 수밖에 없는 구조다.

나는 '개인 이준석'과 '이준석 현상'을 분화구와 마그마(용암)의 관계로 비유하련다. 백두산이 존재하기에 용암이 분출하는 게 아니다. 얇은 지각 아래 거대하게 쌓인 뜨거운 용암덩어리가 마침내 땅 위로 무섭게 폭발했기에 백두산이 생겨난 것이다. 보수 기득권 세력과 진보 기득권 세력이 민중의 눈앞에서 차례로 생생히 보여준 추태와 비루함, 무능과 무책임, 탐욕과 이기주의가 이준석 현상이라는 새벽을 불러왔다. 개인 이준석은 새벽이 되자 본능적으로 횟대에 올라 울어대는 한 마리 어린 수탉에 불과하다. 닭의 목을 비틀어도 새벽이 오듯이, 온갖 구실과 핑계를 끄집어내 이

따르릉 따르릉 비켜나세요,
이준석이 나갑니다 따르르르릉   127

준석을 모략하고 음해하고 중상해도 이준석 현상은 사그라 지지 않는다.

주요 선거에서 4연패하며 국민의힘의 지반은 치명적으로 허물어졌다. 국민의힘이 발 딛고 선 땅이 오늘날의 한국 정치에서 가장 얇은 지각으로 변한 것이다. 나는 그러한 우연적이면서도 독특한 상황이 이준석을 지금의 걸어 다니는 활화산으로 키웠다고 확신한다. 이준석이라는 활화산을 통해 거침없이 쏟아지는 용암의 시뻘건 불덩어리와 대면해 화들짝 놀란 좌우 기득권 세력이 합작해 황급히 내놓은 방책이란 대전 현충원을 참배한 이준석이 방명록에 남긴 글씨체나 꼬투리 잡는 정도다. 콸콸 흘러내리는 용암의 격류 앞에서 진보 꼰대들과 보수 구태들이 차가운 얼음주머니를 이마에 대고 나란히 자리에 드러누워 제 한 몸 무사하기를 기원하는 형국이다.

세대교체 혁명은 이제 거스를 수도, 거부할 수도, 걷잡을 수도 없는 우리 시대의 불가항력적 필연이다. 마르크스는 인류의 진정한 자유는 필연에 대한 통찰과 인식으로부터 비롯된다고 역설했다. 꼰대 진보도, 구태 보수도 역사의 필연적 추세를 끝내 알아채지 못한 영원한 노예들의 집단일 뿐이다.

공희준
이준석은 '이준석 세대'를 배신하라

변화의 평범성

- 준석이가 새벽까지 카페에서 친구들과 술 먹었대.

2016년 4월에 실시된 제20대 총선 무렵, 나는 서울 노원병 지역구에 출마한 안철수 당시 국민의당 대표의 선거를 컨설턴트 자격으로 돕고 있었다. 제1야당인 더불어민주당의 후보자가 존재감이 제로였던 터라, 세간의 관심은 집권여당인 새누리당의 공천을 받은 이준석 후보가 과연 안철수 대표를 상대로 다윗이 골리앗을 쓰러뜨리는 상계동의 기적을 연출할 수 있느냐에 쏠려 있었다.

집권여당과 제1야당이 거국적으로 희원希願했을 상계동의 기적은 끝내 없었다. 선거는 안철수가 이준석을 정확히 21퍼센트의 득표율 차이로 여유 있게 따돌리는 것으로 싱겁게 마무리되었다.

인구가 밀집된 대도시 선거전에서 상대방 후보의 일거수일투족은 굳이 촘촘한 첩보망(?)을 가동하지 않아도 훤히 파악될 수 있다. 나는 해보나마나인 판세에서 이준석 후보가 뭘 하고 있는지 궁금해서 지역 사정에 정통한 선배에게 그의 동정을 물었다. 그런데 이준석이 속상한 마음에 동네 카페로 친구들을 불러서 새벽까지 떡이 되도록 술을 마셨다는 게 아닌가.

따르릉 따르릉 비켜나세요,
이준석이 나갑니다 따르르르릉

선거에 출마한 인물에게 과도한 음주는 절대적인 금기사항이다. 설령 술을 마신다고 해도 자신이 입후보한 선거구 밖으로 원정을 나가는 경우가 대부분이다. 그런데 출사표를 던진 지역구에서 남들이 보든지 말든지 개의치 않고 밤새워 술을 푸다니? 운동권 출신은 아니었지만 1980년대가 끝물이 다다를 즈음 대학물을 먹었던 나로서는 도무지 이해되지 않았다. 나는 MZ 세대[03]가 사람들의 시선을 개의치 않는 자유로운 영혼을 가졌을지도 모른다고 생각했다. 그러나 솔직한 감정은 한심하다는 거였다. 뭐, 저런 희한한 녀석이 있느냐는 게 2016년 봄에 이준석에 대해 품었던 감정이었다.

그토록 한심하게 느껴졌던 이준석에게 내로라하는 경쟁자들이 국민의힘 전당대회에서 줄줄이 나가떨어졌다. 4선의 나경원, 5선의 주호영, 5선의 조경태, 4선의 홍문표 등 쟁쟁한 전현직 중진 의원들이 국회 경험이라고는 유승민 전 바른정당 대표 인턴 경력이 전부인 이준석에게 완패하고 말았다.

물론 나경원 전 의원은 당원 투표에서 이준석 전 비서에게 근소하게 우위를 점했다. 하지만 지느니 못했다. 영남

---

03   1980년대 초~2000년대 초 출생한 '밀레니얼 세대'와 1990년대 중반부터 2000년대 초반 출생한 'Z세대'를 아우르는 말. 편집자 주.

의 중년 남성들로 주로 구성된 국민의힘 당원들이 한때 운동권 스타로 이름을 날렸던 더불어민주당의 다선 의원들만큼 시대의 흐름과 괴리되어 있음을 드러냈기 때문이다. '당심과 민심의 괴리'는 특정 정당 당원들이 얼마나 녹슨 영혼과 고루한 의식을 가졌는지를 보여주는 완곡하면서도 완벽한 욕설이다. 심한 욕도 듣기 좋게 하는 재주를 지닌 집단이 우리나라의 정치부 기자이고 정치평론가들이다.

이제는 명실상부한 이준석 대표로 올라선 이준석 전 비서의 선거운동에는 캠프가 없었다. 자동차도 없었다. 당연히 운전기사와 수행비서도 없었다. 심지어 당원들에게 그 흔한 문자메시지조차 보내지 않았다. 국회의원은 물론 시의원과 구의원조차 때만 되면 온갖 자기 자랑을 잔뜩 실어 발송하는 문자메시지를 생략한 것이다. 실로 평범하지 않은가? 그런데 저 평범함이 보수와 진보, 우파와 좌파, 민주화세력과 산업화세력으로 갈려 싸우던 한국의 정치 지형을 '옛날 사람 대 요즘 사람' 구도로 일거에 전변시켰다.

평범한 사람은 자기 입으로 자기 생각을 말한다. 이준석의 메시지는 이준석의 입을 스피커 삼아 발화된다. 복심이니, 측근이니, 대변인이니 하는 거추장스러운 매개체를 거치지 않는다. 이준석은 자신의 입으로 자신의 생각을 말한다. 이준석의 말이 이준석의 생각이고, 이준석의 생각이 이준석의 말이다. 이러한 이준석의 평범함이 이준석이 불러온 '비범한 새로움'의 큰 축을 차지하고 있다.

게다가 이준석은 기면 기고, 아니면 아닌 직설법을 구사한다. 김종필은 긴 것도 아니고, 아닌 것도 아닌 모호하고 추상적인 화법으로 일세를 풍미했다. 메시지의 발신 방식에서 이준석과 김종필은 극과 극을 달리는 철두철미한 안티테제 관계다.

한나 아렌트는 독일 태생의 정치철학자다. 그는 수백만 명의 유대인을 집단수용소에 설치한 가스실로 보내 죽음으로 내몬 아돌프 아이히만의 재판을 관찰하면서 쓴『예루살렘의 아이히만』이라는 책에서 저 악명 높은 인간 도살자가 지극히 평범한 인격과 외관을 한 인간이라는 사실에 놀라움을 표시하며 '악의 평범성'이라는 개념을 창안했다. 한나 아렌트가 평범함의 부정적 측면에 착목했다면 나는 평범함의 긍정적 성격에도 조금은 주목하고 싶다. 왜냐? 비범한 자리에 올라 비범한 권력을 행사하는 인간들이 일상생활에서는 여느 인민대중과 크게 다르지 않은 평범한 삶의 기술과 윤리와 수준을 택하도록 제도적으로, 문화적으로, 이념적으로 강제하는 것이 역사의 진보이고 발전이기 때문이다.

예전에는 선거가 뜻대로 풀리지 않으면 지역구와 관계없이 측근들을 여의도의 음습한 호텔이나 커피숍의 밀실로 집합시켜 대책을 숙의하는 일이 비일비재했다. 이준석처럼 그냥 동네 카페로 지인들을 불러 모으는 건 상상하기 어려웠다. 이준석이 국회의사당 내 당대표실로 출근하면서 지하철에서 내려 안전모도 쓰지 않은 채 따릉이를 탔던 일은 평범함의 압권이다. 그는 평상시대로 처신했을 뿐인데 뉴스가 되고 화젯거리가 되었다.

진영 논리를 고집하는 한국 사회의 엘리트들은 보수 성향의 전통 엘리트건 진보 색채의 신흥 엘리트건 그들이 가진 비범한 권력과 지위에 상응하는 특권적 인생을 살기를 꾀한다. 진보세력의 명망가들과 보수 진영의 유명 인사들이 삶의 양식lifestyle만 놓고 보면 전혀 분간되지 않는 이유다. 그들은 무대 위에서만 적일뿐, 무대 뒤에서는 온갖 반칙과 특권이 일상화된 동일한 귀족계급이다. 보수적 유권자들이 더불어민주당을 욕하고, 진보 성향의 시민들이 국민의힘을 비난할 때 그들은 자기편 얼굴에 침을 뱉고 있다는 맹점을 깨닫지 못한다.

이준석은 이른바 명문대인 하버드 대학교를 졸업했다. 보통 사람과는 다른 학력이다. 하지만 그의 비범한 이력은 딱 여기까지다. 그는 노원구의 아파트 단지에 살며 대중교통으로 여의도를 오간다. 그가 지하철을 타는 일은 정치권의 나이 든 보스와 실력자들이 재래시장에 들러 뜨거운 어묵을 입천장이 데이는 부상 아닌 부상을 각오하면서 우적우적 씹어 먹는 쇼 비즈니스가 아니다. 그저 자연스러운 일상의 연장선이다.

이준석이 단순한 세대교체만 내세웠다면 이준석 현상은 지금처럼 커지지 않았을 것이다. 그의 신속한 약진은 세대교체와 세력교체가 동전의 양면처럼 맞물린 데 기인한다. 그러나 현재 시점에서는 이준석은 한국 사회의 전면적 세력교체까지 표방하지 않고 있다. 그것이 이준석 나름의 노련한 도광양회韜光養晦04 포석인지, 아니면 이준석 현상이 세대교체와 세력교체의 두 바퀴로 구동되고 있음을 정작 이준석 본인만 깨닫지 못한 건지는 확인되지 않고 있다.

그럼에도 단언할 수 있다. 지위가 비범하게 높다고 해서, 권력이 비범하게 세다고 해서 평범하지 않은 특권적 삶을 누리는 것을 대중은, 특히 청년세대는 용납하지 않는다는 점을! 이제 대규모 선거캠프는 관행이 아니라 특권이고 반칙이다. 기사 딸린 중형 자동차는 민폐이고 돈 낭비다. 무차별적인 문자메시지는 공해이고 사생활 침해다.

이준석은 관성과 고정관념이라는 이름으로 정당화된, 비범하지만 특권적인 요소를 모조리 거부하고 배척한다. 그런 이준석에게 대중은 환호와 열광을 보낸다. 특권과 반칙을 다른 사람들도 하는 사소한 관행으로 합리화화는 옛날 사람들에게 지금 사람들은 단호히 명령한다. 이제 그만

04　자신의 재능이나 명성을 드러내지 않고 참고 기다린다는 뜻. 편집자 주.

공희준
이준석은 '이준석 세대'를 배신하라

집으로 가라고.

　기성 엘리트 못지않게 맹목적이고 편협한 진영 논리에 중독된 일부 열성 추종자들을 제외한 대다수 평범한 유권자들은 보수적인 전통 기득권층이든 진보적인 신흥 기득권층이든 한국 사회의 기득권세력이 적폐청산이라는 미명 아래 강력히 엄벌받기를 원하지 않는다. 다만 국민이 바라는 바는 산업화세력 출신의 기득권자든, 민주화세력 경력의 기득권자든 특권적인 삶을 계속 누리고 싶다면 일체의 공적 활동에서 물러나 조용히 집에 가서 누리라는 것이다. 비범한 권력과 비범한 지위를 가진 사람들일수록 공직과는 무관한 평범한 여염의 삶을 살라는 것, 그것이 이준석 신드롬에 담긴 변화와 혁신의 시대정신이다.

따르릉 따르릉 비켜나세요,
이준석이 나갑니다 따르르르릉

이준석, 아이디어가 아닌 리더십으로 승부해야

이준석 대표는 현대 한국정치사 최초의 30대 당대표로 선출되었다. 2019년 연말 기준으로 한국인의 평균 나이는 만 40.2세로 조사되었다. 2020년 기준으로 우리나라 국회의원의 평균 연령은 역시 만으로 54.8세였다. 정치적 관점은 물론 생물학적 잣대로도 이준석이 얼마나 젊은지 새삼스럽게 확인할 수 있다.

국회의원 경력 한 번 없는 깜짝 놀랄 만한 젊은 정치 지도자가 제1야당의 영수로 등장했다는 소식은 그만큼 급진적 변화가 절실히 필요했다는 반증이다. 이준석 대표는 국민의힘 차기 당대표를 선출하는 경선 기간 동안 급진적 개혁을 이뤄내겠다는 약속을 되풀이했다. 그가 과연 어떤 내용과 방향의 급진적 개혁을 추진할지는 미지수다. 그럼에도 한 가지 확실한 점은 '급진急進, radical'이라는 단어가 제도권 정당의 당권을 노리는 인물의 입에서 공공연하게 발설되었다는 것이다. 급진적인 변화와 혁신이 이미 시작되었음을 요란하게 알리는 신호탄이 아닐 수 없다.

불안과 정체의 공존은 21세기 한국 사회를 관철하는 핵심적 작동법칙이다. 삶이 불안하니 사람들의 몸과 마음은 움츠려 들고, 사람들의 몸과 마음이 움츠러드니 삶을 불안하게 만드는 체제와 관행과 의식과 문화를 근본적으로 뜯어 고치려는 담대한 기획과 시도에 누구 하나 선뜻 나서

지 못했다. 진보와 보수와 중도를 막론하고 거의 모든 유권자들이 혁명적 쇄신에 본능적 공포와 거부감을 보이는 지독한 '안정희구 성향'에 사로잡힌 이러한 부작용은 나라 전체가 거대한 늪처럼 정체되어 나날이 썩어가는 상황을 연출했다. 부패의 악취가 최종적으로 모여드는 곳이 다름 아닌 여의도 국회의사당으로 대표되는 기성 정치다. 지금까지는 늪의 소유권만 친노에서 친이로, 친이에서 친박으로, 친박에서 친문으로 지루하게 바뀌어왔을 뿐이다. 매립 방식이든지 혹은 호수로의 환골탈태 형태이든지, 늪 자체를 변화시키겠다는 노력은 좀처럼 보이지 않았다. '박근혜 탄핵 무효'를 외치는 태극기 부대와 '조국 무죄'를 주장하는 조국기 부대는 흔히 다선 의원 또는 중진 의원으로 호명되는 구태 정치인들이 기득권을 유지하려는 목적에서 문제의 늪을 의도적으로 방치한 결과로 생겨난 유해한 병리적 요소다.

30대 당대표가 성공할 수 있는 방법은 다양하다. 그런데 큰 성공은 복잡다단한 변혁이 아닌 단순명료한 변화에서 비롯되는 경우가 대부분이다. 애플의 아이폰 신화의 출발점은 이전까지 날카롭게 직각으로 디자인된 휴대전화기의 모서리를 부드러운 곡선으로 처리한 스티브 잡스의 간단한 발상의 전환 덕분이었다. 독일 전차군단의 위력은 과거에는 개별적으로 분산 배치된 탱크들을 집단적으로 운용함으로써 한층 배가되었다. 정주영 현대그룹 명예회장은 물막이 작업을 벌이면서 방조제를 쌓는 대신 낡은 유조선을 활용함으로써 서산 간척지 매립공사의 최대 난관을 수월히 돌파하였다.

이제껏 우리는 청년세대의 주된 소임을 새로운 아이디어를 내는 것이라고 믿었다. 그러나 역사를 살펴보면 위대한 젊은 영도자는 기발하고 획기적인 아이디어가 아니라 과감하고 진취적인 리더십으로 성과를 거두곤 했다. 예컨대 서른 살도 되지 않아 유럽, 아시아, 아프리카에 걸친 광대한 제국을 건설한 알렉산드로스 대왕은 전쟁에 기상천외한 고도의 신기술을 도입한 인물이 아니었다. 그는 선친인 마케도니아의 필리포스 2세가 개발하고 개량한 장창 sarisa05을 보다 대규모적이고 체계적으로 전장에서 이용했을 뿐이다. 삼성을 세계 초일류 기업으로 우뚝 세운 반도체 사업은 이건희 회장의 아이디어가 아니었다. 이병철 회장의 생각의 산물이었다. 이건희는 선대 회장이 초석을 놓은 구상을 초대박으로 이어간 리더십으로 각광을 받았다.

05   그리스 북부 변방의 도시국가였던 마케도니아는 그리스 핵심 도시국가들로부터 소외받았다. 알렉산드로스의 아버지인 마케도니아의 왕 필리포스 2세는 이런 상황을 타개하기 위해 정치적·군사적 개혁을 실행한다. '호플리테스(Hoplites)'라 불리는 그리스의 중장보병을 '팔랑크스(Phalanx)'라는 이름의 밀집 장창 대형이 가능한 체제로 만들었다. 여기에서 '장창'이란 기존 창의 두 배인 7미터 길이로 '사리사(sarisa)'로 불렸다. 편집자 주.

젊은 지도자의 본령은 젊다는 데 있지 않고 지도자라는 지점에 있다. 리더는 머리 싸매고 전략과 전술을 궁리하는 사람이 아니다. 그건 참모의 역할이고 전문가의 영역이다. 리더는 유능한 전문가들이 소신을 갖고 활동하도록 여건과 분위기를 조성해주는 사람이다. 충신과 간신을 정확히 구분하는 안목과 선구안을 갖춘 사람이다. 최종적으로는 중차대한 결정을 남에게 미루지 않고 주도적으로 상황을 판단한 후에 자기가 내린 결단에 대해 전면에 나서서 오롯이 당당하게 책임을 지는 사람이다.

이러한 측면에서 이준석 대표는 쌈박하고 그럴듯한 아이디어를 당과 국민들에게 지속적으로 내놓아야 한다는 부담감을 갖지 말아야 한다. 쌈박하고 그럴듯한 아이디어를 가진 인물들이 야권에 활발하게 합류하도록 당의 문호를 개방하고, 민심과는 여전히 유리된 모습과 한계를 드러낸 당심을 민심에 수렴·복종시키는 과제에 지도력을 발휘해야 한다.

이 원리는 국가공동체 전반에도 확대 적용될 수 있다. 아이디어는 젊은 사람이 내고, 결정은 나이 든 인간이 한다는 경직된 타성과 통념으로부터 정당도, 기업도, 학교도, 가정도 하루빨리 탈피해야 한다. 다시금 강조한다. 이준석 체제의 안착과 사회의 전방위적 세대교체는 청년들이 아이디어의 생산자 지위에 머물지 않고 리더십의 행사자로 도약할

때만이 성공적으로 실현될 수 있다. 그러니 참신한 제안을
내놓으라고 청년들을 다그치지 마라. 기성세대가 그들에게
요구해야 할 것은 더 강한 결단력과 더 묵직한 책임감이다.

공희준
이준석은 '이준석 세대'를 배신하라

이준석은 이준석 세대와 싸워라

한국에서 민주당 계열 정당은 호남 지역을 지지 기반의 중핵으로 삼아왔다. 국민의힘의 전신을 이루는 정당들은 영남권에 토대의 중심을 두었다. 투표는 본질적으로 머리수 싸움이다. 민주당 계통의 정당들은 지역 연합을 통해 인구학적 구조의 불리함을 상쇄시켜왔다. 김대중 국민회의 총재가 충청의 맹주를 자임하는 김종필 자유민주연합 총재와 DJP 연대를 성사시키고, 부산 경남에 만만찮은 지지세를 확보한 노무현 전 해양수산부 장관이 새천년민주당 대선 후보로 선출된 연원이다.

더불어민주당이 지역 확장에 성공할 때마다 국민의힘은 속수무책으로 패배해왔다. 그렇다고 국민의힘이 또 다른 3당 합당 기획을 공공연히 도모할 수는 없는 노릇이었다. 특정 지역을 인위적으로 고립시키는 반역사적이고 파렴치한 정치공학은 다시는 되풀이해서는 안 될 부도덕의 극치다.

국민의힘이 비장의 승부수로 꺼내든 회심의 역전 카드는 세대 확장이다. 국민의힘이 강세를 보이는 노년층에 청년세대의 지지를 보태는 필승구도의 창출은 국민의힘의 오랜 염원이었다. 간절히 원하면 우주의 기운이 도와준다는 박근혜 전 대통령의 황당한 예언은 엉뚱한 곳에서 적중했다. 문제의 우주의 기운을 조국 사태가 생성시킬지는 누구도 예상하지 못했다.

따르릉 따르릉 비켜나세요,
이준석이 나갑니다 따르르르릉   141

조국 사태는 더불어민주당을 수도권 서민층과 청년들 사이에서 차마 부끄러워 지지할 수 없는 정당으로 전락시켰다. 당사자인 조국 전 법무부 장관도 바라지 않았을 의외의 상황 전개였으리라. 그러나 어이하랴? 밥상은 엎어졌고, 헤겔이 언급한 역사의 간지는 남한 진보 진영의 기대를 한 몸에 모았던 대표적 강남좌파를 역사의 물꼬를 완전히 바꾸는 마중물 겸 불쏘시개로 소환하고 말았다. 조국 장관 입장에서는 억울하고 황당한 일이겠으나, 그는 역술인들이 상투적으로 거론하는 운때가 좋지 않았다.

'조국의 시간'의 실상은 조국의 시간의 얼굴을 한 이준석의 시간이다. 여기에서 간과하지 말아야 할 부분이 있다. 조국의 시련이 불운의 소산이듯이, 이준석의 약진은 행운의 산물이라는 점이다.

마키아벨리는 역작 『군주론』에서 역량virtue과 운발fortune을 객관적이고 냉정하게 분별하지 못하는 위정자에게는 머잖아 파국이 도래할 거라고 준열하게 경고했다. 이준석 국민의힘 대표가 자신에게 갑작스럽게 찾아온 '별의 순간'을 자신의 능력의 결과물로 착각하는지, 아니면 주변의 여러 환경적 요소가 복합적으로 작용해 만들어진 행운의 선물로 직시하는지는 정치인 이준석의 궁극적 공과를 심판하고, 나아가 최종적 승패를 판가름할 리트머스 시험지일 것이다.

이준석은 당장에는 탄탄대로를 고속 질주할 것으로 전망된다. 그는 자신의 텃밭이자 지역구에 해당하는 존재일 수도권 거주 2030대 젊은 남성들의 물질적 이해와 타산적 욕구를 열정적으로 대변해왔기 때문이다. 문제는 이준석 열풍의 직격탄을 맞고 구태로 격하된 다선 의원들과 꼰대로 내려앉은 중진 정치인들이 자기 지역구 민원만큼은 확실하게 챙겨온 인물이라는 것이다. 그럼에도 그들은 이제 그만 집으로 가라는 민심의 독촉장을 쉴 새 없이 받고 있다.

범용한 정치인은 그가 속한 특정 무리에 충성하는 인간이다. 위대한 정치인은 자신이 속하지 않은 집단을 향해서도 따뜻한 애정과 꾸준한 관심을 멈추지 않는 사람이다. 더불어민주당의 지역 연합을 분쇄하고 압도할 미증유의 세대 연합을 통해서라도 기필코 정권을 되찾아와야겠다는 국민의힘 지지자들의 단호하면서도 영악한 전략적 선택이 이준석을 무대 정중앙으로 데뷔시켰다. 이준석과 이준석 세대의 밀착이 그를 주요 원내 정당의 역대 최연소 대표자로 밀어 올렸다.

일찍 핀 꽃과 오랫동안 피는 꽃이 반드시 일치하리란 법은 없다. 소년등과少年登科, 즉 젊은 나이에 과거에 급제하는 일은 사람을 일찍 시들게 한다. 소년 급제할 무렵에 빛나는 위력을 발휘했던 재치와 총기에만 게으르게 기댄다면 장기간에 걸쳐 지속적인 성과를 창출할 수 없다. 이준석이 잠

따르릉 따르릉 비켜나세요,
이준석이 나갑니다 따르르르릉

143

깐의 불꽃같은 인기를 끌었다가 이내 사그라지는 반짝 스타가 되지 않고 오랫동안 장수할 수 있는 슬기롭고 믿음직한 원동력은 어디에 있을까? 그 길은 이준석이 지지자들을 유연하고 창의적으로 배신하는 데 있다고, 나는 생각한다.

지금은 이준석 세대의 여망이 나라의 미래다. 그런데 한국 사회 최고·최강의 실질적 기득권 세대로 들어선 서태지 세대와 586세대도 한때는 나라의 미래였다. 인간은 미래로 태어나 현재를 살다가 과거 속으로 사라진다. 지금은 미래인 이준석 세대도 언젠가는 미래의 발목을 붙잡는 구태의연하고 거추장스러운 현재가 되고 과거가 될 것이다. 따라서 이준석 신드롬을 창조한 이준석 세대가 더 이상 미래가 되지 못하고 현재가 되고 과거가 되는 그 순간이야말로 이준석이 지지자들을 분연히 배반할 때다. 옛 지지층과 결별한 이준석이 새롭게 미래로 자리하는 세대를 편들 때 그는 생물학적으로는 늙어가되 정치적으로는 불로不老할 것이다.

이준석이 그러한 투철한 결단력과 확고한 소명의식을 남몰래 지녔는지는 알 길이 없다. 그럼에도 이준석은 알아야 한다. 그가 기득권자 지위를 꿰찬 동년배들과 미구未久에 서슴없이 결별하지 않으면 이준석은 주호영의 비애를 곱씹으며 나경원의 말로를 답습하리라는 점을. 이준석이 자신을 낳고 키워준 이준석 세대와 불화하는 그날이 오기를 진심으로 기원하며 이준석 국민의힘 신임 대표의 건투를 빈다.

공희준

이준석은 '이준석 세대'를 배신하라

2부

이준석 현상의 명과 암

포노 사피엔스가
이준석을 불렀다

김홍열

정보사회학자

이준석 현상의 키워드는 변화가 아니라
공간의 재구성 요구다. 자신들이 숨 쉴 공간,
의사소통이 자유로운 공간을 요구하는
젊은 세대를 반영한다. 변화는 이런 요구의
결과물로 나타날 수 있지만, 그 결과의
구체적 내용은 현재로서는 미지수다.
그러나 당대표 이후 그가 보여주고 있는
개방적인 태도는 기존 정치가들 문법에는
없는 신선한 것들이다.

포노 사피엔스의 등장

포노 사피엔스Phono Sapience는 스마트폰 없이는 하루도 살기 힘든 현대인을 일컫는 신조어다. 2015년 2월 28일 영국《이코노미스트》기사에서 시작된 개념이다. 당시《이코노미스트》는 "스마트폰은 이제 막 세상을 바꾸려 하고 있다"며 "그 변화는 아직 본격적으로 시작되지 않았다"고 했다. 그로부터 6년이 흘렀다. 그사이 호모 사피엔스가 포노 사피엔스로 진화하고 있다. 포노 사피엔스가 자신들의 미래를 위해 새로운 지도자를 선택했다. 국회의원 경험도 없는 30대의 젊은이를 제1야당의 당대표로 만들면서 포노 사피엔스는 존재를 드러내기 시작했다. 포노 사피엔스가 이준석을 불렀고 이준석은 그 부름에 응답했다.

사실 그 이전부터 호모 사피엔스는 스마트폰을 통해 상호 네트워킹하는 포노 사피엔스로 변하고 있었다. 포노 사피엔스 역시 이성에 의한 합리적 판단을 기저에 깔고 있지만 상호 네트워킹을 중요시한다는 점에서 이전 종種과는 다른 차별성을 갖는다. 호모 사피엔스의 이성적 판단은 자신이 사고의 주체라는 자의식과 세상과 사물에 대한 합리적 판단이 가능하다는 전제에서 출발한다. 호모 사피엔스는 사회적 의제가 주어지고 의제에 대한 특정 관점을 요구받았을 때 자신의 체험과 독서, 이데올로기적 가치 등에 의해 정리된 생각을 공개한다. 체험과 독서, 이데올로기적 가

김홍열
포노 사피엔스가 이준석을 불렀다

치 등은 역사적 관계에서 형성된 사회적 구성물에 깊은 영향을 받지만, 최종 판단 과정에서는 개인의 주체적 결단이 중요해진다. 주체적 결단이 가능할 때 호모 사피엔스는 발언한다. 그러나 현실세계에서 주체적 발언을 할 수 있는 사람은 많지 않다. 발화 자체가 사회적 행위이다 보니 의미 있는 영향을 발휘하기 위해서는 사회적 지위 등이 선행되어야 한다. 결국 소수의 발언자와 다수의 수용자로 구별되고, 둘 사이는 일정 정도 간극이 늘 존재한다.

좀처럼 좁혀지지 않을 것 같던 이 간극이 좁혀지기 시작했다. 아니, 이미 많이 좁혀졌고 계속 좁혀지고 있다. 기술적으로는 모바일 네트워크의 등장으로 가능해졌다. 진화적 관점에서 보면 포노 사피엔스의 등장과 관계있다. 호모 사피엔스의 유효기간이 서서히 끝나가는 시점에서 새로운 종이 나타나 이전과는 다른 삶의 양식을 구축하고 있다. 스마트폰이라는 새로운 도구의 출현과 그 도구를 적극적으로 수용하는 세대가 등장해서 간극을 좁히고 있다. 간극이 좁혀지면 변화가 일어난다. 포노 사피엔스가 이 변화를 이끌고 있고, 변화의 구체적인 모습들이 도처에서 목격되고 있다. 《이코노미스트》는 스마트폰이 세상을 바꾸려 하고 있지만 아직 본격적으로 시작하지 않았다고 했지만 6년 사이 많은 변화가 있었다. 유럽에서 젊은 정치 지도자가 등장할 수 있었던 것은 포노 사피엔스의 등장과 밀접한 관계가 있다. 포노 사피엔스는 청년 정치인의 약점이었던 자금과 조직력의 한계를 상당 부분 보완해주었다. 그 변화는 한국에서도 시작되었다.

모바일 네트워크의 선택적 개방성

스마트폰으로 연결되는 모바일 네트워크는 확장성과 개방성을 상징하지만, 실제 현실에서 확장성과 개방성은 선택적으로 나타난다. 이론상으로, 기술적으로 모바일 네트워크는 무한 확장이 가능하다. 국민 모두가 스마트폰을 사용하고 있고 카카오톡이나 페이스북 같은 주요 SNS에 대부분 가입되어 있어서 대면 경험이 없는 관계라도 모바일 네트워크를 통해 소통할 수 있다. 자신의 생각뿐 아니라 일상의 소소한 것까지 가상공간에서 만난 이웃과 교류할 수 있다. 상호소통하면서 새로운 사실을 확인하고 자신의 생각을 수정하거나 보완할 수 있다. 정보사회 초기에 많은 기술 결정론적 사고가 각광받은 이유가 여기에 있다. 매스미디어에 의해 사전에 편집된 정보만을 얻을 수밖에 없는 상황에서 개인 간의 의사소통은 제한적이었다. PC가 등장하고 인터넷이 활성화되면서 매스미디어는 뉴미디어 또는 1인 미디어로 진화했다. 개인이 미디어 플랫폼을 구축하는 일이 일상화되면서 네트워크의 확장성은 하나의 상식처럼 수용되었다. 그러나 물리적 확장이 바로 개방성으로 연결되지는 않는다. 이른바 선택적 개방성이다. 네트워크에 있는 모든 사람들이 자신의 의견을 표출하면 그 의견에 대한 다른 생각이 더해져서 합리적 토론, 동의할 수 있는 결론에 이르게 된다는 것은 제한적으로만 나타나는 현상이다.

따르릉 따르릉 비켜나세요,
이준석이 나갑니다 따르르르릉

여기에는 두 가지 이유가 있다. 하나는 네트워크의 확장성이 이론과는 달리 특정 공간 안에서만 작용된다는 사실이다. 기술적으로 네트워크의 확장은 무한대로 가능하지만 네트워크가 이데올로기적 당파성에 영향을 받을 경우 네트워크는 어느 지점에서 멈춘다. 멈춘 지점에서 자기들만의 공간을 만들어 동일한 생각을 공유하는 사람들만 받아들인다. 이 공간에서 사람들은 서로의 정체성을 재확인하고 자신의 이념을 신념화한다. 가상공간의 일부를 자신들의 공간으로 만들어 운영하면 공간 외부에 있는 사람들 역시 자신들만의 독립적 공간을 만들어 운영하게 된다. 이 두 공간 또는 복수의 공간들은 독립적, 배타적으로 존재하게 된다.

네트워크의 확장성이 개방성으로 연결되지 않는 두 번째 이유는 폐쇄적 공간에 모인 사람들이 다른 공간에 대해 적대적 행위를 하기 때문이다. 이 갈등은 자신의 공간을 확장시키려는 의도에서 출발하지만 결과는 처음 의도와 다르게 나타나는 경우가 많다. 공간이 축소되거나 또는 폐쇄적이 되어 하나의 섬처럼 존재하는 경우가 생긴다.

기술 자체가 사회의 진보를 추동하지는 않는다. 그 반대의 경우도 존재한다. 그러나 기술의 사회적 응용이 사회발전을 선도할 가능성은 크다. 특히 모바일 네트워크의 경우 기존 커뮤니케이션 방식의 변화를 가져왔고, 이런 변화가 사회 민주화, 민주주의의 공고화로 이어져 이전과는 다른 삶의 모습을 보여줄 수 있다. 문제는 이런 과정이 기계적으로 연결되지 않는다는 점이다. 오히려 폐쇄적 그룹을 만들고 그 안에 갇혀 다른 공간에 있는 사람들에게 배타적으로 행동하면 사이버 테러리스트의 기지가 될 수도 있다. 모바일 네트워크가 갖고 있는 확장성이 개방성으로 연결되지 않으면 사회는 이전 매스미디어 시대보다 더 큰 사회적 갈등을 겪게 된다. 폐쇄된 공간은 스스로 개방할 수 없고, 개방되지 않기 때문에 서로 다른 두 공간을 연결할 수 있는 스위치가 필요하다. 스위치는 도처에 존재하고 온오프 기능 역시 처음부터 있었지만, 스위치를 조작하는 사람switcher, 즉 두 공간을 연결할 수 있는 사람들이 적절한 역할을 수행하지 못했다. 자신이 스위처라는 자기 인식이 없거나, 있더라도 제한적이었다. 대부분은 폐쇄적 가상공간에서의 영향력 행사를 통해 제한된 권력을 선택하는 것에 그쳤다. 매스미디어 시대에 이런 상태가 오래 지속되면 개별 공간들은 갈라파고스처럼 서로 다른 진화의 길을 가게 된다.

그러나 모바일 네트워크 시대는 폐쇄성과 개방성이 동시에 존재한다. 갈라파고스와 남미 대륙 사이에는 1000 킬로미터가 넘는 바다가 가로막고 있지만, 가상공간에서 서로 다른 두 개의 공간은 폐쇄적이면서 동시에 개방적이다. 공간과 공간을 막는 것은 스위치의 부재가 아니라 스위처의 부재 또는 오프에서 온으로 전환할 수 있는 결단성의 부재다. 스위치가 적절한 순간에 오프에서 온으로 전환되고, 그 과정에서 서로 다른 두 공간에 속해 있던 사람들이 스위치를 조작한 스위처에게 신뢰를 보내면 공간은 개방되면서 확장된다. 그리고 이전과는 다른 공간이 만들어진다.

김홍열
포노 사피엔스가 이준석을 불렀다

스위처를 통한 출구 전략

정보사회학적 관점에서 보았을 때 이준석은 서로 다른 공간을 연결한 스위처다. 이준석 이전까지 한국 사회는 정보통신의 기술적 발전에도 불구하고 사회적 개방성은 미미한 수준에 머물러 있었다. 기술의 발전으로 모바일 네트워크는 계속 확장되는 것처럼 보였지만 현실에서는 기술이 사회 개방성을 방해하는 요소로 작용했다. 대표적인 사례가 조국 사태 이후 벌어진 사회적 분열이다. 조국과 조국 가족에 대한 검찰의 수사는 강경 친문 세력에 의해 검찰의 부당한 권력남용으로 규정되면서 검찰개혁을 요구하는 세력과 그 반대편에 있는 세력과의 갈등을 만들었다. 친문 세력은 검찰과 일부 보수언론 등이 연합하여 문재인 정권의 상징인 조국을 탄압함으로써 민주정부를 위협한다는 논리를 만들어 반대파에 대한 집단공격에 나섰다. 친문 세력에 반대하는 세력들은 조국과 조국 가족, 그리고 민주당 586 세력들이 입으로는 진보와 정의를 외치지만 실제로는 자신의 이익을 위하여 진보와 정의를 악용하고 있다고 주장한다. 갈등은 친문 세력에 의해 계속 확대되고 있다. 친문 세력은 조국과 조국 가족을 검찰의 희생양으로 규정하면서 자신들 생각에 반대하는 사람들을 지속적으로 사이버 공격하고 있다. 이런 공격이 문재인 대통령과 정부 정책에 반대하는 개인들에게까지 이어지면서 가상공간은 치열한 전투

공간으로 변질되었다.

　최근 일어난 소위 배운천 씨 사건은 친문 세력과 그 반대 세력의 갈등을 여과 없이 보여준다. 광주에서 카페를 운영하는 배운천 씨는 6월 12일 광주4·19혁명기념관 통일관에서 열린 〈문재인 정권의 경제정책과 호남의 현실 만민토론회〉에 참석해 문재인 정부의 소득주도성장 정책을 비판했다. 배 씨는 문재인 정부의 경제 정책으로 "개천에서 붕어 개구리 가재로 오손도손 살고 있는 자영업자와 서민들의 생태계가 순식간에 망가뜨려졌다"고 주장했다. 배 씨는 공무원 증원, 최저임금 제도, 카드 수수료 인하 부작용 등 정부 정책의 문제점을 구체적 사례를 들어가며 비판했다. 배 씨가 발표한 글은 전체적으로 설득력 있다. 자신이 처해 있는 현실에서 느끼고 경험한 것을 자신의 언어로 옮겨 놓았다. 일부 감정적 표현도 있지만 상대방을 불쾌하게 만들 수준은 아니다. 배 씨의 의견 표출은 오히려 장려해야 할 일이다. 시민들의 적극적 참여가 필요한 민주주의 시스템에서 배 씨의 주장은 우리 사회의 건강한 토론으로 연결되어 사회 발전에 중요한 기폭제가 될 수 있다. 그러나 배 씨의 발표 이후 배 씨는 여권 강성 지지층의 공격을 받고 있다. 계속되던 공격은 조국 전 장관의 SNS 저격으로 제어 불가능한 수준으로 확대되었다. 조국은 자신의 트위터에 배 씨 관련 내용을 올렸고, 이후 강성 지지층의 공격으로

김홍열
포노 사피엔스가 이준석을 불렀다

배 씨는 전화 폭탄과 문자 폭탄에 시달려야 했다. 상식적 차원의 정부 정책 비판이 사회적 조리돌림으로 전락되는 일은 군사독재 정권에서만 가능한 일이었다. 절차적 민주주의가 어느 정도 정비되어 있는 상황에서 벌어진 일이라고 생각하기 힘들다. 모바일 네트워크가 발전하고 있음에도 이와 같은 사회적 갈등은 계속 커지고 있다. 강성 지지층은 자신들의 공간에서 나오지 않고 계속 갈등을 조장하고 있다. 이제 조정과 타협 대신 갈등과 반목만이 남았다.

이 지점에서 현상적으로 드러난 갈등의 구조적 원인을 분석할 필요가 있다. 조국에서 시작된 사회적 갈등의 기저에는 불공정에 대한 젊은 세대의 분노와 절망이 내재되어 있다. 문재인 정권의 주도 세력인 586이 내세운 공정과 정의가 이미 물거품이 되었음에도, 여전히 586은 자신들의 이익을 이념으로 포장하여 수호하고 있다. 오히려 이를 비판하는 반대 세력을 통제하고 있다. 정부의 부동산 정책이 스물다섯 번 진행되는 동안에 아파트 가격이 급등해서 서민들은 내 집 마련의 꿈을 포기하고 변두리로 밀려가고 있지만, 정부 고위 관료나 국회의원은 오히려 가격 상승의 혜택을 보고 있다. 불공정은 불평등으로 이어지고 세대 간 갈등은 이제 한국 사회를 이해하는 중심 개념으로 남았다.

문제는 불평등 자체가 아니다. 젊은 세대가 불평등을 발설하고 대안을 요구할 공간이 너무 협소하다는 사실이다. 여권은 586 기득권이 중심 세력이라 자신들의 지위를 양도할 의사가 전혀 없고 제1야당은 아직도 수구 이미지를 탈피하지 못하고 있다. 진보와 보수를 대표하던 양당이 이제는 기득권 정당으로 인식되고 있다. 젊은 세대가 봤을 때 두 당의 공통점은 기득권 세력의 이익을 보장해주는 집단 외에 아무것도 아니다. 이준석의 등장은 이런 시점에서 이루어졌다. 젊은 세대의 불만이 한계치에 도달했는데도 자신들의 공간을 개방시켜 줄 스위처가 없는 암울한 상태에서 이준석이 나타나 젊은 세대의 공간과 기득권 공간 사이에 오프로 설정되어 있던 스위치를 온으로 전환시켰다.

김홍열
포노 사피엔스가 이준석을 불렀다

포노 사피엔스가 이준석을 불렀다

포노 사피엔스는 일반적으로 스마트폰 없이는 하루도 살기 힘든 현대인을 의미하지만 구체적 내용에 들어가면 세대별 차이가 존재한다. 2021년 3월 25일, 통계청이 발표한 〈2020 한국의 사회지표〉에 따르면 우리나라 15세 이상 국민의 스마트기기 사용 시간은 평일 2.0시간, 휴일 2.3시간으로 전년보다 각각 0.7시간씩 증가했다. 통계에 따르면 연령대가 낮을수록 스마트기기 사용 시간이 많은 경향을 보였다. 20대 이하의 스마트기기 사용 시간은 평일 2.8시간, 휴일 3.6시간으로, 60대 이상의 스마트기기 사용 시간보다 두 배 이상 많은 것으로 나타났다.

이 조사에서 볼 수 있듯 스마트기기 사용 시간에서 성별 차이는 없거나 낮은 수준이지만 세대별 차이는 존재한다. 스마트기기로 가장 많이 하는 것은 메신저, 채팅, 통화 등 커뮤니케이션으로 나타났다. 정리하면 젊은 세대일수록 모바일 네트워크 환경에 친숙하고 SNS 등을 통해 자신의 의견을 표출하는 것에 기성세대보다 익숙하다고 볼 수 있다. 이런 익숙함이 실제 집합적 행동으로 모아지기 위해서는 구심점이 필요하다. 이준석은 이런 구심점으로 등장했다. 그러나 당대표 선거 초기에 이준석 당선 가능성은 회의적이었다. 당원 투표 50퍼센트와 일반 시민 여론조사 50퍼센트를 반영하는 예비경선에서는 컷 오프 안에 들어갈 수

따르릉 따르릉 비켜나세요,
이준석이 나갑니다 따르르르릉

있다 하더라도 당내 지지 기반이 약한 상태에서 당원 70퍼센트, 국민 여론조사 30퍼센트를 유지하는 본경선에서는 당선 가능성이 어려워 보였다. 당선을 위해서는 국민 여론조사 30퍼센트에서 압도적 지지를 받아야만 가능했다. 그러나 아래 표에서 나타난 것처럼 실제 개표 결과 국민 여론조사 30퍼센트뿐만이 아니라 당원 70퍼센트에서도 큰 폭의 지지를 얻었다. 당대표 최종 투표 결과 20-30대의 지지율이 높게 나타난 것은 젊은 세대의 스마트기기 사용과 관계있다고 볼 수 있다.[01]

		이준석	나경원
지역	수도권	44.6	19.0
	대구·경북	44.5	19.0
연령	18~39세	45.6	14.2
	60세 이상	41.3	24.1
성별	남성	51.5	18.6
	여성	35.7	18.2
지지 정당	국민의힘	52.0	26.4
	국민의당/무당층	44.9	15.4
국민의힘+국민의당+무당층		49.2	22.0
전체		43.6	18.4

표 1. 최근 국민의힘 당대표 여론조사 집계평균화(단위: 퍼센트)　　　　표본오차 공통: 95% 신뢰수준

출처: 중앙선거여론조사심의위원회 홈페이지 자료를 재분석(http://www.data-on.kr/news/articleView.html?idxno=643)

김홍열
포노 사피엔스가 이준석을 불렀다

이준석에 대한 20-30대의 지지는 지역, 성별, 정당 여부와 관계없이 골고루 높게 나타났다. 초기 불리함을 무릅쓰고 이준석이 당선된 중요한 이유 중 하나는 선거 기간 동안 이준석이 적극적으로 SNS 활동을 이어갔다는 사실과도 관계있다. 그중 하나가 진중권 전 동양대 교수와 '반反페미니즘 정서'를 두고 한 달 가까이 논쟁을 벌인 일이다. 이준석은 젠더 문제를 세대 문제로 치환하면서 진교수와 논쟁을 이어갔고, 이런 논쟁이 586 세대가 만든 불공정에 분노한 젊은 세대의 호응을 이끌어냈다. 이준석은 예비경선을 1위로 통과한 뒤 가진 인터뷰에서 예비경선을 1위로 통과한 이유를 다음과 같이 말했다.

– 국민과 당원들은 지난 서울·부산시장 보궐선거 승리를 보면서 지역이나 이념 구도가 아니라 세대 이슈가 중요하다는 결론을 내렸다. 각 세대가 원하는 것을 명확하게 포착하면 대책을 내놓기가 쉽다. 내 역할은 대선에서 젊은 세대가 우리 당을 친근하게 느끼도록 만드는 것이다.[02]

01   최광웅의 시사진단 - 이준석 당대표 확정의 순간(데이터 정경, 2021년 6월 23일)

02   이준석 "세대문제가 대선 이슈, 젊은층 확보가 내 역할"(조선일보, 2021년 6월 5일, 김승재 기자)

진중권과 논쟁하는 와중에 젊은 세대의 지지자가 늘어가는 상황을 보면서 이준석의 선택은 명확해진다. 페미니즘으로 대표되는 정치적 올바름보다 중요한 것은 불평등한 젊은 세대, 출구 없는 그들을 대표하는 것이다. 페미니즘을 포함한 진보적 이데올로기가 가져온 또는 가져올 수 있는 이념 논쟁은 사회 구성원들을 갈등의 두 세력으로 분류한다. 전통적으로 진보와 보수는 각각 한 진영을 대표했고 슬로건과 정책으로 지지를 호소해왔다. 그러나 이런 대결은 더 이상 유효하지 않거나 전략적으로 유보시킬 필요가 있다고 판단한 것이다. 두 기존 정당은 더 이상 진보와 보수가 아니라 같은 이해관계를 갖고 있는 샴쌍둥이다. 정권이 교체된다고 해도 기성세대의 기득권은 계속 유지되고 젊은 세대의 출구전략은 보이지 않는다. 이런 상황에서 상대적으로 민주당에 관심을 보여왔던 젊은 세대가 민주당이 만든 불공정 상황이 계속 이어지면서 민주당에 등을 돌렸고, 국민의힘은 대안이 되지 못한 상황에서 이준석을 스위처로 선택한 것이다.

김홍열
포노 사피엔스가 이준석을 불렀다

당대표 이준석 앞에 놓여 있는 것

36세의 이준석이 제1야당의 당대표가 되었다. 한국 정당사 초유의 일이다. 이준석이 당대표 이후 실제 어떤 모습을 보여줄지 모르겠지만 당선 자체가 많은 사람들의 관심을 끄는 데는 성공했다. 이준석 당선에 관심 없는 사람들을 제외하면 이준석 당선에 대한 평가나 분석은 크게 두 견해로 요약된다. 우선 그의 당선 자체가 정치 지형에 의미 있는 변화를 추동할 수 있다는 긍정적 분석이다. 아직도 나이와 나이에 따른 경험이 중요시되는 현실 정치에서 젊은 이준석의 등장 자체가 변화의 시작이라는 것이다. 다른 의견은 나이 외에는 새로운 것이 없으므로 결국 질서에 편입될 거라는 부정적 의견이다. 정치 분석이나 예측은 기본적으로 당파성 또는 자신이 갖고 있는 이념에 기초하여 전개되기 때문에 이준석 현상에 대한 서로 다른 분석은 각기 자신의 입장을 반영한다고 볼 수 있다.

여기에서 질문을 던져보자. 이준석의 당선은 변화를 원하는 사람들이 만들어낸 사회적 현상이라고 볼 수 있을까. 당대표 후보 다섯 명 가운데 이준석을 제외한 네 명 중 누가 당선되더라도 변화라는 말에 어울리지 않는다는 측면에서는 그럴 수 있다. 이준석을 제외하면 다선의 국회의원 경력이 있는 50대 이상의 노련한 정치가들이다. 변화와는 관계가 멀어 보인다. 이런 상황에서 이준석은 자연스럽게 변화의 상징이 되었고, 실제로 그 점을 선거 마케팅에 잘 이용했다. 자신이 변화를 원하는 사람들의 욕망을 대변하고 있고, 자신의 당선으로 변화가 시작될 수 있다는 메시지가 유효하게 작용했다. 정치적 맥락에서 보면 변화는 현 상태에 대한 불만에서 개선 또는 개혁으로 진행되는 일련의 과정을 의미한다. 그러나 이준석 당선은 본질적으로 진보적 관점에서의 변화와 상관없다.

이준석 현상의 키워드는 변화가 아니라 공간의 재구성 요구다. 자신들이 숨 쉴 공간, 의사소통이 자유로운 공간을 요구하는 젊은 세대를 반영한다. 변화는 이런 요구의 결과물로 나타날 수 있지만, 그 결과의 구체적 내용은 현재로서는 미지수다. '반페미니즘' 경향과 차별금지법 제정에 대한 유보적 태도는 그의 정치적 스탠스를 분명히 보여준다. 그러나 당대표 이후 그가 보여주고 있는 개방적인 태도는 기존 정치가의 문법에는 없는 신선한 것이다.

이준석은 젊은 세대와 기성세대 사이에 단절되어 있던 스위치를 온으로 작동시켰다. 동시에 여당과 야당 사이에 단절되어 있던 스위치도 켜졌다. 실질적 의미에서 이런 스위처 역할은 이준석이 처음이다. 작은 스위처들은 도처에 있었지만 실제 효과는 미미했다. 정치적 파워가 있는 스위처는 이준석이 처음이다. 이준석의 당선으로 민주당 내에서 젊은 세대가 부상하고 있고 국가에서도 젊은 세대에

김홍열
포노 사피엔스가 이준석을 불렀다

대한 관심이 높아지고 있다. 내년 대선이 역동적으로 다가오는 이유다. 현재까지 주요 후보로 등장한 사람 대부분은 포노 사피엔스의 지지와는 거리가 멀다. 이준석과 포노 사피엔스의 연합이 새로운 가능성을 만들 가능성이 있다. 그러나 그 결과가 어떻게 될지 현재로서는 예측하기 힘들다. 다만 분명히 말할 수 있는 것은 코스모스로 가기 위해서는 카오스가 꼭 필요하다는 것이다. 공간의 혼란을 통해 공간의 질서가 만들어진다.

따르릉 따르릉 비켜나세요,
이준석이 나갑니다 따르르르릉

이준석 대표의
북한관
이대로 좋을까

조 경 일

평화와 통일에 관심 많은 MZ세대

지금 대한민국 청년들은 화가 나 있다.
기성세대에 화가 나 있고, 각박한 사회
시스템에 화가 나 있고, 두 번째 기회가
없는 비정함에 분노가 쌓였다. 이준석은
대한민국의 정치 변화, 세대 변화의 시작을
알리는 신호탄이다.

1. 이준석 현상

일대 사변: 최초의 30대 야당 대표

대한민국 정치사에 큰 사건이다. 이준석이라는 30대 청년이 국가의전서열 7위, 대한민국 제1야당의 당대표가 됐다. 이준석은 돌연변이 같은 존재다. 특출 난 개인기로 살아남아 당대표 자리까지 올랐기 때문이다. 현재 한국 정치 현장에서 '청년'은 소외 계층이다. 기성 정치인들이 청년들에게 시혜를 베풀 듯 공간을 마련해주어야 지명직이든 비례대표 번호든 하나라도 받을 수 있기 때문이다. 그래서 청년들에게 정치란 비집고 들어가기에는 각박한 공간이다. 여야를 떠나 한국 사회에서 청년들이 갖는 정치적 위치다. 이런 가운데 이준석이라는 30대 젊은 청년이 제1야당의 당대표로 선출된 것은 일대 사변이다. 30대 청년이 당대표로 출마한다는 것은 아무도 예상하지 못했을뿐더러 당선될 거란 기대조차 하지 않은 게 여당인 민주당이나 제1야당인 국민의힘의 분위기였다. 물론 정의당이나 녹색당 등 이른바 군소정당에서는 이전부터 청년들의 약진이 두드러졌으나, 원내 진입장벽에 막혀 의석을 갖지 못해 원외에서 머물고 있는 한계가 있다.

그래서 이준석은 보통의 청년 정치인들과는 다른 점이 있다. 이준석은 이른바 '박근혜 키즈'라고 불리며 손수조와 함께 정치권에 등장했다. 박근혜, 당시 한나라당 비상대책위원장의 인재 발탁으로 만 26세의 하버드 대학교 출신의 젊은 청년 이준석이 정치권에 발을 들여놓게 되었다. 기본적으로 정당에서 성장한 인재가 아니다. 똑똑하고 영민한 이준석의 스펙과 개인기로 정당에 손님으로 초대받은 게 시작이었다. 사다리를 타고 올라온 것이다. 그런 영입인사였던 이준석이 10년 만에 당대표가 되었다.

이준석은 '실력주의'를 말한다. 이준석에게는 당연한 이야기다. 이준석 본인이 스스로 믿는 실력주의로 미국 최고의 대학교인 하버드 대학교를 졸업했으니 이준석에게 실력 또는 능력이 공정한 채널이었을 것이다. 입시 위주의 교육과 학원 수업이 믿는 구석이 실력주의였고, 그것을 공정이라고 생각하는 것이다. 실제로 청년들은 이것 외에 의지할 데가 없는 게 현실이다. 이준석은 이런 청년들의 대리만족 현상이다. 실제로 이준석은 청년들의 폭발적 관심을 받고 있다.

오늘날 대한민국에서 청년들이 처한 현실은 절망적이다. 어느 때보다도 많은 스펙과 능력을 갖고 있지만 여전히 취업에 어려움을 겪고 있다. 이는 세대갈등으로 나타나기도 한다. 어른 세대는 불안한 노후 때문에 정년연장을 요구하고, MZ세대로도 불리는 청년세대는 정년연장을 반대한다. 부모님 세대와 자식 세대 사이에 똑같은 고민이 충돌하고 있다. 먹고살기 힘들어서다.

따르릉 따르릉 비켜나세요,
이준석이 나갑니다 따르르르릉

이준석의 실력주의, 능력주의는 틀린 것일까. 꼭 그렇지는 않다. 좀 더 공부해서 좀 더 배워서 더 좋은 직장에 취업하고 싶은 마음은 누구나 똑같고, 그래서 모두가 열심히 야간학원까지 다니며 공부하는 것이다. 그리고 이들 가운데 원하던 목표를 달성하는 청년들이 나온다. 문제는 여기에서 비롯된다. 모든 노력을 쏟아 부어 목표를 달성하는 비율은 열에 하나라는 것이다. 어쩌면 당연하다. 자원은 한정되어 있어서 모두가 얻을 수 없다. 그래서 열에 아홉은 경쟁에서 실패한다. 문제는 패자들에게는 이제부터가 가혹한 시간이라는 것이다. 우리 사회는 여전히 실패한 사람들에게 두 번째 기회를 주는 데 박하다. 시스템이 그렇다. 그래서 능력주의가 만능이 아니라는 데 많은 이들이 공감한다. 실패에 대한 두려움과 불안함은 더욱 치열한 경쟁을 부추긴다. 모든 게 자신의 노력이 부족해서라고 자책하게 만들고 급기야는 혹자를 자살로 내몬다. 수능시험을 잘 못 봐서 자살하는 학생, 성적비관에 자살하는 초등학생, 이게 과연 정상인가. 성적으로 줄 세우는 입시 위주의 교육은 실력주의의 문제를 고스란히 보여주고 있다.

이준석은 자신이 포함된 상위 10퍼센트를 위한 능력주의에 따른 공정성을 말한다. 최소 상위 10퍼센트에 들지 못하는 나머지 90퍼센트가 겪는 불공정성과 현실에 대한 대답은 보류한다. 오히려 온전한 실력주의로 특혜와 할당을 폐지한다면 나머지 90퍼센트도 10퍼센트에 들어갈 수 있는 기회의 평등이 있다고 말한다. 자신이 타고 올라왔던 사다리를 이제 걷어차겠다는 얘기다. 보수 쪽에서는 비슷한 주장이 자주 있다. 나경원 전 원내대표는 비례대표제를 폐지하자고 주장했었다. 본인이 비례대표로 처음 국회의원이 되었음에도 불구하고 말이다. 한마디로 자기부정, 자기배신이다. 부의 대물림, 가난의 대물림, 특권 대물림 교육의 문제는 우리 사회의 가장 큰 문제다. 더 이상 개천에서 용은 나지 않는다. 개천에서 용 나던 시대도 부모세대 이야기다. 거의 불가능하다.

지금 대한민국 청년들은 화가 나 있다. 기성세대에 화가 나 있고, 각박한 사회 시스템에 화가 나 있고, 두 번째 기회가 없는 비정함에 분노가 쌓였다. 기성세대, 부모세대에 화가 나 있다. 과거 군사독재 시절에 불의에 맞서 반기를 든 세대는 청년세대였다. 그런데 오늘날 청년들은 이런 불의에 과거의 청년들처럼 반기를 들 힘도 세력도 없이 그저 바쁘기만 하다. 취업전선에 내몰렸기 때문이다. 세상을 향한 정의감보다는 당장 취업을 위한 자격증 공부가 더 중요해졌다. 그게 현실이다.

가만히 들여다보면 지금 뿔이 나 있는 청년들은 이른바 상위 10퍼센트에 드는 청년들이 아니라 나머지 90퍼센트에 들어가는 청년들이다. 어차피 능력주의로 목표를 달성한 10퍼센트는 불만이 없다. 실패했다는 생각, 패배했다는 생각이 드는 나머지 청년들이 분노한다. 실패한 청년들에게는 잘못이 없다. 부모세대보다 더 많이 배우고 더 똑똑하고 능력을 갖추었지만 기회가 없을 뿐이다. 이전 세대는 적당히 공부하고 대학을 안 가도 취업걱정이 없었겠지만 지금 청년들은 학위를 수집해도 취업이 어려운 현실이다. 자신을 혹사시켜 더 열심히 공부하면 좋은 일자리를 가질 수 있다는 이야기에 청년들은 신물나 있다. 그래서 차라리 달관한다. 삼포세대[01], N포세대[02], 달관세대[03], 지금 청년세대의 다른 이름이다. 정말 청년들이 노력이 부족해서인가.

그래서 청년들의 분노의 화살이 기성세대, 즉 부모세대를 향한다. 어른들의 구태의연하고 권위적인 태도를 비하하는 '꼰대'라는 말, 과거에 자신들이 이렇게 고생하고 힘들었다며 젊은 세대의 노력이 부족하다며 무시하는 태도를 비하하는 '라떼는 말이야', 자신의 나이를 빌미 삼아 젊은 사람들을 훈계하거나 공공장소에서 예절을 어기는 노인세대를

01 삼포세대(三抛世代)는 연애, 결혼, 아이를 갖는 것을 포기한 세대를 일컫는 신조어다.

02 N포세대(N抛世代)는 사회, 경제적 압박으로 인해 연애, 결혼, 아이를 갖는 것 외에 주택 구입 등 많은 것을 포기한 세대를 지칭하는 용어다. 포기한 게 너무 많아 셀 수도 없다는 뜻을 갖고 있다.

03 달관세대(達觀世代)는 높은 청년 실업률로 이미 좌절한 청년들이 희망도 의욕도 없이 무기력해진 모습을 비유한 말이다.

비하하는 '틀딱' 등의 표현은 무능하면서도 기회를 주지 않고, 훈시만 하는 기성세대를 향한 불만에서 나왔다. '젊어서 고생은 사서도 한다'는 속담은 그냥 옛것일 뿐이다.

한마디로 요즘 청년들은 전쟁세대, 산업화세대, 민주화세대와는 사고 자체가 다르다. 오늘날 청년들은 정치, 경제, 사회 영역에서 비주류에 위치해 있다고 해도 틀린 말이 아니다. 물론 잘나가는 청년들도 당연히 있다. 유니콘 기업으로 성장하고, 나스닥에 상장하며, 세대 변화에 사인sign을 주기도 한다. 그러나 대부분의 청년들이 느끼는 감정은 외로움, 박탈감, 자기학대, 그리고 분노다.

그래서 이준석은 대한민국의 정치 변화, 세대 변화의 시작을 알리는 신호로 인식되고 있다. 이준석 말고도 청년 정치인들이 있는데 왜 하필 이준석일까. 이준석이 청년들의 불만 표출에 어떤 지점에서 수용되고 있다는 것이리라. 이준석이라는 청년의 정치적 철학과는 상관없다. 이준석이라는 청년의 정치적 언어에 자극받는 것이다. 대한민국을 서로 바꾸어 집권하는 한 정당의 대표가 되었으니 그 상징성만으로도 정치 변화, 세대교체 변화의 가능성을 조금 열었다. 실제로 이준석의 당선에 2030 청년들의 기대가 가장 크다.

이준석의 등장은 기성 정치권에 지각변동을 알렸다. 스스로 위기감을 느끼기 시작한 것이다. 이준석이 당대표 후보로 등장하기 전까지는 이런 분위기가 없었다. 기껏 해야 청년비례를 늘리거나 비대위원 또는 지명직 최고위원 자리로 시혜를 베푸는 정도였다. 정치권에 청년이 들어갈 수 있는 높은 진입장벽은 변함없다. 꽉 막힌 제도도 그대로 다. 기성세대가 특별히 발탁해주지 않는 이상 기회가 없다. 청년들은 구조적으로 진입장벽이 막혀 있다.

이준석이 당대표로 당선되자 민주당은 물론 각 정당을 비롯한 사회 전체에 변화가 감지되고 있다. 세대교체, 시대교체의 바람이 불기 시작한 것이다. 수년 전부터 청년정치, 청년을 위한 정치가 화두였지만 여당이든 야당이든 여전히 평균연령이 높다. 제21대 국회의원 300명 평균연령이 55세 다. 국민 전체 평균연령 43세에 비해 무려 열두 살이 많다. 한마디로 국회가 국민보다 늙었다. 무엇보다 국회는 다양성이 부족하다. 성별, 연령, 직업 등에서 국민을 골고루 대표하지 못한다. 국민들은 정치인들의 실망스러운 행태에 경고가 필요했고, 이준석이 그 통로였다. 정치인들은 이준석의 경험 부족과 어린 나이를 문제 삼았지만 국민들은 오히려 기성 정치인들의 사고 자체를 문제 삼았다. 경험과 경륜은 안정적이기도 하지만 때론 그 틀을 벗어나지 못하고 시대 변화를 수용하는 대신 변화에 저항하는 쪽을 선택하기도 한다.

나는 이준석의 정치관에 동의하지 못하는 게 많다. 그럼에도 청년들이 이렇게라도 정치적 대표성과 권한을 가질 수 있고, 젊은 정치의 가능성을 만들 수 있다면 그것만으로도 의미가 있다고 본다. 실제로 이준석의 '능력주의' 철학에 대해 위험하다고 생각하는 사람들이 많지만 나에게 그건 둘째다. 나경원 후보가, 주호영 후보가, 조경태 후보가 당대표가 된다고 국민의힘이, 그리고 대한민국이 더 나아지거나 더 나빠질 거라 생각하지 않는다. 젊은 세대 이준석의 등장에 대한 지나친 위기의식의 발로에서 나온 것일 뿐이다. 실제로 지금 정치권에는 세대교체 바람이 불고 있다. 더불어민주당은 지명직 최고위원으로 당의 전신이었던 새정치민주연합 혁신위원회 위원이었고 20대 총선에서 이준석과 라이벌이었던 청년 이동학을 지명했고, 청와대는 청년 비서관 자리에 94년생 박성민 전 민주당 최고위원을 지명했다. 이준석 돌풍이 일으킨 나비효과다. 그래서 정당을 떠나, 정치 철학의 유무를 떠나 그 위치에 청년이 있다는 것만으로도 사회적으로 눈에 보이는 동시에 눈에 보이지 않는 변화의 가능성이 열리고 있다.

그래서다. "젊다고 다 청년이냐"는 비난, "생물학적으로 어리다고 청년이 아니"라는 비난은 의미 없다. 그런 비난은 청년들을 발굴해서 기회를 준 후에야 의미 있다. 그래서 이준석에게는 동시에 큰 책임이 있다. 잘 해내야만 한다. 제2의 이준석이 민주당에서도 나오고 정의당에서도 나와야 한다. 청년의 시대는 이제 시작이다. 물론 청년의 몫을 얻기 위한 길은 여전히 힘난할 것이다. 부디 이준석 현상이 부디

따르릉 따르릉 비켜나세요,
이준석이 나갑니다 따르르르릉

그 전조이길 기대한다.

한국 사회 청년들에게 통일이란

우리는 근원적인 아픔을 갖고 있다. 분단이라는 기형적 질병을 치유하지 못했다. 그 피해는 고스란히 청년들이 보고 있고, 해결 역시 청년들의 몫으로 남겨졌다. 지금 청년들에게 통일 의제는 피곤한 이슈일 뿐이다. 통일에 찬성보다 반대가 더 많다는 사실은 이미 여론조사를 통해서도 알려졌다. 지금 청년들에게 통일보다는 당장 취직을 위해 자격증을 공부하는 것이 더 중요하다. 지금 청년들은 다른 시대를 살고 있다. 통일에 대한 기성세대의 '당위적인' 주장은 청년들을 설득하지 못한다. 지금 청년들은 현실에 솔직한 세대다. 진부한 이야기는 듣지 않는다. 통일은 진부한 이야기가 되어버렸다. 기성세대는 산업화와 민주화로 눈부신 발전을 이뤄냈지만 통일 과제는 방치한 채 후대의 짐으로 떠넘겼다. 기성세대와 기성 정치는 청년들에게 평화통일에 대한 꿈과 도전을 가지라고 말한다. 하지만 청년이 청년답기를 바라면서도 정작 제목소리를 내는 청년다운 청년들을 뭘 아느냐면서 억누른다. 청년 위기다.

한마디로 지금 청년들은 통일에 관심이 없다. 이준석역시 지난 평창 동계올림픽에서 남북단일팀을 구성할 때 이견을 제기했다. 남북이 단일팀을 구성하면 출전할 수 있

조경일
이준석 대표의 북한관 이대로 좋을까

는 엔트리가 제한되는데, 이로 인해 올림픽 출전을 위해 오래도록 연습해온 선수들이 경기를 뛰지 못할 수 있어서다. 청년들이 반응했다. 공정성의 문제이기 때문이다. 남북의 평화를 위해 오랜 시간 연습해온 선수들에게 피해를 주어서는 안 된다는 게 청년들의 인식이었다. 실제로 당시 이낙연 총리는 "단일팀 구성, 선수 개인의 욕망을 넘어 역사를 만든다는 자부심을 가져달라"고 말했다. 기성 정치권과 젊은 세대의 차이다. 누구를 위한 역사인가. 청년들이 이기적이어서 그렇단 말인가. 청년들은 여기에 반문한다. 오늘날 대한민국에서 통일과 남북관계는 진부하고 피곤한 이슈다.

그럼에도 불구하고 청년들에게 통일담론, 통일정책을 설득하려면 어떻게 해야 할까. 공은 온전히 정치권에게 남아 있다. 적어도 지금과 같은 방식으로는 안 된다는 게 청년들의 대답이다. 같은 민족이라는 이유, 역사적 책임이라는 이유, 북한은 블루오션이라는 경제적 가치가 있다는 이유는 진부한 꼭지담론에 불과하다. 오히려 '퍼주기' 같은 왜곡된 프레임이 청년들의 민감한 '공정' 감정을 건드린다. 분단체제에 기생하는 어떤 세력의 프레임은 매우 강력하다. '퍼주기'가 그렇다. 퍼준 것보다 퍼온 것이 더 많지만 이미 싸움은 끝났다. 이제 청년들에게 통일이란 '나에게 손해가 되는 것'으로 인식하게 만들어서는 안 된다. 그 프레임을 타개하는 것이 정치가 할 일이다.

2. 북한에 대한 극우적 관점들

북한의 어제와 오늘

나의 아주 주관적 기준으로 볼 때 북한은 대한민국이 외면하고 무시하는 사이 정말 많이 변했다. 김씨왕조 체제는 변한 게 없지만 북한은 많이 변했다. 우리가 무관심해서 모를 뿐이다. 지금 북한 경제를 움직이는 것은 사회주의 배급체제가 아닌 시장논리다. 1990년대 중반부터 불어 닥친 '고난의 행군' 식량 위기 때 북한의 배급체제는 물론 사회 전체적으로 복지체계가 무너졌다. 수십만 명이 아사했고 수백만 명이 뿔뿔이 흩어졌다. 그중에서 한국을 안전지대라 믿고 찾아온 탈북민이 겨우 3만 5천 명이다. 나머지는 중국을 비롯해 세계 각지에 흩어져 있고 더러는 소리 없이 죽어갔다. 2000년대를 지나며 북한 인민들이 생존하는 방법을 터득했는데, 그것이 바로 시장이다.

북한 정권도 시장을 공식적으로 인정했다. 모든 의식주가 시장 논리로 거래되고 있다. 북한 경제는 더 이상 사회주의적이지 않다. 과거 중국이 수정사회주의로 전환했듯이 북한도 자의 반 타의 반 시장경제를 수용하는 길로 걷고 있다. 여전히 굶주리는 사람들이 많지만 이전과는 다르다. 물론 그렇다고 잘사는 것도 아니고 도움이 필요하지 않다는 것도 아니다. 체질이 바뀌었다는 것이다. 여전히 인구의 3분의

1 이상이 만성 영양실조에 시달리고 있다. 그럼에도 북한에 비약적인 변화가 따르고 있다. 북한 인민들의 주체사상 옹호와 정권에 대한 충성심은 낮아졌다. 이제 북한 인민들은 시장에서 모든 삶을 해결한다. 물론 우리가 이해하는 시장주의市場主義는 아니다. 북한 인민들의 의존도가 시장에 있다는 것이다. 미국이 수십 년간 북한을 바꾸려고 했지만 결국 북한은 바뀌지 않았다. 북한은 자신들만의 방식으로 스스로 변하고 있다. 다만 우리가 직시하지 못할 뿐이다.

지금 북한의 기축통화는 중국 화폐인 인민폐人民幣다. 북한정부 당국이 지정한 것은 아니지만 온 사회가 인민폐를 기본 거래 화폐로 쓰고 있다. 현지 화폐인 조선돈은 가치가 없다. 인민폐와 함께 쓰기는 하지만 저축으로서의 가치를 상실했다. 지난 2009년 화폐개혁을 통해 인민들이 깨달았다. 시장에서 거래되는 상품의 80-90퍼센트는 중국산이다. 미국과 대한민국이 북한을 길들이겠다고 시간을 끄는 동안 중국이 북한을 잠식했다. 북한 사회는 중국 제품으로 침식됐다. 그래도 손 내밀 때 떡 하나 더 주는 곳이 중국이었다. 아쉽다. 한국산 제품들이 북한 시장을 가득 채웠으면 어땠을까. 그냥 퍼주기라고 비판만 할 텐가.

우리는 북한을 바라볼 때 북한의 체제와 집권자들만 바라보는 경향이 강하다. 그래서 북한의 변화를 제대로 보지 못하는 것 같다. 체제와 집권자는 바뀌지 않고 그대로

인 까닭이다. 이들을 뺀 나머지, 북한 인민들의 정서와 삶의 양식과 사고가 바뀌었다는 것을 간과하고 있다. 개성공단에 입주했던 우리 기업 사람들의 경험을 조금만 집중해서 들어보면 기존에 알고 있던 북한과 사람들에 대한 이미지와 얼마나 달라졌는지 알 수 있다. 우리는 한마디로 북한을 몰라도 너무 모른다. 무관심하다. 여기에서 정치적 문제와 방법론에 대한 갈등이 발생한다.

분단에 기생하는 정치, 대안이 부재한 메아리들

'빨갱이' '간첩' '종북'이라는 단어는 지금까지도 작동하는 무시무시한 공포 정치의 산물이다. 서울시 공무원 간첩조작 사건 피해자 유우성, 북한 보위사령부 직파간첩 조작사건 피해자 홍강철 등 탈북민은 가장 쉬운 간첩조작의 대상이다. 그 외에도 간첩조작은 수두룩하다. 김일성이 잘생겼다고 말한 죄로 국가보안법에 따른 반공법위반 혐의로 유죄 판결을 받았다가 41년 만에 무죄 판결을 받은 사람도 있다. 이런 엉터리가 어디 있나. 고문으로 죽어간 사람들은 또 얼마나 많은가. 코에 걸면 코걸이 귀에 걸면 귀걸이인 국가보안법 남용은 정권에 비판적인 사람들을 변호의 기회조차 없이 고문하고 핍박했다. 지금 북한이 하는 짓과 똑같았다. 분단체제 현상유지가 그들에겐 최고의 이익이었다. 북한이라는 존재는 정체성이라는 정치 명맥을 이어주는 존재였다.

다행히 지금은 국가보안법 적용이 많이 느슨해져서 억울한 피해를 당하는 사람이 과거에 비해 덜하다. 그럼에도 여전히 간첩 생산 시스템은 작동하고, 과거와는 다른 지능적 방식으로 북풍공작이 벌어지고 있다. 21세기 세계 10대 경제 대국 대한민국에서 스스로 자기검열하게 만드는 아주 나쁜 법은 여전히 폐기되지 않고 있다. 분단에 기생하는 정치다.

유튜브에 들어가면 북한에서 올린 유튜브·영상이 꽤 많다. 체제 선전용이 대부분이지만, 오늘날 대한민국에서 북한 영상을 보며 북한을 찬양하는 사람은 거의 없을 것이다. 그런데도 희한한 건 그 영상을 찬양할 이유도 목적도 없지만 SNS에 공유하는 행위만큼은 자기검열하게 된다는 것이다. 공안정치의 잔재다. 오늘날 국민들은 대통령도 탄핵시킬 만큼 정치적 발언의 자유가 있지만 정작 북한 유튜브 영상을 공유하는 행위에 대해서는 국가보안법에 걸리는 게 아닌지 자기검열하고 있는 것이다.

분단의 파편이 여전히 우리에게 상처를 주고 있다. 어떤 이들에게는 분단의 파편이 곧 무기다. 분단에 기생하는 정치적 이해관계자들이다. 영화 〈강철비〉에서는 "분단국가 국민들은 분단 그 자체보다 분단을 정치적 이득을 위해 이용하는 자들에 의해 더 고통 받는다"는 대사가 나온다. 적확하고 적나라한 사실이다.

따르릉 따르릉 비켜나세요,
이준석이 나갑니다 따르르르릉   183

북한 정권은 절대 악인가? 인민들을 탄압한다는 점에서 악이 맞다. 그렇다면 그들과 대화하지 말아야 하는가? 그렇지는 않다. 미국 입장에서 이라크의 사담 후세인 Saddam Hussein과 리비아의 무아마르 카다피Muammar Gaddafi는 악이었다. 그런데 미국은 그들과 친선관계를 갖고 후원하며 잘 지내기도 했다. 결국 둘 다 제거했지만 말이다. 정치에서 절대 악과 영원한 적이 있을까. 이른바 보수 진영의 입장에서 북한은 절대 악이다. 그래서 최대의 압박만이 북한 인민들을 해방시킬 수 있다고 말한다. 제1야당인 국민의힘의 기본 정서다. 그러나 압박은 북한을 굴복시키지 못했다. 오히려 최대한의 압박은 북한을 더욱 똘똘 뭉치게 만들었다. 그들은 모든 대화와 교류를 쇼라고 비난한다. 반대로 진보 진영은 최대한의 대화를 강조한다. 그런데 오늘날 청년들은 진보든 보수든 충분한 공감 없이 주장만 내세운다고 인식한다. 양쪽 모두 추상적인 당위성만 말한다는 것이다.

3. "북한과 타협할 일 없다"

이준석의 통일관

이준석은 남북관계에서 원칙의 중요성을 강조한다. 이준석은 자신의 책『공정한 경쟁』에서 "통일의 방법이 체제 우위를 통한 흡수통일 외에 방법이 없다"고 적었다. 그러면서 "통일 교육도 우리가 받아야 하는 것이 아니라 북한 사람들이 받아야 한다"며 통일 방식에서 북한과 타협할 일은 없다고 했다. 인도적 지원에 대해서도 북한 정권이 이 쌀이 남한에서 왔다는 사실을 인민들에게 밝히고 배분하면 지원할 용의가 있지만 밝히지 않는다면 인도적 지원도 안 된다고 했다. 어떤 경우에도 이 원칙이 훼손되어서는 안 된다는 것이 그의 원칙이다. 문장을 읽으면 그럴듯한 원칙처럼 보이지만 기본적으로 통일정책이나 철학이 부재하다. 눈에 보이는 수평적 원칙이 과연 정치의 전부, 통일정책의 전부란 말인가. 애석하게도 이준석의 사고대로라면 앞으로 북한이 스스로 무너지거나 우리가 전쟁을 불사하며 강제흡수하지 않는 한 이준석은 통일을 볼 수 없을 테다.

능력주의에 기반을 둔 이준석의 엘리트적 사고는 남북관계나 통일정책을 바라볼 때에도 뚜렷하게 나타난다. 체제 우위에 의한 흡수통일은 결과로 나타나는 것이지 정책도 방법론도 아니다. 군사력을 키워서 힘으로 제압하자는 것인

따르릉 따르릉 비켜나세요,
이준석이 나갑니다 따르르르릉

지…… 대안 없는 메아리다. 강한 제재와 압박 외의 모든 것은 북한 정권의 생명을 연장하는 것으로만 인식한다. 대한민국은 이미 북한보다 우위에 있다. 정치력이든 경제력이든 군사력이든 문화적 힘이든 모든 부분에서 오래전에 우위를 점했다. 그런데 흡수통일을 못하고 있다. 왜일까? 왜라는 질문을 던지지 않는다는 게 이준석식 사고, 지금까지 보수의 사고였다. 논리적으로는 옳은 말이다. 통일을 한다면 당연히 체제 우위에 의한 통일, 한국 민주주의 체제로 통일해야 한다. 물론 후유증을 최소화할 수 있는 대책을 마련한 후에야 가능하다. 동서독의 통일 과정과 결과를 들여다보면 금세 알 수 있다. 지금처럼 포용보다는 배제가 지배적인 제도와 더욱 골이 깊어진 양극화와 불평등한 상황에서는 급작스러운 통일은 오히려 혼란일 수도 있다.

무엇보다 통일교육은 우리가 받아야 하는 것이 아니라 북한 사람들이 받아야 한다는 이준석의 사고는 굉장히 위험하다. 이준석이 이해하는 '통일'은 현재의 대한민국과 똑같은 체제일 것이기 때문에 대한민국 국민들은 통일교육이 필요 없다는 얘기다. 능력주의와 엘리트적 사고에 기반을 둔 철저한 강자의 논리다. 무엇보다 통일교육에 대한 개념이 부재한 건 아닌지 우려스럽다. 완전히 남한식으로 흡수통일이 되더라도 통일교육은 반드시 필요하다. 통일교육은 기본적으로 서로 다른 체제를 살아온 사람들이 함께 살

조경일
이준석 대표의 북한관 이대로 좋을까

아갈 때 생길 수 있는 다양한 갈등과 문제를 이해하고 해소하는 데 있다. 동서독은 통일 30년이 지난 지금도 '오씨, 베씨'[04]로 동서독 주민간의 갈등의 잔상이 남아 있다. 이준석의 강자의 논리는 통일에 대한 고민을 해본 적이 없을 때 나타나는 현상이다.

마이클 샌델은『공정하다는 착각』에서 이런 능력주의를 신봉하는 엘리트적 사고를 이렇게 비판한다.

> 능력주의 윤리는 승자들은 오만으로, 패자들은 굴욕과 분노로 몰아간다. 승자들이 승리를 오직 자기 노력의 결과라고, 다 내가 잘나서 성공한 것이라고 여기게끔 한다. 그리고 그보다 운이 나빴던 사람들을 깔보도록 한다.
>
> 능력주의의 오만은 승자들이 자기 성공을 지나치게 뻐기는 한편 그 버팀목이 된 우연과 타고난 행운은 잊어버리는 경향을 반영한다. 정상에 오른 사람은 자신의 운명에 대한 자격이 있는 것이고, 바닥에 있는 사람 역시 그 운명을 겪을 만하다는 것이다.

---

04   1990년 10월 3일 독일민주공화국(동독)이 독일연방공화국(서독)에 법적으로 흡수되었다. 이른바 통일독일이다. 그런데도 옛 서독 사람들은 동독 출신을 '오씨'(Ossi)로, 동독 출신은 서독 사람들을 '베씨(Wessi)'라고 부른다. 오씨가 '가난하고 게으른 동독 놈들'이라는 뜻이 담긴 '패배와 수치'의 상징이라면, 베씨는 '거만하고 역겨운 서독 놈들'이라는 뜻의 '성공한 서독인'에 대한 빈정거림이다. 편집자 주.

더 나아가 이준석은 통일부가 역할과 실적이 모호하기 때문에 부처로 존재할 필요가 없다며 통일부를 없애겠다고 한다. 얕은 인식에 놀라울 따름이다. 지금까지 통일부가 주무부처로써 통일 정책과 통일 비전 구상에 대한 주도권을 가져본 적이 있었단 말인가. 어느 당이 집권하든 통일부는 전적으로 집권당 대통령의 의지에 따라 움직일 뿐이었다. 박근혜 정부에서도 이명박 정부에서도 그랬다. 일례로 2016년 박근혜 전 대통령이 독단으로 개성공단 폐쇄를 결정했을 때도 류길재 당시 통일부 장관은 반대 입장이었으나 통일부는 명령에 따를 뿐이었다. 따라서 통일부의 모호한 실적과 수동적인 역할은 비단 민주당 정부만의 문제가 아니라 보수당이 집권했을 때도 상황은 같았다. 그런데도 이준석은 박근혜 정부와 이명박 정부 때는 아무 얘기도 없다가 이제 와서 통일부 무용론을 말한다. 덩달아 여야가 통일부 존폐 문제로 갑론을박이다. 줄기는 안 보고 가지만 바라보기 때문이다. 그동안 통일부가 부처로서 제 목소리를 내지 못했거나 미진한 부분들이 있었다면 그것은 통일부 부처의 문제가 아니라 집권당 대통령과 통일부의 역할 문제, 나아가 통일 정책에 대한 통일부의 주체적인 역할론 유무의 문제다. 한마디로 연속성 없는 대한민국 통일 정책의 문제다. 통일부만의 문제도 어느 특정 집권당만의 문제도 아니다. 통일 정책이 일관성이 없기 때문에 부처는 집권당과 대통령에 따라 이리저리 눈치를 볼 수밖에 없기 때문이다. 이준석은 이런 본질적인 문제는 외면하고 아주 단편적인 부처의 존폐 문제로 갑론을박이다. 통일부가 부처로서 주도적으로 또 연속성 있게 제 역할을 하기를 원한다면 통일 정책에 대한 여야를 넘어서는 합의를 도출해내고 통일부에 그런 역할과 권한까지도 줘야 한다. 통일부 부처 하나 없애느냐 마느냐 문제를 넘어 본질적인 통일 정책에 여야 정치인들은 갑론을박해야 한다. 서독은 집권당이 바뀌어도 통일 정책은 이어받아 계승 발전했다. 따라서 통일부 존폐 문제는 본질이 아니다. 통일 정책의 연속성이 본질이다.

이런 관점에서 이준석의 통일관은 보수적인 기성세대보다 더욱 극우적이다. 스스로 원칙주의를 내세우며 기성세대와 차별화하지만, 나이만 젊을 뿐 기본적으로 통일철학은 없는 것이다. 우리가 체제 우위에 있으니까 다 필요 없고 체제 경쟁에 실패한 북한 주민들이 우리 식으로 따르라는 사고다. 마이클 샌델이 말하는 능력주의 엘리트의 오만이다. 통일된 나라가 그런 모습이라면 북한 출신인 사람들은 한 손엔 빵을 한 손엔 돌을 들지도 모른다.

아니, 한 발 물러나서 이준석을 이해한다고 해도 그는 북한이라는 사회와 체제의 속성, 그리고 삶의 양식을 모른다는 게 분명해 보인다. 물론 이준석 개인의 잘못은 아니다. 어디 이준석뿐이랴. 기성 정치인은 물론 많은 이들이 그리 생각할 테다. 그저 피상적인 통일담론과 언론에 비춰지는 북한의 모습만 보다 보니 통일철학도 피상적인 것이다.

남북교류 협력에 대해 다양한 가능성을 열어두었다는 점은 다행스럽다. 오히려 이준석은 개성공단의 모델을 넘어 북한의 노동자들이 휴전선 넘어 남쪽으로 내려오는 방법도 제시했다.

민주당을 비롯한 진보 진영에서 계속 얘기해온 것이다. 새로운 이야기가 아니다. 개성공단 같은 모델을 개성뿐 아니라 원산, 나진, 청진 등 여러 곳으로 늘리고, 남쪽에도 파주나 김포, 연천 같은 지역에 공단을 세워 북한 노동자들이 내려와서 일하게 하자는 것이다. 개성공단은 박근혜 정부에서 국무회의조차 없이 대통령의 말 한마디로 문을 닫아버렸다. 박근혜 전 대통령도 기본적으로 통일철학이 없었던 것 같다. '통일대박론'을 내세웠지만 이는 뜬금없는 이야기였고 기본적으로 급변사태에 의한 통일과 흡수통일을 상정한 이야기였다. 급변사태든 흡수통일이든 지금처럼 준비 없는 상황이라면 대박이 아니라 쪽박을 넘어 재앙일 수도 있다. 우리 사회는 급작스러운 휴전선 붕괴를 마주할 준비가 전혀 안 되어 있다. 밀려 내려올 2천만 동포를 어떻게 하겠다는 것인가.

조경일
이준석 대표의 북한관 이대로 좋을까

냉전담론과 보수의 지배

통일에 대한 모든 논의는 '힘으로 북한을 바꿀 수 있다'는 생각을 버리는 것으로부터 시작해야 한다. 한국은 이미 40여 년 전에 북한을 역전하여 급속한 발전을 이룩했다. 암울했던 군사독재시대를 지나고, 동시에 산업화시대를 지나며 '한강의 기적'을 만들고 민주화를 이뤄냈다. 전후복구 postwar recovery 국가 가운데 유일하게 수여국에서 공여국으로 자리매김했고, 세계 10대 경제대국, 세계 6위 국방력, 30-50클럽[05] 가입국, G7 초청국, 유엔회원국 만장일치로 개도국에서 선진국으로 지위가 변경됐다. 대한민국의 발전은 화려하다. 물론 명암도 존재한다. 더욱 벌어진 빈부격차, 양극화, 불평등은 앞으로 풀어나가야 할 최대의 과제다.

북한도 자신들만의 방식으로 변화하고 있다. 조국통일이라는 당대 목표를 수정해서 공존의 방향으로 전환하는 것으로 보인다. 물론 그렇다고 헌법적 명분인 한반도 통일을 포기했다고 확대해석할 필요는 없다. 그럼에도 우리 사회에서 수십 년간 멈춰있는 통일담론을 수정해야 할 필요는 보인다.

---

05 1인당 국민소득 3만 달러 이상, 인구 5000만 명 이상의 조건을 만족하는 국가를 가리키는 용어. 현재 30-50 클럽에 가입된 국가는 일본(1992), 미국(1996), 영국(2004), 독일(2004), 프랑스(2004), 이탈리아(2005), 한국(2019) 등 7개국에 불과하다.

오랫동안 보수의 정체성을 굳건히 지켜왔고 정당성을 부여해온 냉전 이데올로기 담론이 무너지고 있다. 국민의힘은 지난 4·27 판문점 선언[06] 이후부터 종전 선언을 인정할 수 없다며 국회 비준조차 거부하고 있다. 종전 선언은 한반도에 좋은 소식이다. 국민의힘은 여전히 냉전적 사고에 머물러 있다. 문재인 정부를 사회주의 정부로 부르며 공산화되어가고 있다고 비판한다. 나라를 김정은에 갖다 바친다는 주장도 서슴없이 한다. 이런 말을 들을 때마다 청년들은 "개그맨들이 먹고살기 힘든 이유가 있었네"라며 비웃는다. 황당해 한다. 보수의 지배는 냉전담론의 지배다.

'공존'이라는 금기어

최장집 명예교수(고려대학교)는 지금 한반도의 구조적 현실은 통일이 불가능한 방향으로 이미 굳어졌다고 지적한다. 그는 남북의 평화공존을 위해 통일이라는 목표를 제외하고 남북이 각자 독립된 국가로 평화공존을 제도화해야 한다고 말한다. 사실상 양국체제론을 주장한 것이다. 이와 비슷하게 시대전환 조정훈 국회의원은 '이웃국가론'을 제시한다. 반면 분단체제론 주창자인 백낙청 명예교수(서울

06 문재인 대통령과 김정은 북한 국무위원장이 2018년 4월 27일 판문점 평화의 집에서 발표한 남북정상회담 합의문. 양 정상은 이 선언을 통해 핵 없는 한반도 실현, 연내 종전 선언, 남북공동연락사무소 개성 설치, 이산가족 상봉 등을 천명하였다. 편집자 주.

조경일
이준석 대표의 북한관 이대로 좋을까

대학교)는 평화공존과 통일은 함께 간다며 양국체제론은 분단 기득권층의 권력을 더욱 공고화하고 연장시키는 것이라며 반론을 제기한다. 나아가 당장 비핵화를 실현할 방책도 없다고 말한다. 두 분의 주장은 모두 일리 있다.

완전한 비핵화를 실현할 방책은 결국 북미수교, 즉 정상 국가로서의 북한을 인정하는 것 외에는 뾰족한 방도가 없다. 사실 미국도 잘 알고 있다. 북한 정권의 명운이 달린 비핵화가 조속히 이뤄질 거라는 기대는 사실 우리만의 기대였다. 밀고 당기는 북미 사이의 신경전은 그렇게 단순하지 않다. 흥미로운 것은 최장집 교수의 독립국가로서의 평화공존 제도화가 이와 맞닿아 있고, 역설적으로 비핵화를 실현할 방책이 평화공존이라는 점이다. 나는 평화공존은 통일과 별개가 아니라 통일로 가는 전 단계라고 본다. 따라서 평화공존과 통일은 함께 간다는 백낙청 교수의 지적에도 부분 동의한다. 다만 평화공존이 먼저라는 인식이 다르다고 하겠다.

홍석현 한반도평화만들기 이사장은 여러 저서를 통해 남북이 정치로 합의하지 못하면 가능한 것부터 해야 한다며, 한국이 북한과 교류하면서 북한 인민들이 한국에 매력을 느끼도록 해야 한다며 '매력국가론'을 제시한다. 중요한 지적이다. 그런 의미에서 나는 한국이 포용의 정치를 작동해야 한다고 본다. 포용의 정치는 제도다. 동독 주민들

따르릉 따르릉 비켜나세요,
이준석이 나갑니다 따르르르릉

이 서독의 제도에서 소외당하지 않을 거라는 믿음, 북한주민들이 남한의 제도에서 소외당하지 않을 거라는 믿음이다. 하지만 지금의 정치제도와 시스템 체계에서 준비도 대안도 없이 흡수한다면 북한인민들은 2등 국민이 될 수밖에 없다. 그래서 매력국가를 만드는 일을 늦추지 말아야 한다. 결국 통일은 북한 인민들이 한국에 매력을 느끼고 선택할 때 혼란이 없다.

문제는 우리 사회에 이러한 논의가 매우 부족하다는 것이다. 우리는 여전히 이념 논쟁에 멈춰 있다. 색깔론, 종북론, 이념 공세 등 냉전담론이 사회를 지배한다. 생각이 다르다는 이유로 '빨갱이' 딱지를 붙이고 "투항했느냐"는 사상검증이 버젓이 재현되고 있다. 이제 이념 논쟁에서 벗어나 현실적 대안을 논쟁할 시간이다. 나는 한국 사회를 전쟁과 이데올로기의 공포라는 트라우마가 지배하는 사회라고 본다. 6·25 트라우마가 특정 기득권층에게 정당성을 부여한 탓이다.

그래도 평화

결론은 평화가 먼저다.

얼마 전까지 정치권에서는 종전 선언에 대한 논의가 오갔다. 서로 갑론을박을 주고받았다. 정작 청년들은 공감도 관심도 없다. 기성세대만의 이야기였다. 종전 선언이든 평화체제 구축이든 청년들은 좀처럼 공감하지 못한다. 왜 종전이 먼저인지, 왜 평화가 먼저인지, 청년들 입장에서 말해주지 않기 때문이다. 그동안 우리 사회는 기본적으로 통일에 대한 논의와 공감대를 만들기 위한 노력이 별로 없었다. 진보든 보수든 각자의 통일정책만 있었을 뿐 컨센서스[07]가 없다. 당·정·청·민·관·학교 전 부문에 공론의 장을 만들어야 한다. 우리가 말하는 통일이 어떤 통일인지 저마다 다른 그림을 그리고 있다. 북한과 어떤 관계를 설정할지 정치인들에게만 맡겨두면 안 된다. 누구도 청년들에게 어떤 통일을 바라는지 물어보지 않는다. 통일을 해야 한다고 주장할 뿐, 통일에 대해 찬성/반대 의견만 물을 뿐 어떤 통일을 원하는지 묻지 않는다. 이제 통일은 청년세대의 몫이다. 청년들이 통일을 원하게 해야 하고, 청년들이 통일을 말하게 해야 한다.

남과 북은 이미 70여 년을 서로 다른 체제와 문화로 단절된 채 살아왔다. '한민족론'은 더 이상 힘을 얻지 못하고 있다. 남과 북은 다른 점보다 같은 점을 찾는 것이 어려울 정도로 다르게 살아왔음을 인정해야 한다. 이제 남과 북은 동질감 회복을 위해 다양한 소통과 교류를 유지해야 한

---

07   컨센서스(consensus). 공동체 구성원들의 의견에 대한 합의 또는 그 의견. 어떤 집단
     을 구성하는 사람들 사이의 일치된 의견을 뜻한다. 편집자 주.

다. 체제경쟁과 이념갈등, 정치적 논리로 비정치적인 것까지 서로 이용하다보니 대화가 단절되었다. 일차적 책임은 당연히 북한에 있지만 우리에게도 문제가 없는지 질문해야 한다. 그저 정치적 소모품, 서로의 정당성과 정치적 목적 달성을 위해 소모하는 '통일'은 청년세대가 지지하지 않는다. 정권이 바뀔 때마다 뒤집어지는 통일정책은 통일에 대한 청년들의 관심을 끊게 만들었다. 청년들은 어차피 정권이 바뀌면 엎어질 정책이라고 인식한다. 청년들에게 통일은 더 이상 필수적인 과정이 아니다. 나아가 굳이 통일이 필요한지에 대한 회의감마저 널리 공유되고 있다. 이제는 진지하게 왜 통일인지, 어떤 통일인지 청년들의 테이블에 올려놓아야 한다.

통일은 우리가 마지막에 도달해야 하는 종착점이다. 그 모습이 이준석이 말하는 흡수된 대한민국 체제의 통일일지, 또 다른 체제의 통일일지는 나중 일이다. 한국 사회에서 통일논쟁은 과정을 생략한 채 결과의 통일만 말하고 있다. 우리 사회의 깊숙한 골을 들여다보면 결국 분단에서 비롯된 트라우마가 강하게 움직인다는 것이다. 우리는 통일 이전에 우리 내부에 회복해야 할 상처가 너무 많다. 통일에 앞서 트라우마 치유가 먼저다. 마음에 평화가 없는데 무슨 통일이란 말인가. 그래서 평화가 먼저다.

지금 청년들에게 북한은 그저 통일의 대상이 아니다.

조경일
이준석 대표의 북한관 이대로 좋을까

어떤 이에게는 주적이고, 어떤 이에게는 그래도 언젠가는 함께 살아야 할 대상이고, 어떤 이에게는 그렇거나 말거나 무관심의 대상이다. 그동안 남북은 의미 있는 합의들을 만들어왔다. 실제로 국제사회에서, 또 우리 사회에서 북한은 통일의 대상이라는 관점이 아닌 '불량한, 불편한 이웃'이라는 인식이 생겼다. 7·4 남북공동성명, 남북기본합의서, 6·15 남북공동선언, 10·4 선언, 4·27 판문점 선언 등 그동안 남북이 체결한 합의들은 상호인정, 즉 공존을 전제로 했다. "같이 살든 따로 살든"이라는 문재인 대통령의 표현처럼 어쩌면 우리는 앞으로 정상적인 2국가 체제로 살아갈 가능성이 높아졌다. 한 세대가 될지 두 세대가 될지 남은 건 시간의 문제다. 청년들은 지금까지 그래온 것처럼 따로 사는 것에 익숙해 있고, 오히려 이대로 사는 게 낫다고 말한다.

지금 젊은 세대는 '민족'이라는 가치를 중시하지 않는다. 통일에 대한 관심은 점점 낮아지고, 오히려 평화적 공존, 즉 급격한 변화보다는 현상태를 유지하는 것을 선호한다. 통일을 원하지만, 현재의 위치 변화는 원치 않는다는 말이다. 통일은 '가치'라는 담론에 머물러 있고, 현실은 '몸'의 문제이기 때문이다. 나 역시 마음 같아서는 당장 내일이라도 독재정권이 무너져서 통일이 되면 좋겠다. 그런데 바람일 뿐 불가능하다. 독일처럼 갑작스러운 통일이라도 되면 좋겠지만 먼 나라 이야기다. 베트남식이든 예멘식이든 무력으로 상대를 흡수하는 통일은 바람직하지 않다. 전쟁의 희생자는 전쟁을 일으킨 자들이 아닌 이유도 모른 채 죽어나가는 평범한 사람들이다.

이제 우리 사회도 남북체제 공존에 대해 진지한 논의와 공론의 장을 열어야 한다. 지금 북한을 쓰러뜨릴 수 없다면 공존 외엔 뾰족한 대안이 없다. 우리가 북한이라는 독재 체제와 공존할 수 없다는 거부감은 우리 안의 모순이다. 그 사실을 부정한 채 70여 년을 공존해 살아왔을 뿐이다. 지금 체제 공존을 인정한다고 우리의 위치가 변하지 않는다. 앞으로 만들어갈 '통일의 과정'이 달라질 뿐이다.

4. 어떤 통일인가

원하든 원하지 않든 '우리는 북한과 공존할 수 있는 가', '정상국가로서의 북한으로 대할 수 있는가'에 대한 공론의 장은 열릴 것으로 본다. 아니, 열려야 한다. 우리가 지금의 북한을 어떤 방식으로든 무너뜨릴 수 없다면 접근방식을 바꿔야 한다. 북한을 변화시키는 방법이 한 가지만 있는 게 아니다. 무시와 압박으로 바꾸지 못했으니 적극 교류해보자는 것이다. 그런데 한국 사회에서 이런 주장은 여전히 조심스럽다. 특히 나 같은 사람이 이런 주장을 한다면 목에 핏대를 세우고 '빨갱이', '간첩'이라고 몰아붙이고도 남을 가능성이 크다. 그래서 나는 우리 사회가 통일할 준비가 됐을 때를 "저 놈 빨갱이"라고 울부짖는 사람들을 향해 우리가 여유롭게 '썩소'를 날릴 수 있을 때가 아닐까 생각한다. 빨갱이 타령은 반민주주의反民主主義이다. 우리의 최종 목표는 개인의 자유와 책임, 그리고 민주주의에 기반을 둔 통일을 달성하는 것이다. 시간이 조금 더 걸릴 뿐이다.

우리는 오랫동안 서로 문을 꼭 닫은 채로 북한과 공존해왔다. 서로 문을 꼭 닫은 채로. 이제 북한이라는 체제가 쉽게 무너지지 않는다는 사실을 받아들일 때가 되었다. 우

08   주력 부대의 최전선에 배치되어 적을 관측하거나 주변 지역을 수색하는 부대 또는 경계 초소

따르릉 따르릉 비켜나세요,
이준석이 나갑니다 따르르르릉

리는 북한이 어떻게 살아가는지 잘 알지 못한다. 독재국가이며 인권을 탄압한다는 내용 외에 북한 인민들이 어떻게 생존하는지 알지 못한다. 우리마저 문을 닫는다면 밖에 있는 사람과 대화할 수도 없고, 그들이 어떤 사람인지 알 수 없다.

무지無知만큼 두려운 공포는 없다. 우리는 마음에 공포를 안고 살아간다. 북한에 대한 공포다. 북한 인민들이 어떻게 살아가는지 모르기 때문이다. 그들의 살아가는 방식을 보면 적어도 지금보다는 공포를 덜어낼 수 있다. 무지는 공포를 키우고 신비롭게 포장시켜서 더욱 두렵게 한다. 북한은 더 이상 신비한 곳이 되어서는 안 된다. 통일의 노력을 가로막는 우리 안의 강제된 무지와 공포가 걸림돌이다. 우리는 북한을 알려고 노력해야 한다.

오랫동안 우리의 소원은 통일이었다. 그러나 정작 통일의 대상이 어떤 사람들인지 모른 채 살아왔다. 아니, 알 수 없었다. 우리의 가슴에 공포가 상존해 있는 동안 통일을 향한 소원은 사라져갔고, '굳이 왜 통일인가'라는 질문만 키웠다. 그래서 통일 이전에 평화가 먼저다. 우리의 두려움을 없애는 것이 평화다. 그 순간, 우리는 수십 년간 소원이었던 통일에 실제적으로 한 걸음 더 다가갈 수 있다. 이제 우리는 '어떤 통일을 원하는가?'라는 질문에 스스로가 답해야 한다.

하지만 우리는 '어떤 통일인가?'에 대한 공론화도 없

이 여야가 집권할 때마다 자기만의 유효기간 5년짜리 통일 원칙을 발표한다. '북한을 어떻게 바라볼 것인가'에 대한 일정한 합의가 없으면 통일원칙은 유실될 가능성이 크다. '어떤 통일인가'에 대한 합의와 철학이 부재하면 통일정책은 실패하기 마련이다. 정책의 연속성이 중요한 이유다. 보수와 진보를 떠나 공통의 대북정책이 필요하다.

　2018년부터 많은 일이 있었다. 평창 동계올림픽 남북 선수단 공동입장과 단일팀 구성, 4·27 판문점 정상회담과 5·26 긴급 정상회담, 그리고 역사적인 6·12 북미 정상회담과 뒤이어 이어진 미군유해 및 국군전사자 유해 발굴 및 송환, 풍계리 핵실험장 폐기, 남북 적대행위 금지, 남북 GP[08] 철수, 철도 연결 등 다양한 분야에서 교류가 확대되었다. 그러나 북미간의 교섭 불발로 또 다시 경색 국면을 맞아 교류가 끊겼다.

　문재인 정부에서 남북관계가 많이 진전되었지만 우리는 그곳이 어떤 사회인지 알지 못한다. 몇 개의 편협한 TV 채널을 제외하면 통로도 부족하다. 그것마저 전부 불법이다. 수십 년간 '우리의 소원'이었던 통일의 대상을 알 수 있는 방법이 우리에겐 없었고, 누가 알려주지도 않았기에, 우리 스스로 불법 통로를 통해 알아내야 했다.

　누군가 '통일의 걸림돌이 무엇이냐'고 묻는다면 모두가 어렵지 않게 대답할 수 있다. 국내 문제와 외교 문제라고 답하면 정답에 가깝다. 그러나 더욱 중요한 걸림돌은 우리의 마음이다. 너무 오랫동안 닫혀 있었다. 남과 북에서 일상을 살아가는 사람들이 서로의 모습을, 적어도 남쪽의 우리만이라도 북쪽의 일상을 살아가는 사람들의 모습을 알 수 있다면 '어떤 통일인가'라는 질문에 우리 스스로 답하려 시도할 수 있을 것이다.

정치가 할 일이다. 북한을 알고 싶은 사람들에게 북한을 열어놓아야 한다. 나머지는 우리 몫이다. 이제 북한 사회를 동경하는 이는 없다. 통일의 노력을 가로막는 우리 안의 벽이 가장 큰 걸림돌이다. 우리는 북한을 알아야 한다. 가령 지금 북한에서 방영되는 TV드라마나 영화를 우리가 보면 안 되는 하등의 이유가 없다. 설사 그것이 저들의 체제선전을 위한 것이어도 말이다. 지금 북한인민들은 한국 드라마나 영화, 음악 등 불법 통로를 통해 거의 하루 이틀 시간 차이로 본다. 물론 모두가 다 보는 것은 아니지만, 국경지역 중심으로, 또 돈 좀 있는 사람들을 중심으로 다양한 통로로 유통되고 있다. 심지어 남한 드라마를 보고 탈북하는 사람이 한둘이 아니다. 반면 우리는 북한 미디어를 접할 길이 없다. 북한연구자들이나 접근 허가를 받아 도서관에서 연구목적으로 볼 수 있을 뿐이다. 어쩌면 변하지 않는 건 우리일 수도 있다.

5. 정치인 이준석에 기대하는 것

이준석은 대한민국 제1야당 대표다. 국정 철학에 대한 깊이와 국내외 문제에 대한 이해가 충분해야 한다. 특출 난 인재 이준석, 정치권의 주요 요직에서 10년을 내공 쌓은 이준석이라면 우리 사회에 만연한 갈등을 충분히 정책에 담아내고 기성세대와는 또 다른 젊은 목소리를 낼 것으로 기대한다. 그래야 제2의 이준석, 제3의 이준석이 나올 수 있다. 우리 사회에 수많은 핵심 의제가 많지만, 대책 없이 빙빙 도는 일을 반복하는 의제 중 하나가 대북정책이다. 이준석의 대북관에 동의할 수 없는 부분이 많지만 이제는 공당의 대표라는 위치에 있으니 새로운 가능성을 기대해본다. 그래서 이준석에게 약간의 기대를 가져본다. 그동안 보수정치가 보여온 이데올로기 담론 정치를 과감히 버리고 청년들이 공감할 수 있는 목소리를 내기를 기대한다.

당대표가 된 지 한 달 남짓이니 이준석은 아직 당대표로써 보여주지 못한 것이 많을 것이다. 내심 야심찬 정책과 청사진을 내놓고 싶을 것이다. 이준석에 기대해보는 까닭이다. 이준석의 정치관에 동의하지는 않지만 '이준석 현상'은 우리 사회에 필요했던 일이고, 그래서 그 역할을 이준석이 해주기를 응원한다. 공당의 대표라는 힘 있는 위치에서 그가 느끼는 대한민국 청년들의 고민을 담아내주기를 바란다. 그런 의미에서 이준석 현상은 청년들에게 가능성이다. 국민

따르릉 따르릉 비켜나세요,
이준석이 나갑니다 따르르르릉

의힘 이준석 현상이 더불어민주당에서, 정의당에서, 더 나아가 우리 사회 곳곳에서 나오기를 기대해본다.

이준석 쇼크와 40대 패싱론

이동호

변호사

지금 40대에 내재한 진보와 보수 관념은
30년 전 세상에 기반을 둔 것이다.
그사이 한국 사회는 눈부시게 진화했다.
보수와 진보가 서 있는 자리도 뒤바뀌었다.
40대는 후배들의 앞길에 훼방꾼이 되지
말아야 한다. 그 첫 길은 고정된
진보 관념으로부터 벗어나는 것이다.

이준석 당선, 욕먹는 50대보다
욕도 못 먹는 40대에게 더 위기

국민의힘 이준석 당대표 당선 이후 제일 많이 회자되는 화두는 50-60대에 대한 퇴진 압박과 20-30대의 약진이다. 《매일경제》(국민 68퍼센트 "86세대 용퇴해야", 2021년 6월 17일)에 따르면 '국민의힘의 이준석 대표가 당선된 이유가 무엇이라고 보는가'라는 설문조사에서 49.3퍼센트가 '세대교체가 필요하기 때문'이라고 답했고, '정치권 세대교체를 위해 86세대 용퇴가 필요하다'는 주장에 반대는 19.4퍼센트인 반면 찬성이 무려 68.3퍼센트로 3배 이상 높았다고 한다. 이제 그만 퇴장해달라는 목소리가 이 정도로 높으니 86세대 정치인들에게 큰 위기가 온 것이 확실하다.

그런데 1973년생으로 40대 후반인 내가 보기에 정말 위기에 처한 세대는 오히려 40대, 이른바 '97세대'(70년대 출생, 90년대 학번)로 보인다. '호환마마보다 더 무서운 것은 무플'이란 뼈 있는 농담이 있듯이 욕이라도 먹는 86세대가 차라리 나아 보인다는 것인데, 정치에서 40대는 욕도 못 먹을 정도로 관심 밖의 세대로 보이기 때문이다. 그렇지 않아도 40대 정치인이 몇 명 되지도 않는데 이 정도로 존재감이 없다면 조만간 세대 전체가 아예 '패싱'당하고, 곧바로 20-30대에게로 권력이 넘어가는 건 아닌가, 라는 생각이 든다.

언론, 수년 전부터 40대에 주목

물론 40대에 관한 뉴스가 없지는 않았다. 《주간조선》의 '잊혀진 X세대의 비명, 1990년대 휩쓴 신인류들은 어디로 갔나'(2018년 1월 29일)라는 제목의 심층취재가 눈에 들어온다. 이 기사는 X세대를 1990년대 초·중반 '서태지와 아이들'을 소비하며 화려하게 등장한 세대로 정의했는데, 지금의 40대와 대체로 연령대가 비슷해서 40대 세대론으로 보아도 무방할 것 같다. 내 세대는 1992년부터 대학에 들어갔는데, 서태지와 아이들이 데뷔한 때가 바로 1992년이다. 다음해 1993년에 '트윈엑스'라는 화장품 광고에 1970년생 탤런트 이병헌과 1973년생 가수 김원준이 모델로 나오면서 화장품 이름에서 따온 'X세대'라는 용어가 생겨났다. 때는 바야흐로 산업화와 민주화 운동의 격랑을 지나 김영삼 대통령의 문민정부가 출범한 시점이었으니 'X세대'란 과거에 얽매지 말고 기존 질서를 전복하라고 20대에게 붙여준 도발적인 네이밍이었다.

'잊혀진 X세대'로 조명되기 시작

그러나 기사 제목에 '잊혀진' '비명' '어디로 갔나'처럼 부정적인 단어가 쓰인 데서 알 수 있듯이 20년이 흐른 지금 X세대에 대한 평가는 그리 긍정적이지 않다. 베이비부머와 386세대로 구성된 '부자 아빠'세대와 에코세대, 밀레니엄

세대로 구성된 '가난한 아들'세대 사이에 끼어 존재감을 상실한 채 담론의 영역에서 밀려나 있다는 것이다. 세계화의 첨병으로 자랐지만 IMF 외환위기를 맞아 첫 취업부터 어려움을 겪고, 30대에는 한국 경제가 저성장 기조로 돌아서고, 집을 사고 넓혀야 하는 40대에는 아파트 값이 폭등해서 억울한 40대. 그런데 정작 윗세대인 베이비부머 눈에는 비실비실해 보이고 자기표현이 당당한 아랫세대 눈에는 답답해 보이는 세대. 그것이 X세대의 초상화라는 내용이다.

해당 기사에서 내가 특히 흥미로웠던 것은 인구 비율로 볼 때 X세대인 40대 유권자의 숫자가 20.7퍼센트로 모든 연령대를 통틀어 가장 많다는 것이다. 선거판에 가장 큰 영향을 끼칠 수 있다는 얘기다. 실제로 문재인 정부 들어 40대는 집권여당의 가장 강력한 지지층으로 20-30대를 이끄는 견인차 역할을 했다. 뭉치기만 하면 큰 힘을 발휘할 수 있는 잠재력을 지닌 세대가 40대라는 것이다. 하지만 내 생각은 다르다. X세대는 그런 잠재력에도 불구하고 인구 비율에 걸맞은 대표성을 띤 숫자는 얻지 못했다. 이는 숫자로도 확인할 수 있어서 21대 국회에서 40대 국회의원의 비중(38명)은 12.7퍼센트로 2021년 6월 기준 유권자 구성비인 18.8퍼센트에 한참 미치지 못한다.

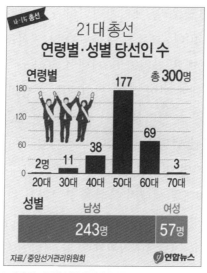

21대 총선 연령별·성별 당선인 수(연합뉴스, 2020년 4월 16일)

물론 20-30대 국회의원 당선자 숫자(13명)에 비하면 많지만 50대 177명, 60대 69명에 비하면 부끄러울 정도로 초라한 숫자다. 한마디로 40대는 열렬히 지지만 하고 정작 50대 이상에게 고스란히 과실을 상납했다고 해도 지나치지 않다.

'X세대'에서 '낀낀세대'로

《주간조선》의 X세대 기획은 '20년 만의 귀환, X세대가 다시 주목받는다'(2019년 9월 9일)라는 기획으로 이어진

따르릉 따르릉 비켜나세요,
이준석이 나갑니다 따르르르릉

다. 2019년 8월 29일 메디치미디어가 개최한 'X세대에서 끼낀세대로: 40대, 그들은 누구인가'라는 심포지엄을 취재한 기사는 40대를 가리켜 86세대인 50대와 MZ세대로 불리는 2030세대에 끼여 있는 '끼낀세대'로 정의한다.

이 기획은 눈여겨볼 점이 많다. 우선 '20대 남성의 보수화'라는 청년 담론과 '86세대의 장기집권'이라는 장년 담론은 팽배하지만 별다른 담론조차 없는, 그래서 마치 '투명인간'이 된 40대의 세대적 특성을 분석하기 위해 전국의 40대 남녀 700명을 대상으로 설문조사를 실시한 것이다. 여기에 김호기 교수(연세대 사회학과) 등 저명한 연구자들의 평가·발제와 40대 전문가들의 토론을 덧붙인 점도 돋보인다.

'X세대' 용어에 여전히 애착

이 기획이 궁금해 전자책 형태로 제공된 자료집[01]을 살펴보았다. 총 20개 문항 가운데 '40대의 세대 이름으로 가장 공감 가는 이름이 무엇이냐'는 질문에 'X세대'라는 답변이 47퍼센트로 압도적인 1위를 차지한 부분이 눈에 띈다. '없음'은 26퍼센트로 2위, '끼세대'는 23퍼센트로 3위였다.

90년대에 잠깐 등장했다가 사라진 'X세대'라는 용어에 40대들이 여전히 애착을 갖고 있다는 것인데, 이는 단순히

01   메디치미디어(https://medicimedia.co.kr)에서 회원가입을 하면 볼 수 있다.

이동호
이준석 쇼크와 40대 패싱론

문1. 선생님께서 속한 세대를 말하는
이름으로 가장 공감이 되는 것은
다음 중 무엇입니까?(로테이션)

보기 문항	결과
X세대	47.3
낀세대	22.6
영포티	3.4
기타	1.1
별로 공감하는 세대 명칭이 없음	25.6
계	100.0

n=700, 단위: %

용어가 멋있어 보인다는 이유만으로는 설명할 수 없는 지점
이 있다. 본래 'X세대'라는 용어는 개인주의 성향을 반영한
것이었다. 그런 점에서 위의 설문결과는 40대의 내면에 여
전히 개인주의 성향이 잠재되어 있음을 확인할 수 있다.

정치적 사건보다 경제적·문화적 사건에 더 영향

40대의 개인주의 성향은 '일생에 가장 영향을 미친
사건이 무엇이냐'는 질문에 대한 응답으로 1997년 외환위
기(43퍼센트)와 2002년 한일 월드컵(9.6퍼센트)을 꼽은 데
서도 알 수 있다. 2016년 촛불시위, 2014년 세월호 참사,
2004년 노무현 탄핵은 6퍼센트대로 저조했다.

주지하다시피 외환위기와 월드컵을 제외한 나머지 사
건들은 모두 정치적인 사건들로 아직도 현실에 영향력을
미치고 있다. 그런데 이 사건의 수치(20퍼센트)를 다 합쳐도

따르릉 따르릉 비켜나세요,
이준석이 나갑니다 따르르르릉

문2. 선생님께서 살아오면서 가장 큰 영향을 받은 현대사의 사건은
뭐라고 생각하십니까? 순서대로 3개만 선택해 주시기 바랍니다.(로테이션)

보기 문항	1순위	2순위	3순위	1+2+3순위
1997년 외환위기	43.1	13.4	6.6	63.1
2016년 촛불시위	6.6	11.1	30.3	48.0
2014년 세월호 참사	6.7	15.6	19.3	41.6
2002년 월드컵	9.6	17.4	12.7	39.7
2009년 노무현 대통령 서거	6.7	12.6	8.9	28.1

n=700, 단위: %

외환위기와 월드컵을 합친 52.7퍼센트에 크게 못 미친다.
40대들이 정치적 사건보다는 개인의 삶에 큰 영향을 끼치
는 경제 이슈나 문화적 이벤트에 더 민감하다는 방증이 아
닐 수 없다. 사회 문제보다는 생존 문제, 즉 개인의 문제를
중요하게 여기고 있다는 것이다.

86세대, 이제 물러나라

86세대에 대한 인식도 흥미롭다. 40대는 86세대가 '민
주주의를 정착시켰다'(28퍼센트)는 건 인정하지만, 동시에
'이제는 물러나야 한다'(20.6퍼센트)는 답변도 만만치 않았다.
'86세대에 권력이 지나치게 집중되었다고 보는가'라는 질문

이동호
이준석 쇼크와 40대 패싱론

문3. 선생님께서 86세대에 대해 생각하시는 바는 다음 중 어느 쪽에 가깝습니까? 순서대로 2개만 선택해 주시기 바랍니다.(로테이션)

보기 문항	1순위	2순위	1+2순위
민주주의를 정착시켰다	28.0	14.7	42.7
실력이 없으며 이제는 물러나야 할 때다	20.6	16.9	37.4
세대 단결력이 다른 어느 세대보다 강하다	14.1	21.9	36.0
세대 문제로 볼 수 없으며 개인의 문제로 봐야 한다	13.3	20.1	33.4
86세대의 권력집중은 우리 사회 구조상 어쩔 수 없는 일이다	13.3	17.3	30.6
잘 모르겠다	10.7	9.1	19.9
계	100.0	100.0	-

n=700, 단위: %

문4. 선생님께서는 현재 우리 사회에서 86세대의 권력이 지나치게 집중되어 있으며, 그들이 일찍 은퇴하지 않아서 권력집중이 장기화되는 것이 문제라는 의견에 어느 정도 공감하십니까?

보기 문항		결과
매우 공감한다	16.9	공감 63.0
약간 공감한다	46.1	
다소 공감하지 못한다	25.7	비공감 32.7
전혀 공감하지 못한다	7.0	
잘 모름		4.3
계		100.0

n=700, 단위: %

따르릉 따르릉 비켜나세요,
이준석이 나갑니다 따르르르릉

에는 공감(63퍼센트)이 공감하지 않는다(32.7퍼센트)에 비해 압도적으로 높게 나왔다. 한마디로 민주화운동의 공로 말고는 별로 인정하고 싶지 않다, 이제 그만 물러나라는 입장을 보인 것이다. 겉으로는 선배에게 깍듯하고 지시를 잘 따르지만 속으로는 부글부글 끓고 있음을 보여주는 대목이다.

진보·보수 구별 기준, 여전히 전통적

정치 성향은 '중도(46.7퍼센트) > 진보(31.4퍼센트) > 보수(18.9퍼센트)' 순으로 나타났다. 중도가 꽤 많다는 점도 40대의 개인주의 성향을 보여준다. 중도라는 것은 '나는 나일뿐, 어느 고정된 진영에 속하고 싶지 않다'는 의식의 발현이기 때문이다. 진보에 비해 보수가 적은 숫자도 흥미롭다. 그런데 '진보와 보수를 구별하는 잣대가 무엇이냐'는 질문에 대해서는 '민주주의와 인권에 대한 수용여부'(30퍼센트), '대북정책의 차이'(28.1퍼센트), '지역주의에 대한 태도'(13.9퍼센트)가 우선시된 반면, 실제 삶의 문제를 결정하는 '경제정책의 차이'(16.3퍼센트)로 보는 입장은 적다. 자기 삶에 가장 영향을 미친 사건으로 외환위기를 꼽을 정도로 경제 문제를 중시하는 세대가 진보와 보수를 구별할 때는 여전히 경제와 무관한 전통적인 기준으로 나누고 있다는 것이다.

대북정책을 제외하고 민주주의, 인권, 지역주의 문제에서 진보와 보수의 차이가 사라졌다고 보는 나에게 이러한

이동호
이준석 쇼크와 40대 패싱론

문8. 선생님께서 본인의
정치 성향에 대해 어떻게 생각하십니까?

보기 문항	결과	
매우 진보적이다	2.9	진보
다소 진보적이다	28.6	31.4
중도적이다	46.7	
다소 보수적이다	16.3	보수
매우 보수적이다	2.6	18.9
잘 모름	3.0	
계	100.0	

n=700, 단위: %

[보수 진보 구별 잣대]

문9. 선생님께서는 현재 한국 사회에서
보수와 진보를 구별하는 중요한 잣대가
무엇이라 생각하십니까?(로테이션)

보기 문항	결과
민주주의와 인권에 대한 수용 여부	30.0
대북정책의 차이	28.1
경제정책의 차이	16.3
지역주의에 대한 태도	13.9
페미니즘에 대한 수용 여부	4.3
의견이 없거나 잘 모르겠다	7.4
계	100.0

n=700, 단위: %

40대의 잣대는 고루하다는 인상을 준다. 아무리 보수 야당
이라고 한들 지금의 대한민국에서 민주주의와 인권에 둔감
하고, 지역주의에 매몰될 순 없을 테니까 말이다. 물론 박근

따르릉 따르릉 비켜나세요,
이준석이 나갑니다 따르르르릉

혜 탄핵이 있었지만, 그 사건은 대통령의 통치 스타일의 문제였을 뿐 민주주의 시스템의 위기는 아니었다고 본다. 호남 출신 대통령이 배출되었고, 호남의 전폭적인 지지로 부산 출신 대통령도 두 명이나 탄생되었고, 헌정 절차에 따라 현직 대통령이 탄핵당한 대한민국 민주주의 수준에서 민주주의, 인권, 지역 문제로 보수와 진보를 구별하는 인식은 시대에 뒤떨어진 게 사실이다.

최초로 개인주의를 내면화한 세대

여론조사 결과를 놓고 김호기 교수는 40대의 정체성을 "경제위기를 겪으며 신자유주의적 개인주의를 내면화"한 세대로 정리한다. 90년대 학번 세대는 민주화 과정에서 성장하여 개인주의와 자유주의 세례를 받은 첫 세대로서, 1997년 외환위기를 경험하며 개인주의와 연관성 높은 신자유주의 성향을 내면화했고, 개인주의 성향은 정치적으로 진보를 지지하는 것으로 나타나면서 오늘날 우리 사회를 대표하는 진보세대가 되었다는 것이다. 40대는 본인의 학력과 노력을 상대적으로 중시하여 586세대나 90년생 세대와는 뚜렷이 구별되는 개인주의를 내면화한 세대다. 우리나라 현실에서 신자유주의나 개인주의 같은 용어가 쉽게 받아들여지지 않았음에도 불구하고 이 두 가지를 내면화까지 했다면 40대는 괴물이 아닌가라는 의아함이 든다. 하지만 신자유주의라는 어려운 정의를 버리고 남는 하나, 즉 개인주의를 기준으로 설문조사 결과를 살피면 40대의 개인주의 성향은 분명해 보인다.

포용적 리더쉽을 발휘할 세대?

이은형 교수(국민대학교)의 시각은 다소 다르다. 그는 70년생들은 선배 세대와 후배 세대를 모두 이해하고, 날이 갈수록 갈등 양상이 심해지는 젠더 갈등의 원인도 잘 이해해서 세대의 중간에서 공동체의 가치와 개인의 자유를 모두 존중하는 포용적 리더십을 발휘하기 좋은 조건이고, 동시에 그런 리더십을 발휘해야 하는 세대로 바라본다. '낀낀 세대'는 위기이지만 얼마든지 리더십을 발휘할 수 있다는 것이다. 사실 회사 등 조직에서 40대는 팀장급으로, 아직 임원에 오를 자리는 아니다. 반면 정치에서는 달라서 1970년대 40대 기수론으로 올라갈 필요 없을 정도로 지금의 586세대는 40대, 아니 30대부터 정치에 새바람을 일으키며 광역단체장은 물론 국무총리 후보자까지 배출했다. 반면 40대 정치인은 숫자도 많지 않지만 시대를 선도하거나 위아래 세대를 포용할 리더십은커녕 오히려 진영 정치에 재미를 들인 것 같다. 더불어민주당의 박용진 정도가 진영 정치를 벗어나려고 몸부림치는 듯하지만 세가 약하다는 점이 문제다. 무엇보다 그가 몸담고 있는 정당이나 당원들로부터 지지를 얻지 못하는 듯하다. 한마디로 포용적 리더십을 발휘할 재목이 아직까지 보이지 않는다.

일편단심 여당만 지지

메디치미디어 심포지엄 이후 한동안 뜸했던 40대를 향한 관심이 올해 4월 7일 서울·부산시장 재보궐선거를 기점으로 다시 고조되었다. 그래도 여당이 승리할 거라고 점쳤던 서울시장 보궐선거 판세가 모든 세대에서 야당 지지로 뒤집힐 때도 40대만큼은 일편단심 여당을 지지하는 것으로 나타났기 때문이다. 《서울신문》(2021년 4월 5일)은 서울시장 재보궐선거 직전 실시된 여론조사에서 박영선 후보(32.4퍼센트)가 오세훈 후보(55.5퍼센트)에 23퍼센트 이상 뒤져 있는데도 40대는 박후보(53.8퍼센트)가 오후보(39.1퍼센트)를 14.7퍼센트 앞선다고 보도했다. 대통령 후보 지지율 역시 윤석열 전 검찰총장(36.6퍼센트)이 1위이지만 40대만큼은 민주당 소속 이재명 경기도지사(40.4퍼센트)가 선두로 나타났다.

더불어민주당의 주인이라고 할 수 있는 50대조차 대거 이탈했는데 40대만 남아 있는 이유는 무엇일까? 김윤철 교수(경희대 후마니타스칼리지)는 "40대는 운동권 세대였던 50대나 보수 정권 시기에 성장한 20-30대와는 정치적 학습 경로가 다르다. 김어준의 정치 팟캐스트로 정치를 학습한 40대는 다른 세대와 정치 지식과 정보 취득 경로가 다르다"고 분석한다. 배종찬 소장(인사이트케이연구소) 역시 "30
대가 성장하던 시대는 보수 정권이었기 때문에 보수 세력
에 순응하는 현상도 일부 나타나지만, 40대는 민주당 지지
를 철회할 수는 있어도 보수 성향으로 전환되지는 않는다"
고 의견을 내놓았다. 어느 민주당 지지자의 말이 뼈를 때린
다. "부동산 문제에 화는 나지만 이명박과 박근혜를 배출한
야당은 차마 못 찍겠다"는 것이다. 이는 상당히 설득력 있
는 분석으로, 내 주변의 40대도 문재인 정부의 정책 실패에
실망하면서도 '투표를 안 하면 안 하지 보수 야당은 찍을 수
없다'는 사람들이 제법 있다.

세대교체 주역 되기 쉽지 않아

결국 이번 재보궐선거에서 여당의 박영선 후보는 패하
고 말았다. 출구조사 결과 20대와 30대에서는 박후보가 한
참 뒤졌지만, 40대에서는 1퍼센트 차이에 불과하지만 승리
한 것으로 나타났다. 그로부터 두 달 후, 30대 이준석이 윗세
대를 제치고 국민의힘 당수 자리에 오르는 상황이 펼쳐졌다.

그래서일까. 《중앙일보》(2021년 6월 8일)는 '40대가 새
로운 세대교체 주역이 되긴 쉽지 않다'라고 결론을 내렸다.
40대가 리더십을 발휘하기는커녕 민심과 동떨어진 투표를
하고, 급기야 30대 야당 당수까지 출현했으니 더 이상 기대
할 게 없다는 것이다. '40대 패싱'이 현실화한 것이다.

같은 40대인 사회학자 신진욱 교수(중앙대)는 개인주의 성향의 40대는 젊은 시절 붉은 악마, 효순·미선 사건, 노무현 당선을 경험하며 민주당의 계열 정당을 일관되게 지지하기 시작했고, 광우병 사태를 거치면서 확고해지면서 문재인 정권 탄생에도 기여할 정도로 다른 연령대에 비해 정치적으로 의식화된 사람들이 많지만, 정작 정치계급으로 집단화하고 조직적 위계를 구성하는 데는 실패했다고 분석한다. 개인주의 성향이 강한 까닭에 열렬히 지지하지만 조직에 복종해야 하는 정치 참여는 꺼렸다는 얘기로 들린다. 김호기 교수는 40대가 정치적으로 586과 대단히 유사해서 문화 및 경제 측면에서는 다른 목소리를 낼 수 있지만 정치적으로는 586과 묶여서 갈 것으로 전망했다. 가령 이준석 후보로 상징되는 20-30대는 공정의 핵심이 능력주의, 즉 기회의 공정이지만, 40대는 586세대와 같이 기회의 공정을 넘어선 결과의 평등을 중요시할 정도로 생각의 거리가 586에 가깝다는 것이다. 강원택 교수(서울대학교) 역시 40대는 문재인 대통령과 일체감을 가진 세대라서 독자적인 목소리를 내기 어렵다는 점에서 386 이후 변화를 만들어내는 첫 세대는 2030이 될 것으로 진단했다.

아이러니한 것은 이준석이 당선된 후 박용진 의원이 여권 대선 후보 적합도에서 이재명, 이낙연에 이어 3위에 등극했다는 점이다. 비록 두 후보에 비해 한참 뒤처지지만 이준석이 몰고 온 세대교체 바람 덕분에 40대(사실은 올해 50대에 진입한) 박용진 의원이 겨우 대선 후보로 명함을 내밀게 된 것이다. 이래저래 꼴 빠지는 일이 아닐 수 없다. 윗세대를 들이받으며 새 시대를 열어보겠다는 시도조차 못했는데 후배 덕에 밀려서 올라간 형국이니 말이다.

586과 달리 '관념적'으로 의식화한 세대

이 글을 쓰는 나 또한 40대이지만 내가 속한 세대를 객관적으로 조망할 능력이 되지 않아서 언론을 인용해서 40대를 살펴보았다. 글을 마무리하며 개인적인 생각을 피력하고자 한다. 사회 각 분야에서 중추적 역할을 하고 있어야 할 40대가 정치권에서는 왜 이렇게 초라해진 것일까. 나는 관념적 의식화의 결과로 본다. 의식이 현실의 변화를 따라가지 못했다는 것이다.

의식화의 선배였던 586세대는 1980년대에 학교를 다니고 사회생활을 하며 엄청난 폭력을 경험했다. 그들은 목숨을 걸 정도로 싸워서 권위주의 정치체제를 전복시킨 세대였다. 그 과정에서 그들의 의식화는 관념이 아닌 '현실'에 기반해 진행되었다. 그런데 지금의 40대가 대학을 다닌 1990년대는 87년 민주화 체제가 안착했고, 93년 문민정부가 출범해서 586세대가 직면했던 거대한 폭력은 존재하지 않았다. 그래서 서태지와 아이들에 열광하며 개성을 발현하고, 해외여행 자유화로 방학만 되면 유럽, 미국으로 배낭여행을 다녀오며 소비문화를 만끽했다. 그러나 대학 안에는 여전히 운동권 문화가 지배적이어서 『거꾸로 읽는 세계사』(유시민 저)나 『다시 쓰는 한국 현대사』같은 운동권 선배 세대가 남긴 이념 서적을 탐독하며 대한민국 현대사에 대한 분노의 DNA를 장착했던 것이다. 미국과 이승만, 박정희 정권을 현대사의 모든 모순의 근원으로 인식하게 되었고, 보수 언론은 민주화의 '적'이고, 재벌은 불법적인 수단으로 노동자를 착취하며 대미·대일 종속을 가속화시키기 때문에 반드시 해체해야 할 집단으로 치부했던 것이다.

586 선배들도 떠났는데 여전히 제자리에 맴돌아

물론 90년대에도 여전히 과거 정권이 뿌린 모순이 위력을 발휘했다. 보수언론의 왜곡 보도도 심심찮았다. 재벌의 수준도 세계적 수준으로 경쟁하기에는 열등한 수준이었다. 그러나 1997년 김대중이 당선되고 노무현까지 정권이 이어지고, 외환위기로 재벌이 혹독한 구조조정을 거치며 한국의 민주주의와 자본주의는 선진화·고도화되었다. 이명박·박근혜 보수 정권 10년을 거치며 민주주의 위기론이 대두되었지만 당시 야당이었던 현재 집권여당의 정치적 프레임 설정이었을 뿐 민주주의 제도 자체가 후퇴하지는 않았다.

그럼에도 40대는 여전히 보수 야당이나 일본을 관념

이동호
이준석 쇼크와 40대 패싱론

의 적으로 상정하고, 이 둘을 동일시하고 있다. 급기야 여당 시장이 성추행으로 물러났음에도 '적'에게 시장 자리를 넘길 수 없다는 각오로 보궐선거에 임했던 것 같다. 부동산 폭등, 일자리 축소, 자영업 기반 붕괴, 집권당 광역단체장의 잇단 성추행으로 의식화의 선배 50대마저 실망하고 떠난 자리를 40대만 덩그러니 지키고 있는 것이다. 메디치미디어 여론조사에서도 40대가 진보와 보수를 가르는 기준으로 민주주의와 인권을 꼽았다고 했듯이 관념적으로 의식화된 까닭에 여전히 고루한 인식을 지닌 것으로 보인다. 40대가 개인주의적이고 경제를 중요하게 생각한다면 부동산 폭등만 놓고도 지난 보궐선거에서 여당을 혹독하게 심판했어야 하지 않았을까.

관념에 얽매이지 않는 후배 세대의 약진

결국 40대가 제자리를 맴도는 사이 30대 이준석이 출현하고 말았다. 그가 내세우는 공정한 경쟁은 능력주의에 기반을 둔 기회의 평등으로 평가된다. 공천 후보자를 자격시험으로 거르고 토론 시합으로 대변인을 뽑자는 주장이 좋은 예다. 민주주의와 인권 감성으로 충만한 40대는 발끈할 것이다. 시험은 결과적 평등을 실현할 수 없다고 말이다. 그러나 따지고 보면 경험상 시험만큼 공정한 제도도 없다. 지금 대한민국 40대 후반까지는 시험 한 방으로 뽑는 제도의 혜택을 톡톡히 보았던 세대다. 전국의 모든 수험생이 한날 한시에 모여서 똑같은 문제로 시험을 보고 순위를 매긴 덕분에 강남에 살지 않아도, 농촌이나 어촌에 살아도 본인만 열심히 하면 얼마든지 좋은 대학에 입학할 수 있었다. 좋은 대학에 가지 못한 건 공부를 안 한 탓이지 부모 탓이 아니었다. 로스쿨 도입 이후 법조인 선발의 공정성을 놓고도 말이 많지만 사법시험과 사법연수원 성적만 놓고 법조인을 뽑던 시절에는 지나치게 성적 위주라는 비판은 있었지만 선발 방식의 공정성만큼은 토를 달지 않았다. 모두 같은 날 똑같은 문제로 시험을 치렀기 때문이다. 이준석은 이른바 '이대남의 소외' 문제를 건드려서 '반페미'라는 공격을 받고 있지만, 공무원 시험에서 군 가산점을 위헌 선언한 1999년 헌법재판소 결정 이후 20년이 지난 지금 대한민국에서 여성이 여전히 사회·제도적으로 차별받고 있는지 의문이 드는 것도 사실이다. 이준석으로 대표되는 세대는 막연하게 이것이 옳다는 방향으로 움직이지 않고, 자신들이 처한 현실에 천착하여 좌표를 설정하는, 금기에 얽매이지 않는 현실주의적이면서도 실용주의적 세대임이 확실하다.

이준석 등장에 거는 기대

40대가 세대교체의 주역이 되기 쉽지 않다는 《중앙일보》의 지적에 나 역시 동의한다. 물론 정치 영역에 국한해서 그렇다는 말이다. 여당을 지지하건 야당을 지지하건 윗세대를 들이받아야 할 시점에 윗세대가 내린 오더를 충실히 수행하는 데 그쳤다고 보기 때문이다. 그나마 여당에서는 당대표에 도전하고 최고위원 1등에 당선된 40대 국회의원도 있지만, 내가 볼 때 검찰개혁, 판사탄핵 같은 민생과 동떨어진 이슈로 상대 정당을 반개혁 세력으로 몰아세우는 역할 말고는 딱히 기대할 게 없어 보인다. 미래 이슈를 던지며 선배를 설득하고, 후배 세대를 견인할 만한 포용력과 리더십을 갖춘 인물은 눈에 띄지 않는다. 한마디로 정치적 대표 배출에는 실패했다는 것이다. 그야말로 '패싱'당했다.

따라서 같은 세대의 일원으로 같은 세대에게 바라는 점이 있다면, 40대가 최소한 후배들의 앞길에 훼방꾼은 되지 말자는 것이다. 그 첫 길은 고정된 진보 관념으로부터 벗어나는 것이다. 40대가 내재한 진보와 보수 관념은 30년 전 세상에 기반을 두었고, 그사이 한국 사회는 눈부시게 진화했고 보수와 진보가 서 있는 자리도 확연히 뒤바뀌었음을 잊어서는 안 된다. 나 또한 그런 기대를 갖고 이준석의 등장을 지켜보려 한다. 이준석 세대는 윗세대의 고정관념을 해체해주길 바란다. 윗세대가 꺼내기 힘들어했던 이슈들도 눈치 보지 말고 과감하게 던져주길 바란다. 그래서 40대에게 '현타'가 오길 간절히 바란다.

따르릉 따르릉 비켜나세요,
이준석이 나갑니다 따르르르릉   227

3부

이준석 시대의 뉴노멀

이준석의
공정론과
한국정치의 과제

채
진
원

경희대 공공거버넌스연구소 교수

'이준석 돌풍'의 핵심은 '변화'다.
이준석 개인에 대한 지지가 아니라
여야 정치권 전반이 변해야 한다는
민심의 요구다. 새로운 혁신정당으로
환골탈태하라는 열망이다. 국민의힘과
민주당이 혁신에 성공하려면 이준석
현상에서 드러난 세대교체와 기득권 타파의
바람을 혁신의 기회로 삼아야 한다.

2021년 6월 11일 국민의힘 당대표·최고위원 선거가 '이준석 돌풍'에 따른 높은 투표율(45.36퍼센트)과 유례없는 흥행 속 이변으로 끝났다. 9만 3392표를 얻은 이준석 후보(43.82퍼센트)가 나경원 후보(37.14퍼센트), 주호영 후보(14.02퍼센트)를 제치고 당대표로 선출되었다.

　　국회의원 경험이 없는 이른바 0선의 36세 이준석 후보가 당내 중진들을 누르고 당대표가 된 것은 한국 정치사의 큰 이변이다. 한국 정치사에서 집권여당 또는 제1야당의 30대가 '간판'이 된 것은 이번이 처음이다. 이 후보는 반영 비율이 70퍼센트로 높아진 당원 선거인단 투표에서는 37.4퍼센트로 나 후보(40.9퍼센트)에게 3퍼센트 정도 뒤졌지만, 일반국민 여론조사에서 압도적 승리(58.8퍼센트)로 당권을 차지했다.

　　'이준석 현상'으로 변화의 바람을 일으키며 당내외 주류 정치권에게 쇄신의 압박을 가했던 이준석 대표는 9개월 앞으로 다가온 대선 등 산적한 과제를 안고 출발하게 되었다. 이 대표는 당대표 수락연설에서 "우리의 지상과제는 대선에 승리하는 것"이라며 "다양한 대선주자 및 그 지지자들과 공존할 수 있는 당을 만들 것"이라고 '공존론'을 강조했다.

　　그는 공존을 위한 구체안으로 '비빔밥론'을 내세웠다. 그는 "비빔밥이 가장 먹음직스러운 상태는 때로는 열 가지

채진원
이준석의 공정론과 한국정치의 과제

가 넘는 고명이 각각의 먹는 느낌과 맛, 색채를 유지하면서 밥 위에 얹혀 있을 때"라며 "비빔밥의 고명들을 갈아버리지 않기 위해서는 스테레오타이핑, 즉 '다움'에 대한 강박관념을 벗어던져야 한다"라고 말했다. 이어 "비빔밥의 재료를 모두 갈아서 밥 위에 얹어 준다면 그것은 우중충한 빛깔일 것이고 색감도 식감도 그다지 끌리지 않을 것"이라며 "여성에게 '여성다움', 청년에게 '청년다움', 중진에게 '중진다움' 등 '○○다움'에 대한 강박관념을 벗어던지고 공존해야 한다"고 부연했다.

이준석 대표는 경선 과정에서 세대교체론, 586 기득권 타파론, 당 자강론, 공직후보자 자격시험론 등 쟁점을 놓고 다른 후보자들과 설전하고 토론한 바 있다. 이번 기회에 민주공화국의 발전을 위해 '이준석 현상'에서 드러난 '시대정신'의 관점에서 한국 정치가 해결해야 할 공정과 공존의 과제에 대해 검토하고 토론할 필요가 있다. 특히 이준석 대표가 이끄는 국민의힘과 민주당이 초당적으로 해결해야 할 과제에 대해 토론하고 공론을 모을 필요가 있다.

따르릉 따르릉 비켜나세요,
이준석이 나갑니다 따르르르릉

이준석 당선이 주는 시대정신의 의미

이준석 후보는 지난 5월 24일 전당대회 홈페이지에 올린 '손 편지'를 통해 "오만한 586(50대, 80년대 학번, 60년대 출생)의 독선과 아집을 부수고, 그들이 독점해온 우리 사회의 많은 권한을 미래세대에게 전달하고 그들과 소통하겠다"고 자신의 소신을 밝혔다. 이런 그의 소신은 '이준석 신드롬'이 여야 공히 뻔한 586 기득권 정치, 효능감 제로의 기성 정치, 낡은 꼰대정치에 대한 미래세대의 실망, 반감, 저항과 관련되어 있다. 특히 그의 소신이 586 운동권이 실세로 군림하고 있는 민주당 586의 기득권을 겨냥하여 비판하고 있음은 분명하다.

또한 이준석 후보는 지난 6월 3일 보수의 심장 TK 지역에 가서 "영입해준 박근혜 전 대통령에게 감사하지만, 탄핵은 정당했다"고 소신을 밝혔다. 이런 그의 당당한 호소는 그동안 야당분열의 씨앗이 되었던 '탄핵의 강'을 정면으로 넘어서 집권과 미래로 가겠다는 의지로 보였다. 반대로 이것은 민주당 초선들이 불공정과 기득권의 상징인 '조국'을 비판했다가 극렬 지지층의 공격을 받아 꼬리를 내린 것과 비교된다. 그의 당당한 소신은 '조국의 강'을 넘어야 하는 민주당이 "조국의 불공정성과 586 기득권 타파"가 정당하다고 선언하도록 강제하는 강력한 무기로 보인다.

586 중심의 기득권 질서에 대한 2030세대의 반감은 지

난 4.7 재보궐 지방선거에서 민주당에 대한 지지 철회로 확인된 바 있다. 물론 '이준석 돌풍'을 페미니즘에 대한 극단적인 반감과 연관시켜, '이대남'(20대 남자) 등 젊은 남성층의 지지에 따른 백래시backlash, 역풍01로 해석하고, '한때 지나가는 바람'으로 폄하하는 사람도 있다. 또 일부에서는 이준석 전 최고위원은 유승민 전 의원과 김종인 전 비대위원장의 '아바타'이기에 '계파정치'에서 벗어나기 힘들다는 평가도 있다. 물론 이런 시각의 가능성을 아예 부정할 수는 없다.

하지만 우리가 '이준석 돌풍'에서 놓치지 말고 제대로 봐야 할 부분은 바로 '세대교체'와 '기득권 타파'를 바라는 2030세대의 '시대정신'이다. 2030세대는 일자리와 임금 및 부동산 격차 등에서 '불공정한 게임의 룰'로 기득권을 지키고 있는 586세대에게 실망하고 좌절하지만 저항하면서 공정과 정의를 강력하게 염원하고 있다. 아울러 그 시대정신에는 2030세대를 넘어선 국민적 염원도 있다. 정치권이 국민의 이해와 요구를 대변하기보다는 진영논리로 편을 가르고 분열시켜 진영의 이익을 챙기는 '진영논리의 정치'를 타파하라는 것이 바로 국민의 염원이다.

이준석 대표가 돌풍을 일으키며 제1야당 대표로 등장

01　사회·정치적 변화에 대해 나타나는 반발 심리 및 행동을 이르는 말. 주로 진보적인 사회 변화에 따라 기득권층의 영향력이 약해질 때 그에 대한 반발로 나타난다. 편집자 주.

따르릉 따르릉 비켜나세요,
이준석이 나갑니다 따르르르릉

한 것은 국민들의 강력한 세대교체 열망 때문이라는 분석은 6월 17일 《매일경제》와 MBN이 알앤써치에 의뢰한 여론조사 결과에서도 드러난다. '이준석 대표가 당선된 이유가 무엇이라고 보는가'라는 질문에 전체의 49.3퍼센트가 '세대교체가 필요하기 때문'이라고 답변했다.

그 뒤를 잇는 것이 '정권교체'(11.2퍼센트)였다. 이준석이라는 인물 자체에 대한 매력도, 즉 '이슈 선점'(10.5퍼센트)이나 '개인 역량'(8.4퍼센트) '경쟁 후보 대비 높은 인지도·지명도'(7.2퍼센트) 등은 상대적으로 후순위로 밀렸다. 국민의힘 지지자들 사이에서는 '세대교체'와 '정권교체'를 꼽은 비율이 더 높았다. '세대교체'를 꼽은 응답은 국민의힘 지지자들 사이에서는 전체 평균보다 높은 53.2퍼센트로 올라갔다. 국민의힘은 보수정당이고, 상대적으로 더불어민주당 등 범여권에 비하면 연령대도 높은 것이 사실인데, 이를 바꾸지 않으면 내년 대선도 어렵다는 당원들의 위기의식이 반영된 것으로 해석할 수 있다.

정치권의 세대교체에 대한 열망은 '기득권'이라 불리는 '86세대(1980년대 학번, 1960년대생)'에 대한 반감으로 이어졌다. '86세대가 용퇴해야 한다는 의견에 대해 어떻게 생각하느냐'는 질문에 70퍼센트에 가까운 68.3퍼센트가 찬성의사를 밝혔다. 특히 국민의힘 지지층에서는 찬성 답변률이 더 올라가 79.5퍼센트에 달했다. 민주당 지지자들의 경

우 59.4퍼센트가 찬성했다. 국민의힘보다는 민주당에 '586
세대'가 더 많이 포진된 만큼 이들에 대한 불만도 민주당 지
지자보다는 국민의힘에서 더 큰 것으로 해석할 수 있다.[02]

586세대에 대한 반감은 현 정권에서 조국 사태, 윤미
향 사태, 남인순 사태, 김의겸 사태, 김상조 사태 등 '공정하
지 않고' '내로남불 행태를 보이는' 인사가 많이 노출되었기
때문으로 보인다. 누구보다 공정할 것 같았던 이들의 '배신'
이 586세대에 대한 뿌리 깊은 불신, 그리고 '공정'에 대한 갈
망을 키웠다는 분석이다. 그래서 '이준석 현상'으로 분출된
2030세대의 세대교체론과 공정론에 대한 논의는 한국 정치
를 지배하고 있는 586 기득권적 질서에 희생당한 2030세대
의 울분과 좌절을 연결시켜 해석하여 외국의 '추상적 공정
론'이 아닌 한국적 현실에서 출발하는 원인 진단에 따른 처
방으로 '586 기득권 타파론'에서 찾아야 할 것이다.

요약하면 '이준석 돌풍'의 핵심은 한마디로 '변화'다.
이준석 개인에 대한 지지가 아니라 제1야당인 국민의힘과
여야 정치권 전반이 변해야 한다는 민심의 요구다. 새로운
혁신정당으로 환골탈태하라는 열망이다. 새로운 혁신정당
이란 다름 아닌 기존의 정체성과 절연하는 정당일 수밖에

02   박인혜, 문재용, 최예빈. "국민 68퍼센트 '86세대 용퇴해야'", 매경·MBN 여론조사,
     매일경제, 2021. 6. 17.

따르릉 따르릉 비켜나세요,
이준석이 나갑니다 따르르르릉   237

없다. 기존의 정체성과 절연한다는 것은 무엇일까? 낡은 지역·계파 구도에 안주하면서, 다급할 때면 '태극기 부대' '대깨문'(대가리가 깨져도 문재인) 같은 극단 세력과도 손잡고, 선거를 앞두고는 집권여당의 실정이나 무능한 야당의 구태에 기대어 반사이익만 챙기려는 '낡은 정당'에서 벗어나는 정당이다. 국민의힘과 민주당이 당 정체성 혁신에 성공하려면 이번 이준석 현상에서 드러난 세대교체와 기득권 타파의 바람을 혁신의 기회로 삼는 게 중요하다.

'이준석 현상'은 학술적으로 볼 때 세계화, 정보화, 후기산업화, 탈물질주의화, 탈냉전화와 같은 21세기적 시대 상황인 '탈물질주의적 가치'와 관련이 깊다. 탈물질주의 가치에 따른 변화(탈권위적 수평주의, 탈집단적 개인주의, 탈이념적 실용주의)로 세대교체를 설명하는 대표적인 학자는 도널드 잉글하트Ronald F. Inglehart다. 그의 '세대간 가치변화 이론theory of intergenerational value change'에 따르면, "나이 든 세대는 경제적 안정이나 질서 확립에 높은 가치"를, 반대로 "젊은 세대는 삶의 질, 표현의 자유, 정치 참여 등 탈물질주의적 측면"을 중시하는 것으로 논의되었다. 이 부분과 관련해서는 이후 많은 논의가 필요하다.[03]

03   채진원, 『무엇이 우리 정치를 위협하는가』, 인물과사상사, 2016, 채진원, 『공화주의와 경쟁하는 적들』, 푸른길, 2019.

능력주의 경쟁을 보완하는 공화주의 공정론

그렇다면 '이준석 현상'에 대해 여권의 시각은 어떨까? 일찍부터 '공정'을 강조해온 이재명 경기도지사는 6월 4일 '이준석 현상'에 대해 "구태정치를 걷어내고 국민의 의사가 존중되는 정치를 해달라는 열망이 분출하고 있는 것"이라고 평가했다. 다만 "적대감과 균열을 강화하는 방식으로 가면 그게 곧 극우 포퓰리즘"이라며 "그렇게 되지 않도록 조심해주면 좋겠다"는 우려를 나타냈다.

특히, '여성·청년 할당제 폐지'를 통한 공정경쟁을 주장해온 이준석 후보는 진중권 전 교수 등으로부터 비판을 받은 바 있다. 이 후보의 주장이 '능력주의meritocracy적 경쟁'으로 인해 약자에 대한 배려나 공존·화합이 부족하다는 것이다. 이런 비판은 충분한 논쟁과 토론거리다. 특히, 한 사람의 능력을 어떻게 순수하게 평가할 수 있을 것인가 하는 점이 논쟁거리다. 즉, '조국 사태'에서 드러난 자녀 입시비리 문제처럼 기득권(학력, 재력, 네트워크, 상징자본)을 자식에게 세습하는 '부모 찬스'나 주변의 도움과 협력이라는 권력관계를 배제하고 순수하게 한 사람의 능력을 공정하게 평가할 수 있겠는가 하는 점이다. 능력주의에서 말하는 능력이 공정하다는 평가를 받기 위해서는 권력관계와 기득권을 배제하면서 순수하게 '개인의 능력만'을 온전하게 평가할 수 있는 환경과 방안을 먼저 제시할 필요가 있다. 무엇

따르릉 따르릉 비켜나세요,
이준석이 나갑니다 따르르르릉

보다 능력주의에서 말하는 '시험 제도'가 공정하기 위해서는 '개인의 능력만'을 순수하게 비교하여 평가할 수 있도록 설계되어야 할 것이다. 그렇다면 권력과 기득권을 가진 상위소득 10퍼센트에 속한 부모들의 금수저 자식이 이런 기울어진 운동장에서 SKY대 들어가는 데 유리한 입시 제도를 개선하는 시험 제도는 무엇일까? 가장 공정한 시험 제도의 설계안은 무엇일까?

『지금 당장 교육을 빅딜하라』라는 저서를 쓴 조기숙은 부모의 학력과 재력이 작용하는 학생종합부전형(학종)을 개선하고, 서울대를 100퍼센트 지역할당제와 소득할당제로 뽑는 미국식 제도 운영이 필요하다고 제안한다. 진짜 미국의 공교육 정신이 잘 구현된 입시 제도는 Affirmative Action약소자 적극적 배려할당조치 제도, 즉 '인종·지역·소득 할당제도'라는 대안도 소개하고 있다. 이 제도는 부모의 학력과 재력에 의해 자녀학생의 성적이 결정되는 상황을 '불공정과 부정의'로 보고, 이것을 철저히 배제하고, 부모의 재력과 학력이 들어간 '학생 성적'과 각종 경연 성적이 아니라 학생의 '순수 잠재력'만을 '입학사정관제도'로 평가하고 검증하여 대학 입학 기회를 주기 위해 설계된 제도라고 볼 수 있다.[04] 물론 문화적 배경이 다른 이런 제도를 한국에서 미

조기숙. 『지금 당장 교육을 빅딜하라』, 서울공작소, 2017.

이준석의 공정론과 한국정치의 과제

국식으로 운영할 수 있는지 여부는 또 다른 문제다.

능력주의는 한마디로 "능력에 따른 차별은 필요하고 공정하며 정당하다"는 논리다. 1958년 영국의 사회학자 마이클 영은 1958년에 쓴 『능력주의의 부상The Rise Of The Meritocracy』에서 '능력'이란 지능과 노력을 더한 것이며, 능력을 측정하는 시험 결과에 따라 직업이나 사회적 지위를 다르게 부여하고, 종국에는 조기 지능검사를 통해서 선별적으로 교육 기회와 사회적 지위를 부여하는 체제라고 묘사했다.[05]

이준석 대표는 경선 당시부터 '공직후보자 자격시험'을 주장했다. 이 대표는 6월 18일 페이스북을 통해 "정당의 기능 중 공직후보자 추천은 가장 중요하고도 어렵다. 그래서 완벽한 설계가 필요하다"며 "공직후보자 자격시험은 사실상 상시 공천 심사와 비슷한 역할을 하게 된다. 단순한 자격시험 이상으로 정당의 인재영입 구조를 바꿔놓을 수 있다"고 강조했다. 이 대표가 주장하는 공직후보자 자격시험은 자료 해석과 독해·표현, 컴퓨터 활용 등 당에서 제시하는 시험을 통과한 사람에게만 공천을 주겠다는 게 핵심이다. 기초적인 역량조차 되지 않는 이를 당 차원에서 공천하지 않겠다는 얘기다.

---

05   마이클 영 지음, 유강은 옮김, 『능력주의』, 이매진, 2020.

따르릉 따르릉 비켜나세요,
이준석이 나갑니다 따르르르릉

이준석 대표가 이런 공직후보자 공천자격 시험을 제
안했는데, 그동안의 공천적폐가 오죽했으면 이런 것을 제
안했을까? 충분히 이해가 된다. 이것은 보스 공천, 돈 공천,
계파 공천, 밀실 공천, 인맥 공천 등 그동안의 우리 정당의
공천방식이 인맥, 금수저, 네트워크에 좌우되어 불공정과
부정의로 흘러 적폐가 되었다는 진단에 따른 결론으로 보
인다. 하지만 청년·여성·노동자·농민·장애인·일반 시민에
게 불리하게 적용될 수밖에 없던 불공정한 정당 구조(당원
입당과 의사결정 구조 참여)와 공천방식을 타파하기 위해서
는 '자격시험'만으로는 한계가 있고 불충분하다.

　　이에 근본적 대안으로 '자격시험 제도'를 전제로 하되
상향식 공천방식인 '주민배심원제'와 '국민참여경선제'로
보완되어서 가야 할 것이다. 그리고 그의 말대로, '여성·청
년 할당제 폐지'는 현행 기성 정치인이나 정치지망생에게
유리한 '사전선거운동 금지조항'을 폐지하여 누구나 자유
롭게 상시적인 선거운동을 할 수 있도록 '현행 선거법'을 선
행적으로 고치고 난 후에 시행해야 좀 더 공정해질 것이다.
선거운동과 정치활동을 이분법적으로 구분하는 현행 선거
법, 선거운동 기간, 선거운동 방식의 범위, 예비후보 등록
기간 등을 규제하는 선거법을 최소한의 비용 규제를 제외
하고 일정한 선거비용의 범위 내에서 모든 것을 허용하는
'네거티브 시스템'으로 바꿔야 할 것이다.

이준석 대표는 2019년 『공정한 경쟁』이라는 책에서 "실력과 실력주의는 시대정신"이라며 "공정한 경쟁의 출발점 확보가 새로운 어젠다"라고 주장했다. 이준석 대표의 노선을 '능력주의'로 비판하는 것은 그의 '공정경쟁론'이 박근혜 대통령 시기 집권당 원내대표였던 유승민 후보가 내걸었던 '공화주의적 공정론'보다는 '자유주의적 경쟁론'에 더 가깝기 때문에 '진정한 공정'에 미달한다는 비판으로 보인다.

이런 비판은 이준석 대표가 대표 수락연설에서 '다양한 세력이 공존하는 정당'을 강조한 '공존론'과 '비빔밥론'과 맥이 닿아 있는 만큼 유승민 전 원내대표의 공화주의적 의견을 들어서 보완하는 전향적 자세가 필요하다. 이번 기회에 유승민 전 원내대표뿐만 아니라 윤석열 전 총장과의 만남을 가졌던 전승국 교수, 윤희숙 의원 등의 입장을 적극 수용하여 '공화주의적 공정론'을 정립하고 실천해야 할 것이다.

2017년 1월 2일 《경향신문》과의 인터뷰에서 유승민 원내대표는 본인이 정치하는 이유에 대해 다음과 같이 말한 바 있다. "공화共和라고 생각합니다. 원내대표를 그만둘 때 말했던 헌법 1조 1항 민주공화국이 국가의 정체성이 되어야 합니다. 공화에서 제일 중요한 가치가 정의입니다. 탄핵사태나 시대적 문제인 양극화와 불공정, 불평등을 해결하는 기초 철학으로 작용해야 한다고 봅니다. 정의와 평등,

자유, 법치, 시민의 수준 높은 덕성 등의 가치를 담은 공화주의 정신을 바탕으로 나라를 이끌어가면 좌우나 보수 진보의 대립, 진영논리도 많이 뛰어넘을 수 있다고 생각하지요. 대선에 국한된 게 아니라 제가 정치를 하면서 계속 지켜나가야 할 가치입니다."

이준석 대표가 유승민 전 원내대표가 주창해온 '공화주의' 관점을 수용하는 일은 앞서 그가 '공존론'과 '비빔밥론'을 제기한 것처럼 자신과 반대되거나 다른 견해를 충분히 듣고 토론하는 과정에서 자신의 의견을 변화시키는 것을 말한다. 그의 '자유주의적 공정론'과 '공화주의적 공정론'이 어떻게 다른 것인지 한 가지 비유를 들어보면 다음과 같다.

조선시대 서얼 출신 실학자인 박제가, 이덕무, 유득공 등은 능력과 실력은 있었으나 순수 양반이 아니라는 이유

그림 1. 공정의 다층성을 보여주는 담장과 의자

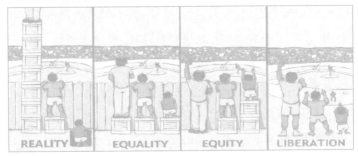

로 과거시험과 관직 진출에서 차별받았다. 양반의 반쪽 씨가 있는 서얼들에게 과거시험을 보게끔 해서 신분제사회를 유지하는 것은 '능력주의적 경쟁론'으로 이전보다 진전된 방식임에 틀림없다. 하지만 이런 능력주의적 경쟁론은 사농공상의 직분을 차별하는 신분제사회를 폐지하고 노비 출신인 장영실을 자유로운 시민이 되게 하는 '비지배적 자유'를 추구하는 '공화주의적 공정론'에 비해서는 부족하다.

  그림 1은 유명한 화가인 앵거스 맥과이어Angus Maguire가 그린 공정의 다층성을 보여주는 담장과 의자에 관한 그림이다. 이 그림은 우리가 말하는 '공정'이 하나가 아니라 여러 개이며, 어떤 공정인지를 구분하여 보여주는 데 효과적이다. 평등은 '어느 쪽으로 치우치지 않고 고름', 공정은 '공평하고 올바름'이라는 사전적 정의를 가지고 있다. 평등과 공정은 비슷한 맥락에서 이해하기 쉽지만 평등은 산술적인 개념이 강한 반면, 공정은 사람의 판단이 개입된 윤리·도덕적 개념에 가깝다. 즉 평등한 분배는 모두에게 동일한 양만큼 나눠주는 것이고, 공정한 분배는 개인의 능력과 노력에 따라 나눠주는 것이라 할 수 있다.

  키 큰 사람과 중간 키의 사람, 그리고 키가 작은 사람 세 명이 담장을 넘어 야구 경기를 보려고 한다. 두 번째 그림은 세 사람 모두 같은 크기의 나무상자에 올라서 야구를 본다. 키 큰 사람과 중간 키의 사람은 담장 너머를 볼 수 있는 반면, 키가 작은 사람은 나무상자에 올라서도 담장 너머를 볼 수 없다. 첫 그림은 기울어진 운동장을 보여주는 그림으로 '현실REALITY'이라고 적혀 있다. 모두에게 같은 상자를 줬으니 두 번째 그림에는 '평등EQUALITY'이라 적혀 있다.

다음 그림은 앞의 그림처럼 세 명의 사람과 세 개의 상자가 있는데, 키 큰 사람은 상자 없이, 중간 키의 사람은 한 개의 상자 위에, 키가 작은 사람은 두 개의 상자 위에 서서 세 사람 모두 담장 너머를 본다. 이 그림에는 '형평EQUITY'이라고 적혀 있다. 하지만 야구장 담장이 치워진 마지막 그림에서는 키가 제각각인 사람들이 나무상자 없이도 야구를 자유롭게 볼 수 있다. 이 그림에는 '자유LIBERATION'라고 적혀 있다. 이처럼 우리가 사용하는 공정이란 말은 여러 층이 존재한다.

위 네 그림 중 '공화주의적 공정론'은 네 번째 그림인 LIBERATION과 친화적이다. 그 이유는 왜일까? 공화주의적 공정론은 사람들이 돈 벌고 일하면서 행복을 추구하며 사는 이유를 자기가 원하는 것을 자유롭게 말하고 실천하고 이루기 위한 것, 즉 실질적인 자유획득으로 보고 있기 때문이다. 모든 사람이 처음부터 자유를 획득하는 것은 아니지만 자유시민을 확대하기 위해, 자유를 사용할 수 있는 시민들의 자유역량을 위해 그 조건으로 평등, 형평도 필요하다고 보기 때문이다. 네 번째 그림을 목표로 추구하다보면, 역으로 조금씩 '평등EQUALITY'이나 '형평EQUITY'도 조금씩 단계적으로 나아지면서 실현될 것으로 보기 때문이다. 공화주의적 공정론은 공정에 대한 논의를 자유FREEDOM와 연결시킬 것을 제안하고 있다.[06]

이처럼 공정을 자유와 연결시키는 접근은 『자유로서의 개발Development as freedom』을 쓴 아마르티아 센Amartya Kumar Sen의 주장과 유사하다. 그는 인도 태생이며 후생경제학, 경제윤리, 소득분배에서 세계적인 명성을 얻은 권위자로 1998년 아시아인 최초로 노벨경제학상을 수상했다. 그는 『도덕감정론』과 『국부론』을 쓴 애덤 스미스Adam Smith의 '자생적 질서론'을 계승하여 자유의 확장이 인류의 가장 주된 목표이자 수단이라고 주장했다. 나아가 부는 필요한 것을 얻기 위한 도구이며, 인간이 부를 통해 궁극적으로 얻고자 하는 것은 '실질적 자유'라고 말했다. 그는 개발 development의 목적은 부의 성취 그 자체가 되어서는 안 되며, 사회 구성원들의 실질적 자유를 얼마나 개선하는지에 초점을 맞춰야 한다고 주장했다. 그가 말한 '도구적 자유'란 정치적 자유, 경제적 용이성, 사회적 기회, 투명성 보장, 그리고 안전보장을 아우른다. 이러한 도구적 자유는 개인의 역량capability에 기여하며 각각 연관을 통해 상호보완 작용

06   한국정치평론학회, 『공화주의의 이론과 실제』, 인간사랑, 2019.

따르릉 따르릉 비켜나세요,
이준석이 나갑니다 따르르르릉

을 한다. 아마르티아 센에 따르면 역량이란 한 개인이 달성할 수 있는 기능들을 선택할 수 있는 자유를 말한다.

『공정하다는 착각』이란 책을 쓴 마이클 샌델 등 많은 사람들이 비판적으로 언급하고 있는 '능력주의'는 어디에서 온 것일까? 그리고 이것은 어떻게 극복될 수 있는 것일까? 진보지식인들이 능력주의를 다루면서도 그것의 기원과 극복 방향에 대해 더 깊은 논의를 진행하지 않는 것은 문제점으로 보인다. 이번 기회에 능력주의의 기원과 극복 방향에 대해 논의하는 것이 필요하다. 특히, 진보지식인들의 문제점은 능력주의와 연관된 입시경쟁지상주의, 서울대지상주의, 전문가엘리트지상주의, 승자독식 등을 비판하고 문제점을 비판하지만 해법에는 소극적인 게 문제다. 그 해법 역시도 개인적 인성 개선이나 인성 개선을 위한 교육방법으로 풀려는 사람들은 많지만, 그것을 구조적 원인진단(관료제도, 선거제도)에 따라 해결하려는 사람들은 적다.

위에 나열된 능력주의와 관련한 경향들은 탁월한 능력을 가진 엘리트와 전문가를 대표자와 관료로 선출하고 채용하는 '대표자 선출방식인 선거제'와 관련된 경향이다. 위 경향은 강도 차이는 있으나 구조적으로 '관료제'와 '선거제'가 존재하는 한 불가피한 측면이 있어서 근본적으로 시민이 통제하는 관료제와 선거제로 개혁하지 않는 한 이를 극복하는 것은 어렵다.

채진원
이준석의 공정론과 한국정치의 과제

아테네의 자유 시민들은 시민들 간의 대등성 확보를 위해 피치자보다 치자가 탁월해야 한다는 '탁월성'에 기초한 '선거제'보다 '치차와 피치자의 유사성'과 '가능성의 평등'에 따라 '추첨제'를 사용했기에 전문가엘리트주의에 빠지지 않고, 전문가와 엘리트들을 주인이 아니라 기능인으로 통제할 수 있었다.

다양한 능력을 다양하게 변별하는 입시 제도를 고안하거나 서울대의 독점을 완화하는 서울대 해체 등의 접근은 능력주의 경향을 다양화라는 면은 있지만 여전히 능력주의라는 틀을 벗어날 수 없다는 점에서 피상적 접근이라는 문제점이 있다.

능력주의는 어떤 것의 결과물이다. 능력주의는 일반적으로 사농공상 직분의 차별, 성인군자와 소인배의 차별, 중앙과 지방의 차별, 본교와 분교의 차별, 양반과 노비의 차별, 관존민비의 차별, 남존여비의 차별을 정당화하면서 시민들의 삶을 지배하는 담론으로 작동하고 있다. 그렇다면 이것은 어디에서 온 것일까? 그 시작은 형이상학적 철학 체계인 '이성=이상=선, 감정=현실=악'으로 보는 '이성주의'에서 온 것으로 보는 게 적절하다. 그 이성주의는 동양사상의 핵심인 '천인합일론'에서 본질적으로 드러난다.

하늘과 인간을 하나로 연결시키는 천인합일이라는 이성주의적 세계관은 천인분리론에 기초한 자유민주주의적 질서를 만든 청교도적 세계관과 근본적으로 다르다. 이 이성주의 세계관은 자유, 개인주의, 시장경제와 민주주의 결합 등을 강조하는 영미식 경험주의 세계관과 다르다. 따라서 애덤 스미스의 주장처럼 '경험론'과 '도덕감정론' 같은 유한세계관을 수용할 때 이성주의에 기초한 능력주의라는 차별의 질서에서 벗어날 수 있을 것으로 보인다.

채진원
이준석의 공정론과 한국정치의 과제

호봉제 철폐, 직무급제 도입 및 상위소득 10퍼센트 임직원 임금동결

이준석 대표는 2020세대를 옥죄고 있는 불공정한 임금체계의 문제점을 지적하고 이를 극복하기 위한 대안으로 공화주의적 정책을 수용할 필요가 있다. 핵심적으로 '호봉제 폐지, 직무급제 임금제도 도입'을 제시할 필요가 있다.

'직무급제 임금제도'는 보통 연령이 높아짐에 따라 임금이 높아지는 호봉제의 문제점을 개선하기 위한 제도다. 직무급제란 말 그대로 직무가 △얼마나 어려운지(난이도) △시간과 체력이 얼마나 쓰이는지(업무 강도) △책임이 얼마나 큰지(중요도)에 따라 임금을 달리 주는 체계다. 성과나 직무에 관계없이 입사 연도만 같으면 월급이 함께 오르는 연공서열식 호봉제와 달리 일의 양이 적고 업무의 중요도가 떨어지거나 책임이 덜할 경우 고연차라 해서 자동적으로 고임금을 보장해주지 않는 제도다. 이른바 윤석열 전 총장의 '노동정책 교사'로 알려진 정승국 교수(중앙승가대 사회복지학과)도 "직무급제가 MZ세대 공정 요구에 부합한다"는 입장을 밝힌 바 있다. 그는 6월 4일 《한국일보》와의 인터뷰에서 다음과 같이 언급했다. "조직 내 준고령자 비중이 커질수록 임금 부담이 커지니 기업은 정규직 신규 채용을 꺼리게 되죠. 그러니 청년 일자리가 줄어듭니다. 조직 안에서도 실제 일을 할 젊은 직원은 몇 없는데, 일은 별로 하지도 않으면서 임금은 2-3배씩 더 받는 상사들이 있단 말이죠. 경영진에게도 그렇겠지만, 요즘 MZ세대에게도 '눈엣가시' 처럼 여겨질 수밖에 없죠."

정승국 교수가 제안하는 '직무급제 임금제도'가 도입되기 위해서는 종전의 호봉제를 대변하는 '대기업 정규직 노조' 및 '특권화된 강성 노조'의 기득권 극복의 문제가 있는 만큼 '노동개혁론'과 함께 '노사정 고통분담론'을 제시할 필요가 있다. 노사정 고통분담론의 핵심은 소득 상위 10퍼센트 임직원들의 임금을 동결하고, 그 동결분을 비정규직 임금격차 해소와 함께 청년일자리 확대에 사용하는 것이다. 2015년 5월 6일 서울 프레스센터에서 열린 '노동시장 구조개선 전문가 간담회'에서 안주엽 한국노동연구원 선임연구위원은 "소득 상위 10퍼센트 근로자들의 임금 총액은 118조 9000억 원으로, 이들이 연봉 인상을 1퍼센트 포인트만 자제해도 1조 2000억 원 가까운 재원이 마련된다"며 "평균 연봉 인상률인 3퍼센트를 올리지 않는다면 그만큼 줄어드는 인건비로 적게는 15만 1000여 명, 최대 21만 8000여 명의 청년 일자리가 생길 것"이라고 추산한 바 있다.[07]

또한 2015년 10월 15일 한국노동연구원은 '상위 10퍼

07   백승현, "소득 상위 10퍼센트 임금 동결 땐 청년 일자리 22만개 늘 것." 한국경제, 2015. 5. 6.

채진원
이준석의 공정론과 한국정치의 과제

센트 임금인상 자제에 따른 고용효과 추정' 보고서를 통해 근로소득 상위 10퍼센트 임직원이 임금인상을 하지 않을 경우의 인건비 절감분(월 2,024억 원)으로 평균 월급이 226만 원인 정규직 9만 1,545명을 채용할 수 있다고 발표했다. 보고서는 상위 10퍼센트 고소득자의 임금인상률이 1퍼센트일 경우에는 정규직 신규 채용 규모가 8만 5,382명에 이를 것으로 추산했다.

이 연구는 100인 이상 사업장의 금융·방송·농업 등 99개 업종 상위 10퍼센트 고소득자 28만 명이 임금인상을 하지 않고, 상위 10퍼센트 바로 아래에 위치한 임금 차상위자도 임금인상을 자제한다고 가정한 결과다. 소득 상위 10퍼센트의 기준이 되는 산업별 연봉은 농업 5,525만 원, 건설 7,373만 원, 금융 7,690만 원, 사회복지 3,685만 원, 방송 8,336만 원 등이었다. 이와 함께 노동연구원은 지난달의 노사정 합의대로 주당 근로시간을 현행 68시간에서 52시간으로 줄일 경우 고용효과가 11만 2,000명에서 최대 19만 3,000명에 달할 것으로 분석했다.[08]

이러한 노사정 고통분담론을 실질화하기 위해서는 2016년 새누리당이 4·13총선 공약으로 '동일노동 동일임

---

08 변태섭, "상위 10퍼센트 임직원 임금 동결하면 정규직 9만 명 추가 고용 가능." 한국일보, 2015. 10. 15.

금'을 제시한 것을 상기할 필요가 있다. 당시 강봉균 새누리당 공동중앙선거대책위원장은 4월 3일 "동일노동 동일임금 원칙을 단계적으로 적용해 정규직과 비정규직 간 임금격차를 현행 50퍼센트에서 4년 후 20퍼센트까지 줄이겠다"고 공약했다.

이준석 대표가 지금까지 당의 정체성인 '대구·경북 중심의 지역주의 정당'에서 벗어나 '공화주의적 공존 정당'으로 변화하기 위해서는 많은 정책전문가들의 영입 및 정책개발이 필요하다. 물론 당내 유능한 전문가의 발굴과 전진배치도 필요하다. 현재 당내에 정책능력에 두각을 보이는 정치인은 '저는 임차인입니다'라는 연설로 집권여당의 부동산 정책을 질타하고, 기본소득을 비판하면서 이재명 경기지사와 논쟁 중에 있는 윤희숙 의원이다.

이준석 대표 앞에 주어진 당면 과제는 '영남 지역당' '부자·기득권 정당' '꼰대당' 등 여전한 부정적 이미지 탈피를 위한 쇄신이다. 이를 위해서는 '공화주의적 정책 정당'에 짝을 맞추는 '중도실용정당'의 정체성을 가미하여 중도·청년층 마음을 얻는 게 시급하다.

그렇다면 민주당은 '이준석 현상'에 어떻게 대응하는 것이 좋을까? '이준석 바람'이 민주당을 '구태 꼰대 정당' 이미지로 고착화될 것을 우려하여 '이준석 돌풍'을 빨리 차단하려고 하는 잔머리는 아예 포기하는 것이 좋을 것이다. 그것보다는 그동안 여러 차례 지적된 '586 기득권의 폐해문제'를 공론화시켜 드러내고 이를 개선하는 방향에서 "586 세대교체론"으로 대응하는 것이 최선일 것이다.

그렇다면 586세대의 기득권이란 무엇인가? 이 문제에 대해 오랫동안 연구한 학자는 '불평등의 세대'를 쓴 이철승 교수(서강대 사회학과)다. 그는 2019년 8월 11일 《한겨레》와의 인터뷰에서 정규직 중심의 조직노동계와 유착한 586운동권 그룹의 기득권적 태도를 통계를 통해 학술적으로 비판한 바 있다.

이 교수는 "586세대가 민주화운동으로 얻은 기회와 특권으로 후속 세대에게 분배돼야 할 부와 권력을 지난 15년 이상 장기적으로 독점하면서 이제는 불평등의 치유자가 아니라 불평등의 생산자이자 수혜자로 등극했다"고 비판했다. 이 교수는 "지금 우리 사회는 정규직 노조와 자본이 연대해서 하청과 비정규직을 착취하는 구조다. 1퍼센트 대 99퍼센트가 아니라 20퍼센트가 80퍼센트를, 또는 50퍼센트가 50퍼센트를 착취하는 사회"라고 진단하면서 586세대의 기득권 타파를 주장했다.

전문가들은 IMF 위기 속에서도 상위소득 10퍼센트의 상층조직노조는 임금소득을 19퍼센트씩이나 올리면서 비정규직과의 임금격차를 더욱 벌리고, 고통분담을 회피하면서 민주화의 과실을 독점한 것으로 분석하고 있다. 즉 노동계와 연계된 586 운동권이 민주화의 과실을 독점하고 고통분담을 외면한 채 상위소득 10퍼센트를 견제하지 않고, 충실히 그들의 기득권을 대변했다는 것이다.

잠정적 결론으로 남녀 성별을 떠나 2030세대가 집권 여당에 등을 돌린 원인은 무엇일까. 그것은 '페미니즘 정책' 때문이 아니라 집권당을 이끄는 '586 운동권의 불공정과 기득권 수호 정책'에 대한 불만과 분노로 보는 게 적절하다. 따라서 대안도 586 운동권의 기득권 타파의 연장선상인 세대교체론에 기초하여 부동산 문제와 비정규직 문제의 해법을 찾는 것이 상식적이다. '노사정 고통분담론'에 기초한 '동일노동 동일임금 연대임금제'와 '징벌적 과세주의'를 중단하고 '주택소유 제한에 대한 국민적 합의마련'이 그 핵심정책이 되어야 할 것이다.[09]

09　채진원, "'이준석 돌풍'에 '586 세대교체론'으로 응답해야." 오피니언뉴스, 2021. 5. 31.

청년문제의 본질은 상위소득 10퍼센트의
비정규직 청년 약탈문제

민주당은 왜 '586 세대교체론'을 당의 핵심기치로 내세워야 할까? 그 근거는 많다. 지난달 민주당이 20-30대를 대상으로 실시한 심층면접조사 결과 민주당을 의인화한 이미지는 '독단적이며 말만 잘하고 겉과 속이 다른 무능한 40-50대 남성'으로 나타났다. 이에 대해 민주당 전략기획국은 키워드로 볼 때 '촛불' '등대'에서 '위선적' '내로남불' '무능력' 쪽으로 바뀌었다는 자체평가를 내놓았다. 이러한 인식만 봐도 권력 엘리트의 교체는 그 자체로 의미가 있다.

이동학 민주당 청년최고위원은 2021년 5월 25일 페이스북에서 "이준석 전 최고위원의 당선은 한국 정치사에 길이 남을 족적이 될 것이며, 동시에 우리 민주당엔 충격적인 자극제가 될 것"이라며 "이제 국민의힘과 혁신 경쟁을 피할 수 없다"고 했다. 이번 기회에 민주당에서 '이준석 돌풍'에 대한 화답으로 '586 세대교체론'이 공론화되기를 기대해본다.

민주당은 청년 문제의 본질에 대해 깊은 통찰이 필요하다. 청년들이 조국 사태에 분노하는 만큼 진영 논리가 아닌 정의와 공정의 문제로 접근해야 한다. 국면 전환을 위한 '제도 탓' 또는 눈가림을 위한 '면피용 대책'이 아닌, 보다 근본적인 진단과 처방을 통해 청년들의 분노를 멈추게 하는 혁신의 기회로 삼아야 한다.

우선 민주당은 왜 청년들이 분노하는 것인지, 왜 20대 남자들은 문재인 정부를 지지하지 않는 것인지, 특히 왜 20대 남성 상당수가 젠더 문제로 현 정권에 불만을 표출하는지에 적절한 설명이 필요하다. 20대 남자들이 '역차별 당하는 약자 정서'를 공유하면서 '여성혐오'와 '반페미니즘 정서'를 당연시 하는 특성을 이해할 필요가 있다. 그들이 공유하고 있는 이런 정서들이 옳다/그르다를 떠나 의사가 환자를 대하는 태도처럼, 그들의 시각에서 왜 그런 정서를 공유하게 되었는지 공감할 필요가 있다.

그들이 공유하고 있는 여성혐오의 원인은 무엇일까? 여론조사 답변을 보면 어느 정도 추론할 수 있다. 그들은 '여성가족부 때문에' '문재인 정부 때문에' '김치녀 때문에' '공중도덕 없는 무개념녀 때문에' '페미니스트 때문에' '군대 안 가는 여성들이 군가산점 폐지 등 특혜만 요구하기 때문에' 등을 여성혐오의 이유로 밝히고 있다. 아마도 이들은 자신들을 부모세대 아버지보다 '약자'라고 생각하는 경향이 있다. 즉, 부모세대 아버지들은 가부장주의의 혜택을 받은 강자로서 안정적인 직장 생활로 가족을 구성하여 가부장적인 남성성으로 "왕노릇 특권?"을 누리면서 살았다고 보고 있다. 그런데 비정규직이 많아지는 시기에 왜 가부장과 586 부모세대들이 자신들을 불리하게 하는 '성차별'

과 '성불평등'을 이슈화해서 직장, 결혼, 가족, 가부장에서 모든 것을 포기하게 하는 N포세대로 만들어 헬조선 루저로 살게 하느냐고 성토한다. 왜 586 부모세대들은 누릴 것은 다 누리면서 여성들의 경쟁력을 높여주는 성 평등을 이슈화하여 자신들을 약자로 만드느냐고 원망한다. 왜 부모세대에서 풀지 못한 비정규직 해소와 성 평등을 청년세대에게 전가하고 훈계하여 결국 20대 남자들에게 기득권 포기의 고통과 박탈감을 주느냐는 것이다. 불안한 이들의 처지에서 보면 성 평등을 주도하는 여성가족부와 문재인 정부, 그리고 페미니스트가 미울 수밖에 없다.

그러나 헬조선 루저들이 느끼는 분노와 박탈감이 이 정도로 크다면, 수천 년 동안 여성차별과 불평등속에서 살아온 여성들의 고통과 분노는 어땠을까를 역지사지하는 마음을 가질 필요가 있다. 특히 소득불평등의 원인을 제대로 진단하고 처방하는 지혜를 가질 필요가 있다.

민주화운동을 시작한 지 30년이 넘었다. 하지만 산업화와 민주화에 성공한 한국은 드디어 '헬조선 신양반사회(수저계급사회)'를 만드는 데 성공하였다. 그 속에서 일부 청년들은 헬조선 흙수저를 자조하며 '일베'가 되고, 또 일부 청년들은 '일베'와 미러링으로 맞서 싸우는 '워마드'가 되었다. 또 일부 청년들은 욜로족으로 살면서 비트코인에 빠졌다.

민주화를 바랬던 586들이 보다 자유롭고 보다 평등한

따르릉 따르릉 비켜나세요,
이준석이 나갑니다 따르르르릉

세상을 꿈꿨다면 어찌 성 안의 상위소득 1퍼센트와 차상위 소득 10퍼센트가 국민소득의 45퍼센트를 차지하면서 성 밖의 비정규직과 청년들을 착취하는 헬조선 신양반사회(수저 계급사회)를 만들어서 세습하려는 것을 보고만 있었겠는가?

청년문제의 본질은 단순한 '남녀대립 문제'도 '부모세 대와 청년세대의 대립문제'도 아니다. 'IMF 소득 불평등구 조에서 금수저에 의한 흙수저 착취 문제', 상위소득 1퍼센 트와 차상위소득 10퍼센트의 담합에 의한 비정규직과 여성 의 임금 차별과 약탈로 보는 게 적실성이 크다. 그러나 약 자인 흙수저들이 강자인 금수저에게 저항해야 함에도 불구 하고 저항할 수 없기에 '여혐과 남혐의 젠더 차별 대결'이나 '일베 대 워마드의 대결' '이대녀대 이대남의 대결'로 변질 되고, 이른바 '르상티망'(열등감, 원한 감정)의 정서로 표출되 어 문제 해결이 어렵다는 점이 딜레마다.

청년 문제의 본질적 해결을 위해서는 금수저 부모세 대들인 상위소득 1퍼센트와 차상위 소득 10퍼센트인 '헬조 선 기득권 체제'와 이러한 체제가 혁신 없이 유지되고 세습 되는 원인이 바로 '상위소득 10퍼센트 기득권을 과다 대표 하는 586정치권'이라는 것을 분명히 인식할 필요가 있다. 따라서 그 해법은 스웨덴 사민당이 추진했고 노무현 대통 령이 제안했던 것처럼, 정규직이든 비정규직이든, 남성이 든 여성이든 비슷한 일에 대해 비슷한 임금(정규직의 80퍼센트 수준까지 임금)을 주는 '동일노동 동일임금 연대임금제'를 제도화하는 실천이 필요하다. '동일노동 동일임금 연대임금제'를 위해 청년들이 남녀의 성별이나 일베와 워마드 및 이대녀와 이대남을 떠나 헐벗은 동료시민으로서 서로 연민하고 연대해야 한다.[10]

---

10   채진원, "'이준석 돌풍'에 '586 세대교체론'으로 응답해야." 오피니언뉴스, 2021.
      5. 31.

따르릉 따르릉 비켜나세요,
이준석이 나갑니다 따르르르릉

부동산 문제는 '징벌적 과세주의' 중단,
소유 문제로 접근해야

부동산 이슈는 지난 4·7 보궐선거에 이어서 다음 대선과 지방선거까지 국민의 관심을 집중시키는 민감한 사안이다. 이에 정치권은 초당적으로 이에 대한 정교한 정책 제시가 필요하다. 정치권은 부동산 정책에 대해서도 '공화주의적 정책 정당'과 '중도실용 정당'의 입장에서 합리적인 정책 노선을 정립하여 제시해야 한다. 김종인 국민의힘 전 비대위원장의 '세금의 정치' 노선과 홍준표 의원이 20년 전에 제안했던 '주택소유제한 특별조치법'안을 참고하여 합리적인 안을 제시할 필요가 있다.

김종인은 2021년 5월 11일 《한겨레》 이세영 논설위원의 직격 인터뷰에서 '세금의 정치'에 대한 입장을 다음과 같이 밝혔다. "본질적인 문제부터 시정하고 시작해야지. 3년 동안 똑같은 방법으로 스물네 번 부동산 대책 내놓은 거 아니냐. 세금만 유일한 수단인 줄 알아선 안 된다는 거다. 세금 올리면 부동산 값은 더 올라간다. 세금은 항상 집값에 전가하게 돼 있으니까." 이런 김종인의 세금의 정치를 존중할 필요가 있다.

그렇다면 부동산 정책 기조에 대해 어떻게 대처해야 할까? 정공법으로서 바람직한 해법은 '징벌적 과세주의'를 멈추고, 대신 근본적인 특단의 정책 수단으로 2005년 7월

15일 홍준표 한나라당 의원이 제안한 '주택소유제한 특별조치법'안처럼 '성인 1인당 1주택 소유하기 범국민운동'과 같이 법적인 소유 범위를 정하고, 이를 넘어서는 주택은 유상으로 국가가 수용하는 등의 사회적 합의방식을 선택해서 문제를 풀어야 할 것이다.

정치권은 '징벌적 과세주의'가 아니라 소유 문제로 부동산 문제를 정공법으로 해결하기 위해 당시 홍준표 의원의 제안과 함께 반론으로 나온 '과도한 제한'에 대해 그가 어떻게 답했는지를 살펴보고 지혜를 배울 필요가 있다. 홍준표 의원은 2006년 5월 11일 《중앙일보》와의 인터뷰에서 다음과 같이 말했다. "'과도한 제한'이란 말은 현실을 모르고 하는 소리다. 인구의 5퍼센트가 주택의 60퍼센트를 소유하고 있는 것이 정상인가. 평당 3천만 원이 넘는 분양가가 정상인가. 그만큼 자원의 배분이 왜곡돼 있다는 말이다. 세제만으로는 해결이 안 된다. 세제 정책으로 투기가 근절되지 않는 것은 한마디로 세금 내고도 남기 때문이다. 이제는 이런 근본적인 처방밖에는 다른 방법이 없기 때문이다."

물론 홍준표 의원의 제안과 그의 반론은 논리적으로 옳을 수도 있지만 반대하는 의견이 있는 만큼 공론화를 통한 국민적 합의가 불가피하다. 이에 여야를 포함하는 범국민적 합의가 필요하기에 진성준 의원이 불쑥 꺼낸 '1가구 1주택 기본법안'처럼 국회 다수파의 논리로 밀어붙일 수 있

따르릉 따르릉 비켜나세요,
이준석이 나갑니다 따르르르릉

는 그런 사안이 아닌 것은 분명하다. 결론적으로 홍준표 의원의 제안처럼 '징벌적 과세주의'를 중단하고 근본적으로 소유 제한의 정공법에서 해법을 찾아야 한다는 원칙을 세워야 할 것이다. 주택 소유의 범위와 제한을 다룰 범국민적 합의기구를 국무총리 산하에 신설하여 운영해야 한다. 그 합의기구에서 아래로부터의 시민적 참여와 숙의적 공론장을 통해 '사회적 합의안'을 마련하는 것에서 출발할 필요가 있다.[11]

11   채진원, "부동산 해법, '징벌적 과세주의'에서 벗어나 정공법으로." 오피니언뉴스, 2021. 5. 1.

채진원
이준석의 공정론과 한국정치의 과제

국민개병제식 군대개혁

민주당 일부 의원들은 지방선거 참패에도 불구하고 선거 민심과 동떨어진 포퓰리즘적 대응을 보여주고 있어 우려된다. 이들은 지난 서울시장, 부산시장 선거에서 20대 남성들이 여당에 등을 돌린 걸로 나오자 이른바 '이대남(20대 남자)'을 다시 잡겠다고 '군대 포퓰리즘'을 꺼냈다.

모병제를 화두로 던진 박용진 의원, 군 가산점을 부활하자는 김남국 의원, 모병제를 서두르자는 권인숙 의원이 그들이다. 이들은 국민의힘 이준석 전 최고위원이 "민주당이 2030 남성의 표 결집력을 과소평가하고 여성주의 운동에만 '올인'했으니 이런 결과가 나온 것"이라는 주장을 수용한 것으로 보인다.

사실 그동안 모병제와 군가산점제 등은 청년층 표심을 잡기 위한 단골 메뉴였다. 그러나 20대 남성들이 여당에 분노하여 이탈한 이유가 과연 국방 문제 때문인지 의문이 든다. 이것을 숙고할 필요가 있다. 이런 '이대남' 호출 정책은 청년 분노나 불안에 대한 근본적인 고민과 진단 없이 표심 잡기로만 변질돼 20대 남녀 페미니즘 갈등을 부추기는 우를 범할 수 있다. 더욱더 이것은 연목구어식으로 원인 진단은 외면한 채 민심호도용 포퓰리즘 정책이 될 가능성이 크다.

2021년 7월 30일 여당의 부동산 입법을 비판하는 국회 연설에서 "그 이름이 오래도록 역사에 기억될 것"이라고 밝힌 윤희숙 국민의힘 의원은 자신의 책『정책의 배신』에서 "청년들을 희생시키는 정책을 남발해 586 기득권이 혜택을 입었다"고 지적한 바 있다. 그의 이런 지적은 당시 부동산 법안 발의자인 박주민 의원과 김상조 전 청와대 정책실장이 법 시행 직전 임대료를 대폭 올린 사실이 선거를 앞두고 발각되어 그의 말대로 "586 운동권의 청년세대 희생론"이 거짓이 아님을 입증시켰다.

병역 문제도 모병제나 징병제가 아니라 '국민개병제'로 운영될 필요가 있다. 국민개병제는 강제와 처벌이 아닌 자발적인 참여와 헌신, 애국심에 의해 운영되는 시민군대를 말한다. 영세중립국인 스위스도 '공화주의적 국민개병제'를 실시하고 있다. 우리가 스위스에서 가장 먼저 배워야 할 분야는 '안보'다. 스위스는 '중립'이 아니라 '자립自立'과 '자강自强'을 실천하고 있다. 제2차 세계대전 때 나치군은 스위스 침공 계획을 세웠다. 이에 스위스는 알프스 전역에 2만 3000여 개의 지하 요새를 구축하고 결사항전에 나섰다. 이를 본 히틀러는 침공을 포기했다. 스위스는 지금도 국민개병제를 유지하고 있다. 최근에는 핵전쟁에 대비해 3,500여 개의 지하 방공호를 설치, 유사시 전 국민을 수용할 수 있는 대비까지 갖췄다. 장철균 전 스위스 대사는 저서『스위스에서 배운다』에서 "스위스는 군대를 보유하고 있는 것이

아니라 스위스 자체가 하나의 군대"라고 했을 정도다.[12]

스위스는 주변에 프랑스, 독일, 이태리, 오스트리아 등 강대국이 있어도 여전히 영세중립국으로 전쟁과 분쟁에서 휘둘리지 않고 중립을 취하고 있는 강소국이다. 이런 스위스의 영세중립국의 원칙과 힘은 어디서 나왔을까? 게마인데[13]와 26개 주Kanton 중심의 주민자치의 전통에서 나온 "나라는 내가 지킨다"는 자결주의에서 왔다. 이 자결주의는 국민개병 제도를 통해 모든 시민이 전사라는 유비무환의 무장중립 원칙을 전통으로 하고 있다. 자결주의로 무장한 스위스 시민에 대해 히틀러도 투입비용 대비 아웃풋이 안 나오는 개미지옥 같은 존재로 보고 침공하지 못했다. 영세중립국을 지키는 스위스 시민의 자결무장력은 사대교린과 소중화의 전통, 한미동맹에 의존하는 우리와 비교된다.

우리가 시민의 자발적인 애국심에 기초한 '공화주의적 국민개병제'로 이행하기 위해서는 양심적 병역거부, 대체복무제 인정, 부당한 명령의 불복종 인정, 고위공직자의 병역헌신, 시민교육 제도화, 애국심 고취, 공익활동복무제 등

---

12   장철균, 『스위스에서 배운다』, 살림, 2013.

13   자치분권·지방분권 국가인 스위스는 2,200여 개나 되는 게마인데(기초단체·기초의회)가 있지만, 우리나라처럼 천편일률적인 자치·분권 정책을 도입하지 않고 있다. 게마인데마다 자체적 자치단체기본법 등을 제정해 해당 지역 주민에게 가장 도움이 되는 의결·발안·투표 등의 방식을 택하고 있다. 편집자 주.

을 인정하는 것을 통해 자발적인 시민적 애국심을 복원하는 데 역량을 집중해야 할 것이다.[14]

무엇보다도 징병제와 모병제, 그리고 공화주의적 국민개병제에 대해 폭넓은 비교 논의와 토론이 필요하다. 이번 기회에 정치권 모두가 모병제와 징병제에 대한 단점과 더불어 공화주의적 국민개병제가 민주공화국의 구현정신인 공화주의와 친화성이 있다는 점에서 그 운영 원리와 의미를 되새길 필요가 있다.

그렇다면 모병제의 단점은 뭘까? 자칫하면 군대가 자발적으로 정치에 참여하는 애국심을 지닌 '국민과 시민의 군대'가 아니라 '흙수저 빈민들만의 군대', 그리고 '관료주의와 금력에 조종당하는 국가주의적 군대'가 될 가능성이 크다는 점이다. 또한 모병제가 되면 국민의 정치참여의식이 약해질 수 있다는 점이다. 하나의 역설로 강제성이 있지만 '징집제'이기에 자식을 군대에 보낸 국민들이 전쟁, 외교, 안보, 복지, 예산 등 국가의 일과 정치에 관심을 갖는다는 점이다. 그런데 모병제로 바꾸면 시민들의 정치 무관심이 커지는 것은 당연지사다. 그리고 모병제가 되면 종전에 운영되던 300만 명의 예비군을 모을 수 없다. 전쟁은 현역 군인만으로 하는 게 아니다. 현역 군인 60만 명이 최선봉대

14   채진원, "586 기득권이 죽어야 청년이 산다." 뉴스1, 2021. 4. 28.

로서 시간을 끌며 300만 명의 예비군을 모아서 함께 싸우는 게 승리의 관건일 수밖에 없다.

국민개병제는 애국심을 가진 국민이 자발적으로 입대하는 병역 제도 방식이다. 법의 강제성을 통해 동원하는 현행 징병제를 자발적인 애국심을 갖는 '공화주의적 국민개병제'로 개선하여 정치와 국가의 일에 참여하는 시민전사로의 덕성을 지킬 필요가 있다. 그리고 군 입대에서 불공정하게 빠지는 고위층 자제들을 제대로 군대를 가게 만드는 게 중요하다. 남북교류와 협력확대로 긴장을 완화하고 복무기간을 16개월로 줄여 군 입대 회전율을 높이는 게 중요하다. 특히 사회 전반의 불신 구조가 되고 있는 비정규직 임금 격차를 해소하기 위해 청년들에게 "동일노동 동일임금 연대임금제"를 제공하여 해외로 이민을 가지 않고, 모병제나 징병제를 하지 않아도 자발적으로 대한민국의 소속감, 애착심, 애국심을 갖도록 하는 게 중요하다. 강한 군대는 징병제나 모병제가 아니라 '공화주의적 국민개병제'라는 점이다. 전제 왕정을 전복하고 시민들이 자발적으로 만든 군대가 민주공화국 군대의 시발점이다. 근대 시민혁명의 원조인 미국과 프랑스가 공화주의적 국민개병제의 기원이다.

미국도 베트남 전쟁 이후 징집제를 중단하고 해외파병은 모병제로 운영하고 있지만, 내전 등의 상황에 대비하여 원칙적으로 '선발징병시스템Selective Service System, SSS'

따르릉 따르릉 비켜나세요,
이준석이 나갑니다 따르르르릉

을 유지하고 있다. 하지만 우리는 역사를 통하여 군대의 중요성을 제대로 인식하지 않았기 때문에 무수한 외침을 받았고, 국권을 수차례 빼앗겼으며, 영토를 축소시켜왔다. 시민의 자발적인 애국심에 기초한 '공화주의적 국민개병제'가 오늘날 우리에게 제대로 전승되어 운영되지 못하고 있어 안타깝다.

여러 이유가 있지만, 그 핵심은 군사정권이 자신의 정권 유지를 위해 군대를 사적으로 이용하거나 고위공직자들이 군대 복무를 회피하면서 공화주의 정신과 시민적 애국심을 약화시켰기 때문이다. 이런 상황은 군대의 권위와 명예를 심각하게 실추시켰다. 공공성에 대한 헌신과 자발적인 참여보다는 의무와 상명하복으로 운영되면서 각종 사고를 내는 약한 군대를 만들었다.[15]

---

15   채진원, "586 기득권이 죽어야 청년이 산다." 뉴스1, 2021. 4. 28.

채진원
이준석의 공정론과 한국정치의 과제

270

미국식 예비경선제 법제화

이준석 당대표의 중요한 과제 중 하나는 '공정한 대선 관리'다. 공정한 경선 규칙을 보장하고, 민심을 최대한 반영하는 것이 매우 중요하다. 공정한 방식이 아니라면 당 밖의 대권주자들이 국민의힘에 들어오는 것을 꺼릴 수밖에 없다. 이준석 대표가 윤석열 전 총장 입당을 촉진시키기 위해서라도 윤 전 총장에 불공정한 대선경선 룰을 공정하게 바꾸는 게 필요하다. 현행 대선 경선 룰은 선거인단(당원) 투표 50퍼센트, 여론조사 50퍼센트를 합산하고 있는데, 이것은 민심보다는 당심을 대변하게 될 가능성이 높기에 윤석열 전 총장에게 불리한 방식이다. 따라서 국민의 목소리가 더 많이 반영되는 100퍼센트 완전국민경선제로 바꾸고 이를 여야 모두가 수용하도록 법제화할 필요가 있다.

사실 당권 경쟁 과정에서 이준석 신임 당대표를 '유승민계'로 분류하고 당선될 경우 향후 대선 경선을 공정하게 관리하지 못할 것이라는 주장이 제기된 바 있다. 이것을 의식한 듯 유승민 전 의원은 언론과의 인터뷰에서 "이준석 후보가 선출되면 사적인 대화를 모두 끊겠다"고 공언하기도 했다. 또한 일부 친유승민계 인사들은 당직도 고사하고 있는 것으로 알려져 이 대표의 부담은 다소 완화될 것으로 보인다.

이준석 대표는 공정한 경선 관리에서 가장 중요한 것

은 '공정한 공천방식'을 채택하는 데 있다는 것을 주의해야 한다. 이번 당대표를 뽑는 '경선 룰'(당원 투표 반영비율이 70퍼센트이고 국민여론 비율이 30퍼센트)에서도 일정한 문제점이 드러났듯이 민심과 당심이 충돌하지 않고 민심에 따라 당이 움직이도록 하는 방식을 찾는 것이 중요하다.

공천 방식을 상향식 공천으로 민주화하고 시민들이 참여할 수 있도록 개방화하는 문제는 국민의힘만의 문제가 아니라 여당을 포함한 정치권 모두의 문제다. 당이 '태극기부대' '대깨문' 등 특정한 강성 지지자들에 포획되어서 민심과 당심이 분리되면서 결과적으로 민심을 왜곡하는 훼손된 정당민주주의를 바로 세우기 위해서는 미국식 예비경선제에 기반한 국민경선제가 빨리 법제화될 필요가 있다.[16]

---

16 채진원, "송영길의 '당주도의 당청관계'가 성공하려면." 오피니언뉴스, 2021. 5. 16.

준스토노믹스: 공정한 경쟁이 자본주의적 정의다

이
한
상

고려대 교수

이준석은 친기업, 친재벌에서 벗어나
친시장, 친자본주의로 나아갈 수 있을까.
이준석의 기업관은 기업의 최우선 과제는
수익성이라는 주주자본주의적 관점이다.
그러나 지금은 기업이 사회의 공공선을
달성하고 환경과 사회적 책임을
완수해야 하는 시대다. 이준석은 기업을
더 공부해야 한다.

이 글의 목적은 2022년 집권 여당이 될 가능성을 가진 정당 '국민의힘' 당대표로 선출된 1985년생 이준석의 말과 글의 기록물을 토대로 한국 경제에 대한 그의 생각을 분석하고, 그의 잠재적 영향력을 고려하여 그가 주장하는 '공정한 경쟁'과 관련한 경제 정책을 조언하는 것이다. 글의 순서는 다음과 같다. 우선 이준석과 강희진의 대담집(이준석·강희진, 『공정한 경쟁: 대한민국 보수의 가치와 미래를 묻다』, 나무옆의자, 2019년) 및 최근 언론 인터뷰를 통해 드러난 그의 경제관과 정책을 요약한다. 이를 토대로 이준석의 경제관 및 경제 정책의 강점과 약점을 분석한다. 마지막으로 조언을 제시한다.

1. 준스토노믹스 경제 철학 및 경제 정책

경제의 보수와 진보

이준석은 앞서 언급한 책『공정한 경쟁』에서 경제에서 보수와 진보를 가르는 것은 "경제의 원칙을 성장에 둘 것인가? 분배에 둘 것인가?"라는 견해를 밝힌다.

지금은 성장 담론의 시간

6월 11일 당대표에 당선된 이준석은《한국경제신문》과의 인터뷰를 통해 "기업규제 3법(상법·공정거래법 개정안, 금융복합기업집단감독법) 등 김종인식 경제민주화 정책에 대해 동의하지 않"으며 "공정한 기회를 통해 경쟁할 토대만 조성된다면 (승자 독식의) 성과 배분도 공정"하다고 밝혔다. 이어《펜앤마이크》와 가진 회견에서 그는 "경제민주화라는 것이 분배 담론"인데, "사람마다 다른" 의미로 사용하며, 이제는 성장 담론이 나올 시기이고, 이를 위해 노동유연화를 확보하는 대신 사회안전망을 강화해야 한다고 주장했다.

분배 담론의 철학 비판

그는 문재인 정부를 비롯한 좌파, 진보 정권의 평등 추구 철학에 회의한다. 좌파는 평등의 가치를 중요시하여 "약

따르릉 따르릉 비켜나세요,
이준석이 나갑니다 따르르르릉

자에게 이런저런 구실을 만들어 정치적으로 경제적인 보증을 해주"는 것이 공정한 경쟁이라고 하지만, 그것이 오히려 심각한 불공정을 낳고, "우리가 추구하는 가치는 자유"이고 "공정은 그 위에서 하는 달리기 게임"이라고 주장한다.

문재인 정부 정책 비판

이준석은 소득주도성장의 핵심인 "최저임금은 임금 구조의 왜곡"을 일으키며, 성장 이론으로 포장된 분배 정책에 불과하다고 혹평한다. 문재인 정부는 혁신 성장을 떠들지만 내용이 빈약하고, 정부가 만드는 일자리는 배분의 공정성이 문제되며, 지속가능하지도 않다고 주장한다. 공공부문의 비대화를 지적하며 "동사무소에 사람을 더 뽑고 있는데, 맥도날드에는 키오스크 주문기가 들어오고 있다, 햄버거와 등본의 차이가 뭔가?"라고 묻는다.

성장을 위한 규제 완화

그는 규제 완화를 통한 일자리 창출을 성장 정책의 중요한 길로 파악한다. 그는 사업 잘하고 있는 비트코인거래소에 갑자기 정부가 '거래소는 도박장'이라고 하는 식으로 우리나라에 공무원의 규제가 너무 많다고 파악한다. 대안으로 네거티브 방식('블랙리스트 방식'이라고 표현)으로 진화하여 하면 안 되는 것 빼고 다 허용해주자는 입장이다. 박근혜, 문재인 모두 규제를 철폐하겠다고 했지만, 공무원들의 사적 이익 보호라는 장벽을 넘어서지 못했으며, 유승민 의원이 박근혜 정권과 거리가 멀어진 것도 '시행령 정치를 그만두라'는 규제 완화 이슈 때문이었다고 술회한다. 카지노까지 허용한 싱가포르의 성장 전략을 언급하면서, 그는 돈 많은 사람들의 선택적 의료인 영리병원을 막는 것과 같은 도덕주의적 국가 운영을 폐기해야 한다고 주장한다. 또한 네덜란드 KLM의 에어프랑스와의 합병을 언급하며 국수주의적 태도를 버리고 자본 유치에 나설 것을 촉구한다.

산업 정책

이준석은 개방화와 국제 분업이 대한민국의 살 길이며 정부는 공공자산의 공유(예를 들면 KBS의 예전 화면 자료) 및 데이터 구입 허용(예를 들면 서울시내 공기의 품질 정보) 등을 통해 젊은이들이 일자리를 스스로 만들 수 있는 마중물이 되어야 한다고 주장한다. 수입대체 전략(굳이 안 되는 플랫폼 구축) 대신 콘텐츠에 집중해 돈을 벌고, 플랫폼 구축은 게임처럼 되는 분야에 집중하자고 한다. 이준석은 자본집약적 방식을 통한 생산성 향상을 혁신의 근원으로 파악하고 있다. 이마트나 쿠팡처럼 자본으로 무장한 기업은 외국과 경쟁해서도 이기니 글로벌 경쟁에 맡겨놓자는 논리다. 그러나 혁신 산업과 관련하여 '타다'의 시장 진입에는 공정

따르릉 따르릉 비켜나세요,
이준석이 나갑니다 따르르르릉   279

경쟁 평등의 원칙을 이유로 부정적이었다.

조세-재정 정책

이준석은 부가가치세 감면 등을 언급하며 감세가 효과적인 가처분소득의 증가로 이어질 수 있다는 입장이다. 그러나 감세라는 일반 원칙 이외의 구체적 세제개편안에 대한 언급은 없다. 마찬가지로 공공부문이 비대하다는 말은 있지만 재정 정책의 운용 방향에 대해서도 특별한 언급은 없다.

금융, 자본시장, 기업 거버넌스

그는 금융과 자본시장 정책에 대한 특별한 언급은 하지 않았다. 마찬가지로 기업 거버넌스 문제도 특별히 언급한 바가 없다. 다만, 하버드 대학 재학 중 아프리카 수단의 인종 갈등 지역을 지원하는 중국 기업 시노펙에 대한 하버드 기금의 투자를 철회하라는 학생들의 주장을 예로 들며, 기금의 목적은 수익을 얻어 장학금을 주는 것이 목적인데, 착한 기업에 투자해 수익을 낼 수 없어 학생들이 장학금이나 복지 혜택을 받을 수 없다면 또 다른 문제라고 지적한다. 마찬가지로 국민연금이나 특정 기금은 수익성 우선으로 투자되어야지 다른 사회적 목적을 고려하면 안 된다는 입장을 견지한다.

복지 정책

이준석은 공정한 경쟁 및 노동시장의 유연화는 결국 사회안전망의 확충을 요구하기 때문에 실업급여 지급 등을 좀 더 적극적으로 추진해야 한다고 본다. 기본소득의 경우 복지의 대안으로 고려할 수 있지만, 그 경우 기존의 복지 프로그램은 손대야 한다고 파악한다. 다만, 4차산업 혁명에 따라 기계가 대체할 수 없는 전문성이 줄어들어 AI나 휴머노이드가 일자리를 뺏는 경우, 창출되는 부를 기계를 만든 사람의 몫으로 할지 국민에게 배분할지는 국민적 논의에 맡기자고 한다.

청년-여성 대책

그는 청년 대책이나 청년 일자리를 따로 만들 필요가 없다고 주장한다. 기업의 숫자가 늘어나면 전 계층이 고르게 취업하며, 따라서 나이로 일자리를 구분하는 것보다는 지식노동자가 아닌 육체노동자들도 참여할 수 있는 인프라 건설 등이 효과적일 것이라고 주장한다. 그는 부동산 거품이 가처분소득을 낮추는 주요 요인이며, 직장도 없는 청년들을 결혼해라, 출산하라는 별도의 정책은 무책임한 정책이라고 일갈한다. 저출산과 관련한 노동 문제는 여성의 사회 진출, 이민자 유입으로 해결할 수 있다는 입장이다.

2. 준스토노믹스의 강점과 약점

위에서 살핀 것처럼 이준석은 분배보다는 성장에 방점을 찍는다. 이 글을 쓰는 2021년 7월 1일 현재, 공정한 분배를 강조하는 더불어민주당에서 출마 선언을 할 이재명 경기도지사가 '성장'을 강조하겠다는 의견을 피력할 만큼, 시대의 흐름은 성장 우선으로 가는 것으로 보인다. 이준석은 성장책으로 규제 완화, 감세, 노동유연화, 개방화와 국제 분업, 해외자본 유치를 제시한다. 이러한 바탕 위에 공정한 경쟁이 이루어진다면 사회의 후생이 증가할 것이며, 이 과정에서 낙오자를 사회안전망으로 보호하고, 장기적으로 기술특이점 도래로 생기는 일자리 파괴에 대해서는 기본소득 등을 논의해볼 수 있다는 생각이다.

개방화와 공정한 경쟁

이준석의 별명인 준스톤과 이코노믹스를 합한 준스토노믹스는 우파 정치인들의 평균적인 경제정책을 크게 벗어나지 않는다. 예를 들면 성장을 강조하는 그의 경제 정책관은 국민의힘의 전신인 자유한국당이 문재인 정부의 소득주도성장론에 대항하여 만든 경제 정책인 '민부론'과 기조를 같이한다. 참고로 민부론은 국가 주도의 관치, 통제 경제에서 시장 중심의 민간, 자율 경제로 이행하며, 노동시장을 유연화와 적재적소의 선별 복지를 그 근간으로 하고 있다.

별도의 청년실업 대책이 없다는 점, 노동유연화, 병원 영리화 허용 등 준스토노믹스의 많은 부분은 민부론과 그 궤를 같이하고 있다. 그럼에도 준스토노믹스가 국민의힘 및 그의 전신 정당들의 경제 정책과 차별되는 강점은 두 가지로 요약된다. 개방화와 공정한 경쟁이다.

개방을 통한 해외자본 유치 및 글로벌 경쟁은 박정희 정부 이래로 국민의힘 전신 정당들이 국내의 산업자본을 보호하기 위해 견지한 국수주의적 태도와 비교되는 강점이다. 이는 이준석의 해외 유학 경험은 물론, 선진국 시민으로 자라 한국 기업들의 글로벌 성장 경험 및 최근 글로벌 플랫폼을 이용하여 세계적으로 성공한 한국 문화 비즈니스를 목도한 그의 세대가 가진 자신감의 표현으로 이해할 수 있다.

다른 하나는 이준석의 트레이드마크가 된 '공정한 경쟁'의 강조다. 국민의힘과 그 전신인 정당들의 경제 정책은 경쟁보다는 기존 사업자의 질서를 옹호하는 정책, 즉 친자본 정책이 아니라 친기업, 친회장 정책을 펴왔다. 이러한 점에서 미국식 시장의 경쟁 질서를 이상으로 가지고 있는 이준석의 등장은 유력 기성사업자가 관료와 동맹을 맺고 새로운 혁신을 방해하는 한국의 경제에 새로운 활력을 가져다줄 수 있을까 하는 기대감을 준다.

그러나 넷플릭스의 인사 원칙이 언급하는 것처럼 누군가가 추구하는 진정한 가치는 그 사명이나 비전 선언 같

따르릉 따르릉 비켜나세요,
이준석이 나갑니다 따르르르릉

은 말잔치가 아니라 구체적으로 어떻게 행동하는지를 통해 드러난다. 그러한 점에서 이준석이 그간 보여준 몇 가지 행동은 그가 말하는 공정한 경쟁의 의미가 무엇인지 그리고 무엇을 위한 것인지 의문을 제기한다.

타다와 공정한 경쟁의 의미

우선 '타다' 논쟁이다. 알려진 바에 따르면, 그는 2019년 초 택시기사 면허를 취득한 후, 노원구 소재 택시회사에서 주 6일, 하루 12시간씩 두 달간 일한 바 있다. 언론에 따르면, 이준석의 행보는 단순한 민심 탐방이 아닌 '타다' 등 새로운 플랫폼과 택시산업이 충돌하는 사회적 갈등의 현장에서 산업 구조를 학습하는 것이 목적이었다고 한다. 그는 이후 타다와 관련한 검찰 기소시 '타다'는 새로운 혁신이 아니며, 공정한 경쟁을 하고 있지 않다는 취지로 택시업체의 편에 선 것으로 알려졌다. 주장의 핵심은 타다가 택시에 비해 기술적, 편의적 우위가 없으며, 유일한 차이는 라이선스 비용을 치르지 않고 경쟁하는 것이기에 그것은 평등의 원칙에 위배된다는 것이다. 수십 년간 정부가 라이선스로 보호해서 형성된 기존의 질서를 파괴하지 말라는 것이다.

그러나 그는 택시면허권 시장 자체는 공정한가라는 원론적 문제에는 답하지 않는다. 택시면허, 특히 개인택시 면허를 정부가 제한해 개인택시 면허를 얻고 싶은 사람들이 편법으로 지급하는 '권리금'이 서울의 경우 8천만 원이다. 이 권리금은 사우디 근로자 유입에 대한 과거 정부의 노동 대책 등으로 무상택시 면허가 대량 발급된 후, 정부가 공급 관리로 인위적 면허발급 중지라는 규제를 통해 생성된 것이다. 이 '권리금'은 당장 정부가 소비자를 위해 개인택시 면허 발급을 재개하면 0원으로 수렴할 금액이다. 이 권리금과 정부의 공급 제한이라는 보호 울타리와 요금 인상 제한을 맞바꾼 것이 택시생태계다.

이준석은 정부가 요금 제한을 하고 보조금으로 연명하는 현 시스템에서는 가격이 낮으니 서비스의 질이 나쁜 것은 어쩔 수 없다는 입장이다. 타다의 입장은 더 비싼 원가를 들여 더 비싼 가격을 받아 더 좋은 서비스를 해 경쟁을 하겠다는 것인데, 이준석은 여러 방송 출연을 통해 타다의 비가격 경쟁(깨끗한 차, 좋은 서비스, 배차 기술)은 유의미한 차별점이 아니라고 주장한다.

이러한 그의 태도는 그가 밝힌 규제 완화 원칙, 즉 위법이 아니면 새로 등장하는 서비스를 막지 말라와 불협화음을 만들어낸다. 또한 '평등의 원칙'이라고 말한 공정한 시장 경쟁의 목표가 도대체 무엇인지에 관해 의문을 남긴다. 소비자의 후생증진이 목표가 아니라 기존 사업자의 라이선스, 즉 진입장벽을 보호하기 위한 사업권자의 기존 이익이 더 중요한 것인가? 또한 이 문제를 만들어낸 정부의 책임을 논의하지 않는 것이 타당한가? 이는 공정의 문제가 아니라 시장경제의 기본원리 문제다. 이 논리대로라면 정부보조금 받아 등록금이 싼 공립학교의 교육의 질은 낮은 것이니, 더 높은 원가를 들여 비싼 등록금을 받겠다는 사립학교는 불공정 경쟁으로 시장 진입이 불가능하다. 게다가 사실상 공립이나 사립이나 별반 차이가 없다는 논리다. 결국 공정한 경쟁은 누구를 위한 것인지 궁금하다.

김종인의 경제민주화와 공정한 경쟁의 의미

이준석은 대담집에서 살아 있는 사람 중에 가장 중요한 멘토로 김종인을 꼽았다. 그리고 그는 당대표 경선 과정에서 기회가 되면 김종인을 다시 당에 불러들일 수 있음을 내비쳤다. 그럼에도 불구하고 그는 2021년 6월 14일 언론 인터뷰를 통해 김종인의 경제민주화에 동의하지 않는다며, 2020년 말 개정 통과된 공정경제 3법(상법·공정거래법·금융그룹감독법)을 예로 들었다. 이에 대해 보수 언론과 경제지는 재계의 기대감을 그대로 전했다. 이를 두고 김종인은 6월 17일 KBS의 〈사사건건〉에 출연해 이준석 대표가 경제민주화에 대해 세부적으로 공부할 기회가 없었기에 잘못 이해하고 있을 것이라고 반박했다.

김종인이 주장하는 경제민주화는 무엇인가? 김종인이 국민행복특별위원회 위원장 자격으로 박근혜 후보의 대선

운동을 하던 2012년 11월 펴낸 『지금 왜 경제 민주화인가』를 통해 개념을 파악할 수 있다. 독일에서 공부한 그는 질서자유주의ordoliberalism라는 개념에 입각해 경제민주화를 "지나친 탐욕을 억제해 특정 거대 경제 세력이 시장을 지배하는 구조를 차단함으로써 시장 전체의 효율을 높이는 것"이라고 파악한다. 한국적 상황에서 이는 재벌의 경제력 집중을 방지하고, 공정 경쟁을 추구하자는 총론이다. 각론으로는 공정거래법의 엄정한 준수, 노조의 경영 참여, 양극화 해소 등이 개념이 제시되나 구체적이지는 않다. 대한민국의 경제력 집중 문제는 비단 기성의 산업재벌뿐만 아니라, 다음, 카카오 등 신규 거대 기업의 예에서와 보듯 작은 시장 규모와 네트워크 효과에서 오는 자연스러운 부분이 있다. 또한 김종인의 경제민주화는 재벌 문제 해결 만능론의 연장선상에서 지금까지 땜질식으로 뒷북을 치며 개정되어 실패한 공정거래법, 세법, 상법 개정 이상의 구체적, 절차적 비전을 보여주지 못하고 있다. 2020년 11월 《월간조선》의 '심층 취재: 김종인의 경제민주화 대해부'의 부제는 '각론이 없다'였을 정도로, 그는 '대통령의 의지' 등의 요소를 강조할 뿐 경제민주화 하면 모든 이가 떠올릴 분배의 각론 (기본소득론 당론 채택은 예외)과 절차에 대한 업데이트는 제시하지 않고 있다.

그래서 김종인식 경제민주화에 동의하는 것이 아니라

는 이준석의 언명이 무엇을 의미하는지 명확하지는 않지만, 그가 반대하는 것으로 알려진 2020년의 공정경제 3법을 통해 유추해보자면 그는 재벌 규제를 통한 경제력 집중 완화를 김종인식 경제민주화의 핵심으로 이해하고, 이에 대해 기업 경영에 대한 지나친 간섭과 규제가 싫다는 재계의 일반적인 시각을 유지하고 있다고 보인다.

문제는 공정거래위원회가 2021년 6월 24일 삼성전자 등 네 개 삼성 계열사와 더불어 과징금 처분을 내린 삼성웰스토리의 경우에서처럼, 한국의 거대 기업들은 지배주주의 이익을 위해서라면 임직원들의 식사비를 가로채서라도 공정한 경쟁과는 거리가 먼 행동들을 일상적으로 하고 있다는 점이다. 공정경제 3법의 경우도 이준석이 모델로 삼는 미국의 분산된 소유 구조의 회사에서라면 생기지 않을 독특한 한국적 지배주주-비지배주주의 갈등과 한국형 '오너' 경영의 문제를 해결하기 위한 법 개정 사항이었으나, 그 속내를 보면 법 개정으로 인한 실질적인 거버넌스 개선 기대 효과는 미미한 수준이었다. 그래서 이준석이 공정경제 3법에 반대하는 이유가 궁금하다. 만약 그가 대기업들의 주요 반대 논리로 제시된 '외국계 사모펀드 등이 기업 경영 간섭 및 시세차익 등을 노리고 기업 이사회에 진입할 것'이라는 논리에 동의해 반대했다면, 이는 그의 지론인 국제화, 개방화, 국수주의를 버리고 해외 자본을 유치하자는 모토에 정면으로 반하는 것이다. 그도 아니라면, 기업 지배구조 개선을 위해 투자자가 나서는 미국적 거버넌스 모형에 반대하는 것이다. 두 경우 다, '공정 경쟁'과는 거리가 멀다.

3. 자본주의적 정의로서의 공정한 경쟁

이준석의 경제 과제를 생각해본다. 이준석의 최대 강점은 선진국 국민으로 자라 부채가 없다는 점이다. 그는 실력도 없이 족보 장사를 해야만 권위를 유지할 수 있었던 기성 좌, 우와는 확연히 다르다. 과거를 직시하되 부끄러운 역사도 담담히 내 것으로 받아들이고 모든 과거에서 배울 점을 찾는 현명함과 용기를 보여주었다. 박근혜 대통령이 발탁했지만, 민주주의와 공화주의의 관점에서 박근혜 대통령의 잘못된 점을 올바르게 지적하고 탄핵의 정당성을 '보수의 심장' 대구에서 외쳤다. 이어 그는 광주에서 새 세대인 자신에게는 광주민주화운동이 한번도 '사태'나 '폭동'이 아니었고, 대한민국의 민주화의 가장 상징적이며 처절했던 시민들의 저항이라고 쐐기를 박았다. 이미 이전에 부정선거를 주장하던 극우들과 정치적 손해를 감수하면서도 결별한 그는 '노무현 장학금' 사진을 들고 봉하 마을을 찾아가 "노 전 대통령 폄훼를 막겠다"며 통합을 얘기했다. 그러한 점에서 그는 중도가 가지고 있던 보수에 대한 모든 부정적 선입견을 깨며 성장하고 있다.

그러한 점에서 그가 주창하는 철학의 핵심인 '공정한 경쟁'이 '준스토노믹스' 경제 철학에도 적용되어 보수 정당을 개혁할 수 있을까 궁금하다. 필자가 2019년 《서울신문》의 한 칼럼에서 지적한 좌와 우의 경제 운용의 문제점은 다음과 같다.

"좌와 우, 보수와 진보 모두 나침반을 상실했다. 경제를 예로 들자. 고도의 자본주의를 경험하지 않은 선진국은 없다. 좌파? 자본주의도 제대로 해보지 못한 처지에서 신자유주의 타령이다. 자본주의 사용법, 즉 정책 수단에 대한 이해가 없다. 틈만 나면 법과 행정명령으로 경제 주체의 행위를 제약하고 불확실성을 높일 뿐이다. 자칭 우파? 공정한 시장경쟁을 통한 소비자의 후생 증가가 자본주의의 꿈이다. 그러나 이들은 실상 시장과 소비자는 안중에 없다. 그저 친기업 활동으로 곁불을 쬐려 할 뿐 선진국 도약의 필수 아이템인 자본시장과 기업 지배구조 선진화 논의에는 정작 정색한다. 이 둘은 가끔씩 뭉친다. 변화와 혁신, 구조조정의 필요에 한쪽은 기성 노동을, 다른 쪽은 기성 자본을 지키려는 이해가 일치할 때. 결국 새로운 기회는 사라진다."

대구에서 탄핵의 강을, 광주에서 민주화항쟁의 강을, 봉하에서 통합의 강을 건넌 이준석이 마지막으로 건너야 할 강은 자본주의적 정의인 공정한 경쟁이 보장되는 경제다. 과연, 이준석은 친기업, 친재벌, 친회장의 외피를 쓴 부실한 K-자본주의를 친시장, 친자본주의로 한 단계 더 진전시킬 수 있을까? 필자가 올해 1월 중순 삼성준법감시위원회에 초청 받아 조언한 내용을 전해주고 싶다. 보수 정당은 한국의 산업화 과정에서 한국 경제의 빠른 질적·양적 성장을 위해 재벌을 하위 파트너로 삼아 전략적 산업 정책을 폈고, 부족한 자금은 실질적 마이너스 금리로 우선 배정해 재벌기업들을 성장시켰다. 실패가 발생하면 이 부분을 성공한 재벌에게 인수시켜 국가적 위험 관리를 했다. 시장이 아닌 국가의 프로젝트 관리는 과잉투자와 중복투자로 몇 차례의 국가적 경제 위기를 불렀고, 1990년대 말 외환위기 이후 국제금융 세력은 자본 이득을 위해 더 이상 이들 재벌과 국가의 명시적 파트너십을 용인하지 않았다. 이후 세계적 분업질서와 국제금융 시장에 잘 적응한 일부 재벌은 초일류기업으로 성장했다. 산업화 과정에서 경제 권력을 넘어선 사회적 지위를 의미하는 한국형 경영권, 그리고 그러한 경영권을 가족 내에서 승계하는 것을 국가가 눈감아주었으며, 이 과정에서 보수 정당과 거대 기업의 암묵적 이해관계가 형성된다. 하지만 점차 자본시장을 중심으로 하는 영미식 기업지배 구조가 모범규준이 되면서 재벌의 소유 및 지배 구조와 커다란 불협화음을 잉태했고, 한국형 재벌지배 구조는 불법승계는 물론 내외부 견제장치의 무력화, 경제력 집중, 부당한 내부거래를 통한 재벌 가문의 사익편취를 방조한다는 비난을 받게 된다.

그러나 우리나라 사람들이 재벌에 대해 가지고 있는 반감은 단순히 반기업 정서라든지 아니면 무소불위의 행태 때문이 아니다. 자본주의적 정의가 지켜지지 않는 것에 대한 시스템에 대한 불신이 크다. 전근대사회에서 생산 수단, 주로 토지라는 자본은 소수의 세습특권층이 가지고 있었다. 전근대사회에서는 인격과 노동력이 분리되지 않았고, 알랭 드 보통의 『불안』에서 언급된 것처럼 사람은 자신의 운명에 순응하고 살아 커다란 불만이 없었다. 그러나 자본주의사회가 도래하고 생산수단을 자본가가 소유하지만 인격은 노동력과 분리되고, 자본가는 계약을 통해 노동자로부터 노동을 사지만 인격적으로 지배하지 못하는 사회가 된 후에는 능력주의 프레임에 따라 개인이 성공하지 못한 이유가 개인의 탓이 되어, 개인은 오히려 더 불행해진 측면이 있다. 이 불행의 근원은 생산수단을 노동력을 가진 개인이 소유하지 못하면 나는 왜 타인을 위해 노동력을 소모하는 존재인가라는 인간소외 문제다. 다행히도 자본주의 사회의 긍정적인 측면은 누구나 원하면 물적 토대의 상장 주식회사의 주식을 사 자본가가 될 수 있다는 점이다. 이러한 점에서 양극화 등 많은 경제 문제들은 국민들 모두가 자본을 획득하는 방식, 모두가 회사의 주인이 되는 방식으로 해결될 수 있다.

개인이 생산수단인 기업의 주식을 소유하게 될 때, 자본주의적 정의란 무엇인가? 나심 탈레브의 말을 빌리면 "권한과 책임, 위험과 보상이 비례해야 한다"는 것이고, 이것이 기업이 운영되는 원칙(거버넌스 구조)의 핵심이 되어야 한다. 만약 위험을 타인에게 전가하고 이익(보상)만 전유하려는 세력이 있다면 그들이 자본주의 최대의 적이며 암적인 존재다. 자본주의는 신분제를 폐지하고 위험의 선택과 그 결과를 의사결정자가 감수하도록 만든 시스템이며 생산력 혁신의 근본이다. 중국과 같은 공산주의는 자원배분 권한을 공산당이 가지지만 그 결정이 오류일 경우 발생하는 위험을 공산당은 결코 부담하지 않고 모든 위험이 인민에게 전가되는 시스템이다.

영미 국가들의 기업은 많은 기관투자자들과 소액주주에게 분산 투자되어 기업 경영진이 투자자를 동업자로 여기는 반면, 독특한 성장 경로에 따라 지배주주 가문이 존재하는 한국의 대기업은 소수의 지배 주주들이 다수의 비지배 주주를 착취하여 자본을 영속적으로 유지하려는 유인이 있다. 그리고 지금까지 보수 정당은 이들과 이해관계를 공유하고 있다는 의심을 사고 있다. 지금까지의 보수 정당과 거대 기업의 대변인들은 주식 투자는 투기이며, 주식시장은 작전세력의 온상이고, 금융자본은 탐욕의 화신일 뿐이라고 주장한다. 공정경제 3법과 같은 기업지배 구조 개선 노력을 폄하하고, 기업 거버넌스를 지배 계급에게 유리하게 유지하고, 국민들이 생산수단을 소유하고 최고의 경영진이 최고의 성과를 내 생산성을 극대화하겠다는 생각 자체를 버리도록 한다. 이를 위해 등장하는 논리가 회사는 주주의 것이 아니라 회사 자체의 것이고, 이사는 주주 전체를 위해 일하는 것이 아니라 회사를 위해 일한다는 논리라는 비판인데, 이러한 논리는 공산당의 논리와 놀랍도록 흡사하다.

시스템 구조상 위험과 보상이 괴리되면, 즉 권한과 책임이 따로 놀면 그 권한을 특정인을 위해 남용하고 이익(보상)을 강탈(수탈)하는 것이 가능하고, 이는 자원 배분의 시스템의 문제로서 소득분배 정책으로는 절대 해결할 수 없는 자본주의의 근본 문제가 된다. 따라서 생산수단을 일부 계급이 전유하거나 자원 배분의 독점 권한 및 면책특권, 즉 K-경영권 따위를 세습하면서 소득을 분배하겠다, 복지국가를 만들겠다, 기본소득을 도입하겠다는 식으로 떠드는 자들은 사기꾼들이며, 이 상태로 한국 문명의 진보는 불가능하다.

따라서 과연 이준석이 친기업, 친재벌의 스탠스에서 벗어나 친시장, 친자본주의로 나아갈 수 있을까는 매우 관심을 불러일으키는 관전 포인트다. 따라서 이준석 대표는 김동관 한화솔루션 대표를 '형'이라고 부르는 등 오해를 살 만한 소지를 줄여나가야 한다. 일부 정적들은 그의 하버드 대학 진학 에세이가 삼성의 서울과학고등학교 컴퓨터 기부에서 비롯되었다며, 삼성 장학생과 같은 음모론을 펴고 있기 때문에 특히 재계와의 관계 설정에 특별히 유의할 필요가 있다. 또한 이준석 대표의 기업관은 기업의 최우선 과제는 수익성이지, 사회적 목적이나 착한 기업 등이 되는 것이 아니라는 주주자본주의적 관점으로 파악된다(앞선, 하버드 기금 사례 참조). 그러나 지금은 기업은 사회의 공공선을 달성하는 공기이며, 그 과정에서 이해관계자들의 이해에 복무하고 환경과 사회적 책임을 완수해야 한다는 ESGenvironmental, social and governance, 기업의 환경, 사회, 지배 구조 시대다. 그러한 관점에서 지금 막 경제 문제와 경제 정책에 관심을 가지고 여러 가지를 챙겨 보고 있을 그에게 자본주의적 정의의 핵심 기제인 기업에 대해 더 공부를 하고, 기업이 사회의 공공선으로서 우리가 당면한 많은 문제를 해결할 수 있도록 그 거버넌스와 사회, 환경책임 문제를 더 고민하기를 기대한다. 결국은 성장도, 일자리도, 배분의 문제도 기업의 바른 성장을 통한 주주, 이해관계자, 사회 및 환경에의 기여에 달려 있기 때문이다.

이준석,
무능해도 괜찮아

홍희경

서울신문 기자

이준석은 기성 정치에서 배제된 지점에서
시작하면 된다. 그가 무능력해지는 지점이
정치교체를 노리는 세대가 준비해야 할
지점이다. 그가 굴복하는 지점이
다음 세대가 성찰해야 할 지점이다.
그가 실패하는 지점이 시대교체에
가장 걸림돌이 되는 지점이다.

그날, 나는 전날 접종한 코로나19 백신의 부작용에 시달리고 있었다. 전날 밤의 미열은 사라졌지만, 이후 엄습한 난생처음 겪어보는 근육통에 당황하고 있었다. 태어난 이후 한 번도 아프지 않아서 평소엔 그곳에 존재하는 줄도 몰랐던 근육 부위가 아프다는 생경한 느낌 때문에, 때를 놓치지 않고 타이레놀을 복용해야겠다는 결심으로 머릿속이 꽉 찼다. 코로나19 백신이라는 신약이 생전 각종의 근육에서 생경한 고통을 일깨운 덕분에 타이레놀이 이렇게 노련하게 효과를 발휘하는 약인지도 새삼 알았다.

TV에선 보수 정당 사상 첫 30대 당대표로 이준석이 선출됐다는 뉴스가 반복적으로 나왔다. 직전 재보궐선거는 이겼으나 그전까지 대통령 탄핵에 이어 대선, 지방선거, 총선 등 3차례 전국선거에서 참패한 보수야당이 당대표로 코로나19 백신과 같은 신약의 길을 택했구나 싶었다. 당대표로 선출된 이준석이 만 40세 이하여서 대통령 피선거권은 없다는 다소 느닷없는 해설 뉴스를 들으며, 그렇다면 내년 대선 승자는 타이레놀같이 노련함을 입증해야 승리하지 않을까, 타이레놀 생각을, 아니 대선 생각을 했다.

이쯤 생각한 뒤 잠을 청했다. 어떤 위기에선 일체의 타개 노력을 멈추는 게 해결의 열쇠인데, 백신 부작용에도 유효한 처방이었다. 그리고 노력을 멈춤은 '하면 된다' 정신으로 성공해온 우리가 피해온, 새로운 처방이었다.

홍희경
이준석, 무능해도 괜찮아

이준석도 맞은 얀센 백신:
원조 주던 나라에서 원조 받는 나라로

미국, 영국, 이스라엘, 유럽연합EU이 아닌 한국에서 40대가 2021년 2분기에 코로나19 백신을 접종할 수 있다는 건 행운이었다. 언급한 나라들에선 1분기에 백신 접종이 적극 이뤄졌으나, 같은 기간 한국에선 잠시 '백신 보릿고개 논쟁'이 벌어졌다. 일본처럼 국내 백신 유통체계가 엉망이어서도, 서구처럼 백신 기피자들이 등장해서도 아니었다. 순전히 정부가 들여올 수 있었던 상반기 백신 계약물량이 적었기 때문이다.

물론 일차적인 책임은 코로나19 백신을 백신 이기주의에 매몰돼 물량을 싹쓸이한 미국과 유럽 국가들에게 있었다. 그러나 이를 지적하기 위해 '백신 부익부빈익빈' 이야기를 꺼낼 때마다 개운치 않았다. 백신 배분이 부익부빈익빈이라는데, 대체 부국인 한국의 상반기 백신 계약물량은 왜 이렇게 적은지 더더욱 이해가 안 됐다. 한국은 분명 부국으로 분류되지만 선진국 간 논의에선 주로 '게스트'인 단계다. 한국의 국제적인 역량은 왜 이렇게 분야별로 함께 성숙하지 못하고 이처럼 불균형한지 화가 났다.

상반기 백신 공급 위기의 숨통이 한미정상회담 이후 미국이 지원한 얀센 백신 100만회 분 덕분에 트인 점은 묘했다. '미군과의 접촉 가능성'이란 전제를 달아 미국이 지원한 백신을 '군인 가족' 자격으로 맞을 수 있었던 것은 분명 예기치 않은 행운이었으나, 백신을 맞는 동안 줄곧 아버지 세대 서사를 떠올리지 않을 수 없었다.

2009년 11월 25일 OECD경제협력개발기구의 DAC개발원조 위원회에 가입하면서 한국은 '원조 받던 나라'에서 '원조 주는 나라'가 되었다는 게 3040에게 익숙한 서사다. 그러나 얀센 백신을 미국에서 받는 순간 반전이 일어났다. 비약하자면 '원조 주는 나라'에서 '(백신) 원조 받는 나라'가 됐다.

한미정상회담 전 몇 주일 동안 미국이 백신을 한국에 공여할 것인지, 준다면 어떤 종류 백신을 줄 것인지 따져보는 일은 생경했다. 미국에 베풀 호의의 방식과 정도를 계산해보는 일은 과거 한미자유무역협정FTA 당시 양측이 무엇을 양보하고 무엇을 얻어낼지를 가늠하는 일과 성격이 전혀 달랐다. 미국의 호의를 받기만 하는 처지가 생경해서 우리가 반대급부로 제시할 카드를 찾았으나, 마땅치 않았다.

어쩌다 원조 받는 꼴이 된 것 같은 이 개운치 않은 마음을 한국의 정치는 개의치 않았다. 언제나 그랬듯이 한미정상회담 전까지 보수 야당은 마치 조선시대 백성을 지키지 못한 왕을 대하듯 여당의 백신 수급상 과오를 몰아붙였다. 여당은 다 그럴 만한 사정이 있었다는 내로남불 해명으로 일관하다가, 야당이 했으면 잘했겠느냐며 적반하장 태세로 역공을 취했다. 이어 분명 보수 야당이 과거 비슷한 실책을 저질렀을 경우가 많았을 터인데, 언론은 보수 야당의 잘못을 추가 취재하지는 못할망정 최선을 다하고 있는 여권과 공무원에게 가혹한 비판을 가한 다며 남탓을 해댔다. 백신 수급 문제 해결과는 전혀 관계없는 논쟁이었다.

내로남불-적반하장-남 탓의 3단 논법은 조국 사태, 부동산 폭등, LH비리를 겪을 때 진보 여당의 태도와 너무 닮았고 그 결론도 똑같았다. '그러니 우리 책임 아니다.'

정상회담 뒤 얀센 백신 100만회 분이 국내 들어와 '백신 보릿고개'가 해소될 때쯤이 되자 여당도 야당도 이 문제를 별로 언급하지 않았다. 백신으로 첨예하게 각을 세우던 상황이 소강되자, 여야 모두 이 문제를 관심사에서 지웠다.

3김 시대 이후 양당 구도 속에서 이념의 대립각을 첨예하게 드러내는 급진적인 구호에 끌려 다니는 정치, 그리하여 사회문제가 정치의 쟁점이 되는 순간 협량해지는 근래의 축소지향 한국 정치의 문제는 '백신의 정치학'에서도 여실히 드러났다.

'3김' 이후 한국 정치는 특정 지형의 모습을 자세하게 그려내는 동시에 넓은 영토의 모습을 한눈에 조망하는, 그래서 영토보다 더 많은 정보를 담은 지도와 같은 정치는 분명 아니었다. 오히려 갈등이 첨예하게 드러나는 사건만 듬성듬성 적어내 실제 사건의 사례수보다 적은 정보를 담아내는 연표와 같은 정치였다. 더욱이 정치는 연표의 맨 첫머리

따르릉 따르릉 비켜나세요,
이준석이 나갑니다 따르르르릉

에서 새로운 화두를 던지는 대신, 연표의 맨 마지막 부분을 가까스로 따라가는 식이었다. 이런 식의 정치는 현실의 문제를 해결할 의지도 없고, 해결할 역량도 없다.

이런 정치에 지쳤을 때쯤 보수 야당의 당대표가 된 이준석은 그 며칠 뒤 민방위 소집 대상이란 자격으로 얀센 백신을 공개 접종했다. 만약 이준석 대표가 얀센 접종대상이 아니어서 잔여백신을 맞아야 할 처지였다면, 카카오톡 앱을 열었을 때 상반기 백신 수급을 둘러싼 여야의 논쟁을 전하는 '#뉴스' 섹션을 먼저 보았을지, 나처럼 '#잔여백신' 현황을 먼저 살폈을지 궁금했다. 이준석은 '이슈를 소비하는 정치'에서 '담론을 생산하는 정치'로 첫길을 갈 수 있을 만큼 비정치 세계의 현실 고민을 익숙하게 알고 있을지 알고 싶었다.

적대적 공생 시대에서 초록은 동색 시대로: 균질한 체계는 곧 무너진다

비행기에는 세 종류의 좌석이 있다. 대부분의 사람들은 이코노미스트석에 탄다. 비즈니스석에 타려면 훨씬 더 많은 비용을 들여야 하기 때문이다. 비즈니스석을 이용하기 위해서는 항공사 마일리지를 사용해 좌석을 업그레이드하는 방법도 있다. 내로남불, 적반하장, 남 탓으로 이어지는 정치권 문법에서는 이 '마일리지'의 아우라가 느껴진다. 무슨 말인가. 풀이하면 이렇다.

지금 한국 정치의 주력 세대는 5060이다. 대학 진학률이 지금처럼 높지 않았던 시절이라 학번으로 세대를 분류하는 자체가 대중에 대한 일종의 폭력처럼 느껴지지만, 정치권에서의 분류법 그대로 쓰자면 1970년대 이전 학번과 1980년대 학번이 주류를 이룬다고 표현할 수 있다. 다른 말로 분류할 수도 있다. 1970년대 이전은 산업화 세대, 1980년대는 민주화 세대다. 세대의 이름 안에 이미 산업화 또는 민주화를 이뤘다는 마일리지의 인식이 녹아 있다. 그들은 과거에 마일리지를 많이 쌓아뒀기 때문에 '내가 하면 로맨스, 남이 하면 불륜'을 쉽게 외칠 수 있다. '내로남불'이란 결국 '나니까 할 자격이 있다'는 과잉 자의식이 발현된 결과일 뿐이다.

"네가 가난을 알아?" 혹은 "1980년대엔 (민주화 운동도 안하고) 뭐하고 살았느냐"라는 화법으로 이들은 마음속 깊이 품고 있던 마일리지 카드를 제시한다. 이 화법은 1970년대 이전에 가난을 몰랐던 '귀족'이나 1980년대 민주화 운동 경력이 없는 '소시민'은 마일리지가 없어 현재의 발언권이 없음을 암시한다. 특히 1980년대에 대한 질문이 더 위력적인 것은 마일리지 여부를 가르는 '1970년대 이전 가난을 아는 사람'이 다수의 국민이기 때문이다. 1980년대 마일리지를 가지려면, 대학에 가서 민주화운동을 했고 총학생회에서의 역할은 어땠는지 증명해야 하며, 지인들끼리 인정해주는 몇 단계의 승인 절차까지 거쳐야 한다. 현재 여야 정치주류들에게 1970년대 이전의 마일리지가 그냥 커피라면, 1980년대에 쌓은 마일리지는 TOP인 셈이다.

마르지 않는 샘 같았던 마일리지도 이제는 바닥을 드러내고 있다. "1980년대요? 그때 국민(초등)학교 다녔습니다"라고 답하던 90년대 학번까지만 해도 '선배들의 희생으로 민주화 수혜는 다 누리고선 배은망덕하게 학생운동의 전통을 단절시킨 ㄱㅅㄲ'라는 일갈로 제압할 수 있었다. 그 90년대 학번들이 지금의 40대다. 80년대 학번들의 'ㄱㅅㄲ' 비판에 분연히 일어나 항의하지 못하고, 자신들의 정치적 발언을 죄악시하면서 대신 소비나 문화의 주류가 되는 길을 선택했던 결과는 최근 여론 지형으로 나타나고 있다. 이 세대의 정치적 성향은 마치 586 주류의 의식을 해외 직구한 듯, 진보 일색으로 나타나고 있다.

1990년대생, 즉 'MZ세대'에 이르러서야 마일리지 카드는 무력해지기 시작했다. "1980년대요? 그때 안 태어났는데요." 3김 정치 이후 오랫동안 한국 정치를 주도하는 '정치의 챔피언'인 산업화·민주화 세대도 시간을 이길 수는 없었다. 586세대가 1990년대생, 20대의 반격에 유독 속수무책인 이유는 자연의 섭리에서 찾아야 하겠다.

1985년생 이준석도 일단 시간의 수혜자다. 1980년대에 미취학 아동이었던 그가 정치에 몸담는다는 이유로, 70년대 학번이 참혹하게 가난했던 시절의 대한민국을 공감하라고 윽박지를 수 없다. 80년대 학번이 1980년대 당시 이준석의 도덕성을 따지는 일도 군색하다. 이준석이 당대표가 되자 그의 '생물학적 연령'과 '사회적 연령'을 구분하려는 시도가 벌어지긴 했지만, 많은 경우와 다르게 '생물학적 연령'이 이번엔 정말 중요하다. 급진구호를 외치는 정치에선 '섹스'(생물학적 성)보다 '젠더'(사회적 성)이 언제나 더 중요한 의제로 취급되지만, 막상 현장의 구체적인 제도를 만들려면 '섹스'는 별것 아닌 구분이란 식으로 치부할 수 없는 것과 마찬가지다.

1980년대에 태어난 당대표에게 산업화 세대와 민주화 세대 간 견해차는 중요한 문제일까? 이 둘의 세대를 구별하는 일은 조선시대 훈구파와 사림파를 구별하는 일만큼이나 난해한 문제일 뿐이다. 보혁 정권교체가 일어난 다음에 보수와 진보를 구별하는 일, 부산 출신 진보 후보를 호남이 절대적으로 지지하는 광경을 본 뒤 영남과 호남으로 경계선을 짓는 일도 어렵기는 매한가지다. 이보다는 '과거에 쌓은 마일리지가 중요한 세대' 대 '카드로 여행부터 다녀온 뒤 후불로 표 값을 결제하고 싶은 세대'라는 새로운 구분선을 짓는 일이 더 쉽게 느껴질 지경이다.

새 구분선을 만들기까지 이준석 대표의 기여는 크지 않았다. 이준석이 당대표로 선출되기 전 긍정적으로 평가했던 여당의 청년 정치인 네 명[01]이 있었다. 네 명과 이준석은 '마일리지 없이 선불제 정치'를 할 수밖에 없다는 점을 공유한다. 20대가 절대적 가난이나 비민주적 사회 분위기를 생소하게 여길 정도로 여기게 된 데에는 산업화·민주화 세대의 공도 절대적이었다. 그러니까 산업화·민주화 세대의 임무가 어느 정도 완수되었기에 이준석 대표가 활동할 영역이 조성된 셈이 있다.

산업화 대 민주화, 보수 대 진보, 영남 대 호남으로 구분 짓던 지금의 정치가 현실의 문제해결력을 상실한 점 역시 이준석 대표의 무대를 만든 요인이다. 3김 정치 이후 대

01　이준석 대표는 6월 6일 페이스북에서 "밑바닥을 다져가면서 준비하는 민주당의 젊은 정치인들이 수적으로 훨씬 우세하다. 장경태 의원은 자신감, 김남국 의원은 성실성, 박성민 전 최고위원은 표현력 이동학 최고위원은 행동력이 장점"이라고 평가했다.

홍희경
이준석, 무능해도 괜찮아

립이항을 만들어 맞서온 우리 정치는 적대적 공생의 길을 걸었다. 두 진영은 '최악 대신 차악을 뽑으라'고 권했다. 유권자가 두 진영이라는 매우 제한된 선택지 안에서 '차악'에게 투표하면 정치 전략가들은 이 선택을 '전략적 선택'이라며 추켜세웠다. 이것이 비극의 시작이었다.

'최악 대신 차악을 뽑으라'는 구호는 소모적인 정치로 안내하는 내비게이션과 같아. 이 구호 속에서 선거를 세 번만 치러도 차악의 차악의 차악, 차악을 세제곱한 세력이 권력을 쥔다. 3김 시대가 끝난 뒤 선거 때마다 저 구호가 나오지 않은 적이 드물었으니, 지금까지 차악을 몇 제곱한 것인지 헤아리기조차 어렵다.

괴로운 이는 오직 차악을 선택하는 유권자일 뿐, 최악과 차악 사이에선 적대적 공생이 이어져왔다. 최악은 언제든 다시 차악의 지위로 역전될 수 있었다. 최악과 차악의 노선에 서되 최악을 차악처럼 보이게 분식할 수 있는 이들이 '정치신인'으로 발탁되었기 때문에 굴러온 돌이 박힌 돌 빼는 일 없이 두 진영은 정체성을 유지해갈 수 있었다. 정치의 다양성을 증진시킬 진정한 선수교체는 지체됐다. 여의도 안에서 두 진영이 사사건건 대립하며 유권자들의 선택지를 줄이는 폐쇄적인 여의도 정치는 '쿨cool'하지 못했지만, 어차피 쿨하다고 뽑히는 선거가 아니었다.

쿨하지 못한 정치는 현실의 문제를 해결할 힘이 없다.

따르릉 따르릉 비켜나세요,
이준석이 나갑니다 따르르르릉

세월호 진상규명도, 공기업 채용비리 근절도, 공인인증서 폐지도, 보이스피싱 엄단도 영구미제로 남았다. 그렇다고 아주 성과가 없는 건 아니다. 적대적 공생 단계에서는 그래도 양측에 자신들이 최악이 아님을 증명할 과제가 생긴다. 보수 진영에서 나온 '동반~' 정책들, 진보 진영에서의 '착한~' 정책들이 그 결과물이었다. 물론 쿨하지 못하게 일방이 주도한 정책들은 실행 과정에서 애초 설정한 좌표를 벗어나고 말았다. 대형마트 의무휴업일을 정하면, 전통시장의 매출이 '동반' 성장하기보다 식재료마트라는 중규모 자본만 번창했다. 시간강사들에게 대학이 '착한' 고용자여야 한다고 강사법을 시행했더니 박사들이 대학에 적을 두기가 어려워졌다.

적대적 공생이라는 균형 상태는 보수의 몰락, 진보의 득세로 인해 깨졌다. 2017년 이후 보수의 대통령 두 명이 수감됐고, 전국 단위 선거에서 보수정당은 세 차례 내리 졌다. 진보 진영은 180석이라는 전대미문 의석으로 국회를 압도했다. 전임 대통령 탄핵으로 인해 청와대 임기가 바뀌며, 대법원을 구성하는 14명의 대법관 중 12명을 문재인 정부가 임명했다.

최악과 차악이 뒤바뀔 수 있다는 역동성이 사라지면서 최악과 차악이 얼마나 비슷한 행태를 저지르고 있는지가 부각되기 시작했다. 내로남불이란 말이 두 진영의 유사성을 은유하는 말인데, 2021년 4·7 재보궐 선거를 앞두고 중앙선관위가 특정 정당이 떠오른다며 '내로남불' 선거 현수막 게시를 불허하는 촌극이 벌어질 정도로 이 말이 만연했다.

찾아보니 유사점은 많았다. 충청, 영남, 호남 가릴 것 없이 비수도권 지역구를 둔 의원들이 서울 강남 지역에 거주했다. 탄핵 당한 지난 정부에선 문화 분야 블랙리스트를 작성했는데, 탄핵 이후 탄생한 정부에선 환경부에서 블랙리스트가 작성됐다. 적대적 공생인줄 알았더니 초록은 동색이었다.

가뜩이나 산업화 세력과 민주화 세력을 통으로 묶어 '과거 마일리지에 기댄 세대'로 새로운 선을 긋던 시점에 '초록은 동색'으로 두 세력이 묶여 버리는 것은 분명 위기다. 집단이 균질해진 뒤 따라오는 다음의 단계는 소멸이기 때문이다.

이에 관한 역사적 경험이 많지만, 가장 대표적인 최근 사례가 금융 분야에서 일어났다. 영국 경제학자 앤디 홀데인은 파생상품 모기지의 확산에 힘입어 주요국 금융권의 대출이 한창 증가하던 2004-2007년 금융계 내 모든 부문의 성과가 90퍼센트 이상 연관되어 있었다고 설명했다. 곧 시장의 주체들이 초록은 동색, 서로 유사성을 지니고 있었던 것이다. 산업계 내 유사성이 높아진 상태 이후 벌어진 일이 무엇인지는 모두가 안다. 2008년의 글로벌 금융위기, 엄청난 규모의 파멸이었다.

기성 정치권이 '적대적 공존'에서 내로남불 사건을 노출시키며 '초록은 동색'으로 재규정된 시점에서 만일 이준석 대표가 등장하지 않았더라면 파멸은 좀 더 파괴적으로 이뤄졌을지 모른다. 당대표 이준석은 새로운 정치에 대한 선행 징후가 아니라 초록은 동색이 되어버린 기성 정치가 파멸하는 일련의 과정에 놓인 후행 징후인 것이다.

홍희경
이준석, 무능해도 괜찮아

마크롱의 몫은 마크롱에게,
더 시간이 지나 툰베리의 몫은 툰베리에게

산악지대를 여행하는 승합차 한 대를 상상해보자. 절벽을 향해 달리면서 운전자가 가속 페달을 밟아대고 있다. 탑승자 중 몇 명이 "브레이크를 밟아요" "제발 속도 좀 줄여요"라고 외친다. 이들의 요구를 무시했든 또는 받아들여 브레이크를 밟았음에도 사고가 발생해 자동차가 절벽 아래로 떨어질 위기에 처한 끔찍한 상황이다. 다른 이들은 "안전벨트를 확인해요"라고 외칠 것이다. 또 다른 이들은 "낙하산으로 쓸 만한 것이 없나요"라고 소리 지를 수도 있다.

『회복하는 힘』의 저자 앤드루 졸리·앤 마리 힐리는 이 이야기를 위험에 대처하는 상황 속에서 주도권이 넘어가는 사례를 설명하는 수단으로 활용했다. 위험엔 단계가 있고, 그러다보면 위험을 피하는 것이 최고의 방법이라고 믿는 사람에게서 위험이 발생한 이후를 대비하려는 사람들에게로 주도권이 넘어가는 과도기가 있다는 설명이다. 과도기 초반에는 '브레이크' 옹호자가 '낙하산'을 운운하는 이들을 패배주의자로 비난할 수도 혹은 반대의 경우도 성립될 수 있다.

절벽 위 자동차의 예에서 처음 위험을 피하려는 사람들은 규정과 매뉴얼을 지킬 것을 요구하는 데 집중한다. 그러나 사고가 실제 임박했을 때엔 차 안에서 탈출하기 위한 창의적 모색이 필요하다. 위험 상황은 시시각각 바뀌어서 과거의 해법이 지금에 와서는 무용할 수도, 미래 유용할 대비책이 아직은 허황될 수도 있다. 서로를 비난하는 일보다 적시에 최적의 해법을 찾는 일만이 위험에서 벗어나는 일이라는 게 이 이야기의 교훈이다.

결국 최적의 해법을 찾기 위해 필요조건은 어려야 한다거나 늙어야 된다거나의 문제가 아니다. 이 시대가 어떤 시대인지 현 단계가 무슨 단계인지, 세계는 어떻게 움직이는지를 통찰하는 '시대 감수성'의 문제다.

그래서 이준석 시대를 논의하기 위해선 새로운 질문이 필요하다. '오죽했으면 이준석이 대표가 될 지경이 된 것인가.'

한국뿐 아니라 전 세계가 이 질문을 공통적으로 받고 있다. 당장 '오죽해서' 정치의 주도권이 넘어간 사례는 2010년대 중반의 각 나라 정치에서 차고 넘친다. 특히 제3국이 아닌 주요국에서 정치적 격변이 일어나고 있다. 유럽연합의 사회민주당 계열과 중도우파 정당들은 힘을 잃고 있고, 십 년 전에는 존재하지 않았거나 있었어도 존재하는지 몰랐을 신생 정당들이 정권을 잡는 사례가 드물지 않다. 이 격변의 기폭제는 2008년 글로벌 금융위기와 이어진 유로존 위기다.

유로존 위기 이후 2010년대 유럽 정치권에선 포데모

스(스페인), 시리자(그리스), 오성운동(이탈리아)과 같은 좌파 포퓰리즘 신생 정당이 등장했다. 2014년 유럽의회 선거에서는 영국독립당(영국), 국민전선(프랑스), 인민당(덴마크)과 같은 극우 포퓰리즘 정당들이 득표율 1위를 차지하는 이변을 연출했다. 극우 신생 정당인 독일을 위한 대안당(독일), 황금새벽당(그리스)도 유럽의회 진출을 성사시켰다.

포퓰리즘 정당들의 선전은 이후 선거에서도 이어지는 현상이며, 그 결과 여러 국가에서 양당 구도가 무너지는 현상이 발생했다. 예컨대 현재 프랑스의 마크롱 대통령은 2016년에 중도 성향 정당인 앙마르슈를 창당했고, 이듬해 집권에 성공했다. 유럽 외 세계에선 미국, 필리핀, 브라질 등에서 스트롱맨 포퓰리스트들이 집권 세력으로 등장했다. 2016년 미국 대통령으로 당선된 도널드 트럼프가 정치적 격변의 정점으로 꼽힌다.

2010년대 중반쯤 주요국을 지배하는 신흥 정치세력은 크게 두 가지 부류로 나뉘었다. 신생정당이라는 집단이 지배하는지, 스트롱맨이라는 개인이 지배하는지였다. 영국 이코노미스트지는 이 중 특히 스트롱맨이 지배하는 체제의 위험성을 경고하며 '민주주의의 위기'를 우려했다. 민주적 절차가 준수됐지만, 권력분립이나 박애와 같은 가치가 지켜지지 않는다는 이유였다. 이들은 기성 정치보다 유능했나. 그렇지 않다는 것을 먼저 입증한 쪽은 스트롱맨이었다. 미국의 트럼프, 브라질의 자이르 보우소나루, 필리핀의 로드리고 두테르테와 같은 스트롱맨들은 코로나19 방역에 총체적으로 실패한 뒤 지지 기반을 빠르게 잃었다. 현상적으로 코로나19 이후 스트롱맨 리더들은 경착륙하다 추락했고, 신생정당들은 연착륙 중이다.

신흥 종교가 기존 종교 교리의 허점을 파고들 듯이 신생 정당은 기존 정당과 정치 체제의 불합리한 지점을 파고든다. 기존 정당과 정치 체제의 불합리한 지점에 대한 문제 제기는 현장에서 발생하기에 신생 정당은 실용주의를 채택하며 현안에 관련된 특정 집단을 대표하는데, 이는 포퓰리즘의 성격으로 연결된다. 원래 모든 새로운 것은 포퓰리즘에서 시작한다. 루터의 종교개혁은 면죄부를 팔고 라틴어 성서를 고수한 교황청이란 기존 권위에 반발한 일반 신자들을 위한 포퓰리즘 성격을 지닌다. 하다못해 기업이 과자 신제품을 내놓을 때에도 소비자 취향이 최우선 과제이지 과거 규정대로 만들지 않는다.

신생 포퓰리즘 정당의 구호가 좌와 우를 막론하고 과격하게 들리는 것은 기존 정치 문법에 입각해 이들의 말을 듣기 때문이다. 국가 채무가 늘어난 상황에서도 긴축에 반대하는 그리스 시리자와 스페인 포데모스의 주장은 기성 질서의 입장에서 볼 때 '과격한 사투리'가 분명하지만, 긴축의 고통이 중산층을 무너뜨리고 사회를 분열시키는 것이

홍희경
이준석, 무능해도 괜찮아

이미 경험적으로 수십 번 입증된 상황에서 이런 주장도 못할 일이냐고 이들은 항변한다. 자국 일자리를 지키려는 목적에서 반이민 정책을 주요 목표로 삼는 유럽 극우 정당들의 입장은 지금까지 이어온 국제주의 흐름과는 다르지만, 무너지는 자국 노동자라는 현실 문제에 기반한다.

2010년대 신생 정당이 추구하는 포퓰리즘은 과거 대중독재 권력의 양상과도 차이를 보인다. 우선 신생 포퓰리즘 정당들은 민주적 절차를 존중한다. 두 번째로 이들은 자신들의 권력 유지에 도움이 되는 특정 집단을 위한 포퓰리즘 정책을 펴기보다 한 세대, 사회 내 다수를 이루지만 정치적 영향력은 크지 않은 계층에 유리한 정책들을 발굴한다.

이들의 주장은 사실 어떤 거대한 체제를 다시 구상해보자는 수준에 미치지 못하고, 기존의 모순을 멈추자는 쪽으로 집중된다. 그러다 보니 신생 포퓰리즘 정당들은 '인민주권'이란 민주주의의 기본 원리에 경도되어 있는 경우가 많다. 신생 포퓰리즘 정당들 중 "기성 정당들이 카르텔을 형성해 정치를 엘리트들만의 경쟁의 장으로 삼고 있다. 이 과정에서 특정 집단의 요구는 반영되지 못하고 있다"고 주장하는 경우라면 이 정당은 주류 인종·젊은층의 지지에서 성장의 동력을 얻는 경우가 많다.

당장 프랑스 마크롱의 주요 지지층은 2030세대이고, 스페인 포데모스의 주요 지지층은 45세 이하가 주력이다.

이 세대의 지지를 이끄는 당의 지도자들은 물론 기성 정치인들보다 훨씬 어리다. 마크롱은 대통령 취임할 당시 39세로 2017년에 역대 최연소 대통령이 되었고, 시리자를 이끈 그리스의 알렉시스 치프라스Alexis Tsipras 전 총리도 2015년 취임 당시 41세로 그리스 역사상 최연소 총리였다. 포데모스 사무총장인 파블로 이글레시아스Pablo Iglesias 역시 36세이던 2011년에 창당했다.

이들은 왜 어릴까. 여기엔 크게 세 가지 이유가 있다. 우선 동서고금을 막론하고 정치권에선 어릴수록, 정치권에 몸담은 기간이 짧을수록 연고주의로부터 자유롭다. 한국 상황에 빗대 말하면 정치 신인일수록 여의도 정치의 관행과 한계에 덜 물든다. 마크롱과 포데모스, 시리자가 나오기 전 주축을 이루던 기성 정당은 모두 유로존 위기를 일으키거나 방조한 공범 집단이었다. 유럽에서 사민당과 중도우파 정당 공생 체제에 대한 회의는 이 세력이 지지하던 EU 체제에 대한 회의로까지 이어졌다. 두 기성 정당이 글로벌 경제 위기를 주도하거나 방조한 '초록은 동색' 상태로 인식되면서 신생 정당은 '실패와의 연고 없음'을 내세워 인기를 얻었다.

두 번째는 좀 더 구조적인 문제다. 한국을 비롯해 주요국들의 인구 피라미드가 몇십 년 만에 삼각형 형태에서 사각형 형태로 바뀌어버렸다는 게 문제의 시작이다. 몇십 년 전이나 지금이나 기성 정당에선 5060세대 정치인이 주축을 이루고 있는데, 정작 한 국가의 인구 분포를 보여주는 인구 피라미드에서 5060세대의 점유율은 다른 연령대의 점유율과 함께 몇십 년 동안 크게 바뀌었다. 이를테면 몇십 년 전 5060은 인구 피라미드 제일 위 꼭짓점을 향해 줄어드는 지점에 있었다. 그러나 현재 5060의 위치는 아래 2030이 위치한 지점을 밑변으로 넓게 형성된 사각형의 제일 윗변 정도에 해당한다.

5060세대든, 2030세대든 '생물학적 특성'에 걸맞은 관점으로 세상을 보는 것은 숙명이다. 공감 능력이 아무리 뛰어나도 2030은 근시와 난시를 고민하고, 5060세대는 노안을 고민할 수밖에 없는 이치다. 그런데 5060세대가 인구 피라미드에서 좁아지는 길목에 놓여 있을 때엔 5060 관점의 정책으로 이 세대가 과잉수혜를 입더라도 복지 정책의 관점에서 수용할 수 있는 수준에 그친다. 그러나 5060세대의 인구비가 다른 연령대와 비슷할 정도로 높은 상태에서 이 세대의 관점이 대거 반영된 정책이 실시된다면, 다른 세대의 관점은 제로섬 게임의 희생양처럼 될 소지가 있다. 바뀐 인구 피라미드의 형태는 더 이상 한 세대가 전 세대를 이끄는 정치가 아니라 각 세대가 서로의 처지를 조율하는 정치가 되어야 한다는 점을 시사한다.

더욱이 각국의 정치 앞에 놓인 과제는 이전 몇 년 동안

1987년

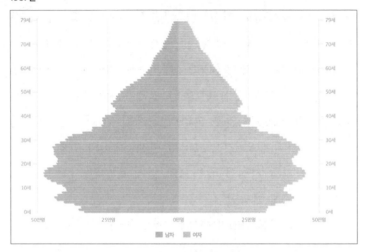

2021년

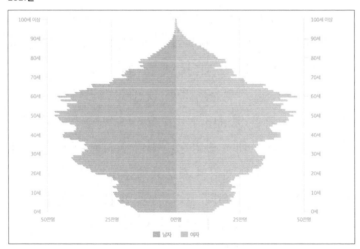

출처: https://sgis.kostat.go.kr/jsp/pyramid/pyramid1.jsp

홍희경
이준석, 무능해도 괜찮아

에 비해 한층 복잡하고 한층 장기적인 과제들이다. 기후 위기, 기술 혁명, G2 체제로의 이행과 같은 현안이 글로벌 의제에서 개별국가 정치의 현안으로 구체화되고 있다. 지금 정치적 결단을 내리면 20대가 나이 든 뒤 결과가 나올 현안을 결정하는데, 왜 50대가 가장 큰 발언권을 얻고 있어야 할까에 대해 기성 정당은 답변할 책임이 있다. 지난 2019년 유엔 기후변화 연설을 2003년생인 환경운동가 그레타 툰베리Greta Thunberg가 맡은 것은 이 과제와 가장 관련 깊은 당사자가 사실 지금의 10대이기 때문이다.

드골과 처칠, 루스벨트를 뛰어넘을 순 없다.
그게 어떻다는 말인가?

마크롱과 포데모스, 시리자, 오성운동은 성공할 것인가. 국민전선, 대안당, 트럼프를 비롯한 각국의 스트롱맨은 건재할 것인가. 불과 몇 년 만에 이에 대한 답은 윤곽을 드러내고 있는데, 답은 '아니다'에 가깝다. 이들은 이미 현안을 좀처럼 해결하지 못하고 있으며(포데모스), 몇 년 만에 정권을 기성 정당에게 다시 빼앗겼고(시리자), 초심을 잃고 기성 정당과 유사한 쪽으로 우클릭하는 모습을 보이는 등(마크롱) 실패하는 중이다. 트럼프를 비롯한 스트롱맨들은 코로나19 과정에서 역대급 무능과 무책임을 보여준 뒤 정권을 잃고 있는 중이다.

'미국을 다시 위대하게'를 구호로 썼던 트럼프를 비롯해 스트롱맨 대부분이 자신들의 구호로 '어게인again, 재현'을 외치며 과거로의 이행을 추구했으니 이들에 대해서는 더 논의할 필요가 없을 것 같다. 그러나 젊고 미래지향적이던 2010년대 신당들이 실패한 이유에는 우리가 참고할 만한 시사점이 있다. 이들 역시 전 세계 스트롱맨 만큼이나 무능해 보인다는 점에 주목해야 한다. 이 무능의 이유는 무엇인가.

결론부터 말하자면, 2010년대 신예 정치인들의 무능은 그들보다 10-20년 전 선배들의 무능과는 결이 다르다. 이를테면 마크롱의 무능이 자크 시라크(1995-2007 대통령)의 무

홍희경
이준석, 무능해도 괜찮아

능과 결이 다르다는 얘기다. 시라크는 신드골주의를 정체성으로 내세웠다. 권위주의적 포퓰리즘, 강력한 국가통제주의를 특징으로 하는 드골주의에 신자유주의를 접목한 형태가 신드골주의다. 사실 국가의 권위적 역할을 중시하는 드골주의에 자유방임주의 색채가 강한 신자유주의를 접목한다는 것은 샤를 드골(1959-1969 대통령)의 본래 정책에서 크게 벗어난 길일 것이다. 그러나 중요한 것은 시라크뿐만 아니라 프랑스의 전후 대통령 중 드골의 그늘에서 자유로울 수 있었던 리더는 나오기 힘들었다는 자체에 있다.

제2차 세계대전이라는 엄혹한 정세는 프랑스에서 드골, 영국에서는 처칠, 미국에서는 루스벨트 같은 걸출한 지도자들을 배출했다. 전후 주요국 지도자들의 목표는 '좋은 리더를 넘은 위대한 리더'라는 목표를 어느 정도 달성해야 리더십을 승인받았다. 그러나 원작을 뛰어넘는 패러디가 이뤄지기 어렵듯이 원류를 뛰어넘는 건 쉽지 않았다. 제2차 세계대전 당시에 비해 덜 긴박하고 덜 첨예한 전후시대에 전시와 같은 위대한 리더십을 대체 어느 분야에서 어떻게 발휘하겠는가. 한국에서도 문재인의 노무현 넘어서기, 이명박의 박정희 능가하기는 애당초 이뤄지기 어려운 과업이었다.

시라크와 마찬가지로 정치 엘리트를 배출하는 고등교육기관인 국립행정학교ENA를 나온 마크롱 역시 외교 분야 등에서 신드골주의를 지향한다. 그럼에도 금융위기 이후

따르릉 따르릉 비켜나세요,
이준석이 나갑니다 따르르르릉   323

반작용 성격의 정치 체제가 낳은 산물인 마크롱은 역대 프랑스 대통령에 비해 '드골의 업적 재현'이란 과제에서 다소 벗어날 수 있었다. 드골 시대부터 이어져 내려온 조속한 국가 재건과 비참에서의 탈출과 같은 국가 의제는 대부분 달성되었을 뿐 아니라 초과 달성되어서 결국 글로벌 금융위기라는 부작용을 일으키는 단계에 이르렀다. 글로벌 금융위기 이후의 과업은 어떻게 계층의 균형을 찾을 것인지, 어떻게 지속가능한 체제와 방식을 바꿀 것인지, 어떻게 지난 시대 동안 쌓인 불만과 불평등을 해소하는지로 바뀌어버렸다.

사실 전임 대통령에 비해 마크롱이 가장 특출 나게 잘한 일은 전 세계적으로 정치의 패러다임이 바뀌는 그 순간에 정치를 하고 있다는 자체다. '낡은 것은 가고 새것은 아직 오지 않은' 시대에 전 세대가 인정할 만한 학력과 이력을 갖추었지만 낡아 보이지 않았다는 것이 마크롱이 잘한 일이다. 마크롱은 ENA 출신답게 정치공학에 명민한 모습을 보이며, 정치적 유불리에 따라 공중장소에서 무슬림의 히잡을 금지하는 우파 지향 정책을 거침없이 휘두를 줄 안다. 동시에 그는 대외석상에서 프랑스어에 집착하는 방식의 고루함을 버리고 영어 연설에서도 거부감 없이 나선다. 과거의 관례에 크게 얽매이지 않는다.

그러나 실질적으로 마크롱 역시 '낡은 것이 간 뒤 새것'에 쓸 만한 정책적 무기는 지니지 못하고 있다. 그의 손

홍희경
이준석, 무능해도 괜찮아

에는 여전히 긴축 재정 또는 확장 재정, 엘리트 정치 또는 대중 정치, 민주주의 또는 공화주의, 개방 정책 또는 포용 정책 식의 양분화된 정책밖에 없다. 한쪽을 찌르면 다른 쪽에서 부작용이 생기는 무기는 양자택일하여 빠르게 다른 나라들과 경쟁해야 하던 시절에는 좋은 해법이었으나, 인구 구성과 정치적 목표가 바뀐 지금에는 크게 효과가 발휘되지 않는다. 세계의 현안은 절벽을 향해 달려가는 상태가 아니고, 2008년 금융위기를 기점으로 절벽에서 떨어지는 상태로 바뀌었다.

　한국 역시 '낡은 것은 가고 새것은 아직 오지 않은' 상태다. 우리는 어렴풋이 어떤 것이 낡았는지를 알아가는 중이다. 예컨대, 과거처럼 맹목적인 정치인 팬클럽을 기반으로 하는 정치는 이제 재현되기 어려울 것이다. 기성 권력이 자신의 권력과 영향력을 강화하기 위해 선택적으로 특정 계층을 지원한다면 상대적으로 소외감을 느끼는 층에서 지원받은 계층을 공격하는 '백래시' 현상이 벌어질 것이다. 문재인 대통령이 비정규직 정규직화를 약속했다가 역풍이 발생한 '인천국제공항 사태', 여성 고용특례 등에 대해 남성들의 역차별 주장이 제기된 페미니즘 관련 논란 등은 어떤 분야에서든 다시 벌어질 수 있다는 뜻이다. 부모가 동생만 예뻐하는 것 같으면 동생을 공격하는 것처럼, '백래시'는 당하는 쪽의 잘못이 아니라 편애하는 권력의 잘못을 지적하는 방식이다.

그러나 기성 정치와 마찬가지로 이준석에게도 별다른 무기는 없고, 함정은 차고 넘친다. 당장 당대표 취임 직후 그에게 제기된 첫 질문의 의제는 '수술실 CCTV 설치에 찬성하느냐, 반대하느냐'와 같은 기성 정치의 이분법적 질문 그대로였다. 한쪽을 택해 답변하는 순간 '새로움'이나 '실용'에 관한 그의 이미지는 퇴색하고, 그가 선택하지 않은 반대 진영은 그의 적이 될 위기다. 그리고 이런 식의 함정에 언제든 빠지게 된다면 어느 순간 기성 정치가 그를 삼켜버릴지도 모른다.

방어할 무기가 마땅치 않을 때의 정치적 해법은 무장해제다. 마크롱이 드골 등이 구축한 전후시대가 실패한 지점에서 시작했듯이 이준석은 기성 정치에서 배제된 지점에서 시작하면 된다. 과거의 영광을 추월하거나 최소한 재현하겠다는 강박에서 벗어나 과거에서 이탈해 새로운 길을 내면 된다.

여러모로 현실은 생물학적으로 어린 이준석에게 유리하다. 각국에서 기성 정치 리더십에 의문을 품게 한 글로벌 금융위기뿐 아니라, 인류의 위기를 절벽으로 다가서는 상태에서 절벽에서 떨어지는 상태로 변환시킨 코로나19 위기까지 온 국면이다. 코로나19 국면에서는 미국의 트럼프든, 중국의 시진핑이든 전통적인 지도자가 취사선택할 수 있는 창의적 선택지는 많지 않다. 처음 코로나19를 발견했으나 당국에 검열당했고, 결국 코로나19 환자를 치료하다 감염되어 사망한 의사 리원량李文亮이 시대의 영웅이 될 뿐이다. 이준석 대표가 기성 정치와 관련된 무장해제를 하는 동시에 리원량과 같은 리더가 될 때 새 시대는 열린다.

그가 무능력해지는 지점이 정치교체를 노리는 세대가 더 준비해야 할 지점이다. 그가 굴복하는 지점이 다음 세대가 더 성찰해야 할 지점이다. 그가 실패하는 그 지점이 시대교체에 가장 걸림돌이 되는 지점이다.

그가 실패하지 않는다면 그다음의 정치혁신이 들어설 자리는 남지 않는다. 그의 시련은 주로 기성정치가 제시하는 함정에서 비롯될 것이기 때문에 이준석이 이 시련을 이겨내버린다면 그는 기성정치가 인정하는 또 한 명의 '구시대 막내'가 될 것이다. '새 시대 첫째'는 처음이기에 필연적인 한계와 약점을 드러낼 때 가능하다.

그가 무능을 드러내지 않는다면 남은 대안은 기성 정치의 무력이다. 이준석 대표 이후에도 우리는 그때로 다시 돌아갈 수 있을까. 골프 코스에서 해저드와 벙커의 위치를 찾아내 투명하게, 가급적 정확하게 표시하는 지도를 그리는 원정대의 역할이 지금 이준석의 역할이다. 이준석에게 무능과 실패를 권한다. 마크롱처럼, 이준석의 시행착오가 새로운 길의 지도가 될 것이다.

따르릉 따르릉 비켜나세요,
이준석이 나갑니다 따르르르릉

이준석 빼고
다 집에 가라니

공희준

메시지 크리에이터

1

"이준석을 주제로 책을 내겠다."

이렇게 막상 질러대기는 했지만 발설한 당사자인 나조차 이준석 국민의힘 신임 당대표를 주제로 삼아 한 권의 번듯한 단행본을 과연 정상적으로 출간할 수 있을지 솔직히 반신반의하는 심정이었다.

약간의 과장을 보태면 우리나라에서 길 가다 마주치는 사람의 절반이 이런저런 사장님들이듯이, 전·현직 정치인들과 관련된 책들만 모아놓아도 한국에서는 웬만한 크기의 서점 하나는 너끈히 꾸릴 수 있을 지경이다, 그만큼 정치인과 관계된 책이 기왕에 많다는 뜻이다.

정치인을 다룬 책은 팔기는 힘들지언정 만들기는 그리 어렵지 않다. 남한의 현실 제도권 정치는 자신이 오랫동안 몸담은 직종에서 어느 정도 일가를 이룬 나이 든 남녀들이 인생 이모작, 심지어는 삼모작이나 사모작을 목적으로 요령껏 뛰어드는 분야로 기능해왔다. 그들이 이제껏 걸어온 삶의 발자취만 대충 더듬어도 뚝딱 책을 만들어낼 수가 있는 까닭이다.

이러한 견지에서 이준석 한 명에게만 온전히 집중한 책은 잘 팔릴지도 미지수거니와 만들기마저 결코 녹록하지 않을 터였다. 무엇보다도 이준석이 지금까지 살아온 시간이 대부분의 기성 정치인들과 비교하여 절대적으로 짧은 탓이다.

한데 이러한 구조적 불리함이 이 책에 내장된 최대의 특장이자 최고의 프리미엄으로 부상했다. 이준석은 자연인으로서든, 정치인으로서든 여태껏 살아온 날보다 앞으로 살아갈 날들이 훨씬 더 많은 인간이다. 그에 관한 책이 필연적으로 미래지향적일 수밖에 없는 연유다.

2

문재인 정부의 출범을 계기로 한국은 거대한 상조회사로 리모델링된 것 같은 분위기를 안팎으로 풍겨왔다. 위정자들, 특히 국정을 책임진 집권여당 국회의원들과 정부 고위 관료들 입에서 가장 자주 언급되는 단어가 '추모'이고 '계승'이다. 달력 전체가 온갖 기일과 제사일로 빼곡히 가득한 종갓집을 국가적 규모로 확대 복사를 해놓는다면 아마 문재인 시대의 대한민국이 될지 모른다.

우석훈 성결대 교수는 현재의 집권 세력과 매우 가까운 인물이다. 그는 아니라고 부인하고 싶겠지만, 우석훈이 친하게 알고 지내는 정치인의 9할은 여권 내지 범여권 인사들로 생각돼왔다. 그런데 우석훈은 한 가지 중차대한 지점에서 여느 정부 여당 사람들과 결정적으로 차별화된다. 그의 시선이 과거가 아닌 미래에 늘 맞춰져 있다는 사실이다.

이준석 현상을 해부하고 그 향후의 추이를 전망하는

책을 함께 내자며 내가 지인들의 동참을 호소했을 때 제일 먼저 흔쾌히 참여 의사를 밝혀온 인물이 다름 아닌 우석훈 교수였다. 그는 자신의 몫으로 응당 받아가야만 할 인세까지 나에게 미리 양도하는 통 큰 면모를 보여줬다.

우석훈은 섬세한 감수성을 가진 진보적 경제학자로 독서대중에게 널리 알려져 있다. 그렇지만 내가 아는 범위 안에서의 우석훈은 으리으리한 의리의 화신으로 군림해온 배우 김보성에 필적할 선 굵은 상남자다. 우석훈이 용감한 퍼스트 펭귄first penguin 역할을 기꺼이 자청해준 덕분에 장안의 내로라하는 실력파 전문가들이 이 책에 필자로 동참할 수가 있었다.

나는 한국 사회의 두 가지 낡고 오래된 고정관념을 『이준석이 나갑니다』를 만드는 과정에서 철저히 박살 내길 꿈꿨다.

첫째는 학연과 지연과 혈연이 통하는 사람들이 아니면 함께 대사를 도모하기가 곤란하다는 편견이다. 이 책에 참여한 필자들 가운데 공희준과 학연, 지연, 혈연이 통하는 사람은 단언하건대 단 한 명도 없다.

둘째는 한국 사회에서 나이 서른이 넘으면 돈 없이는 새로운 인간관계를 개척하고 형성하기 어렵다는 선입관이다. 나는 책에 글을 써준 다른 11명의 필자들과의 교유를 서른 살도 아닌 마흔 살이 넘어서야 아직은 경제적 여유가 없는 상태로 시작하게 되었다.

이 책의 최초의 제목은 '이준석 빼고 다 집에 가라'였다. 올해 초봄에 나온 대담집 『리셋 대한민국』에서 김세연 전 의원이 던진 돌직구 발언을 나도 멋지고 위엄 있게 흉내내볼 참이었다. 김세연은 책에서 단도직입적으로 선언했다.

"노조건 기업이건 구시대적 인식으로는 살아남지 못하게 되었고, 세상 바뀐 줄 모르고 예전 방식으로만 하는 사람들이 동료 시민들한테 정말 엄청난 민폐를 끼치고 있는 거죠. 빨리 집에 가야 한다고 생각합니다."

만으로 36세의 주요 원내정당 당수는 한국 정치에서는 절대로 나타나지 않을 검은 백조Black Swan 같은 존재였다. 그 블랙 스완이 마침내 출현했다.

"사람 고쳐 쓰지 못한다"는 속담이 있다. 이제는 사람도 고쳐 쓸 수 있는 블랙 스완의 시대가 막을 올렸으리라는 낙관적 예감과 긍정적 기대감이 나로 하여금 "이준석 빼고 다 집에 가라"는 공격적이고 도발적이며 부정적인 뉘앙스의 뺄셈의 제목을 아무런 미련 없이 포기하도록 이끌었다. 기성세대가 해내지 못한 사람 고쳐 쓰는 일에 이준석으로 표상되는 오늘날의 젊은 청년세대는 꼭 성공했으면 하는 간절한 바람을 담은 자발적 후퇴였다.

나 혼자 철수하지는 않았다. 애당초 필자들 중 하나로 정식으로 본인 이름을 올릴 예정이었던 국민의힘 중견 당직자 한 분도 익명으로 글을 보내는 쪽으로 퇴각했다. 이 책이 그에게는 일종의 대나무숲 구실을 해준 셈이다. 그의 글이 본문이 아닌 부록 형태를 띤 데 대한 배경설명back briefing이다.

미국 프로야구 메이저리그에서 선수로서는 신화를 남겼고, 감독으로서는 전설을 써내려간 요기 베라의 말마따나 끝날 때까지 끝난 게 아니었다. 책이 인쇄에 들어갈 찰나에 문제의 익명의 당직자는 자신의 얼굴을 가리던 두꺼운 베일을 스스로 돌연히 벗어던졌다. 그의 일터이며 근거지인 당에서 어떤 스릴과 서스펜스 넘치는 반전의 연속이 있었는지 나로서는 알 길이 없는 게 그저 아쉬울 뿐이다.

그러나 분명한 건 만약에 이준석 대표 체제가 들어서지 않았다면 그는 아예 글을 보낼 엄두조차 애당초 내지 못했을 것이란 점이다. 박근혜 정권 당시의 진박감별 소동과 탄핵 이후에 펼쳐진 태극기 부대의 창궐 사태를 거치며 동토의 땅으로 변해버린 국민의힘에 이준석이 개혁개방의 훈풍을 불러오고 있음이 확실히 감지되는 대목이다. 국민의힘으로부터 마지못해 물러난 폐쇄와 고립과 자기검열의 차가운 북풍은 현재는 이른바 조국기 부대의 위세와 양념공격에 가위눌린 더불어민주당을 꽁꽁 얼어붙게 만들고 있는 중이다.

따르릉 따르릉 비켜나세요,
이준석이 나갑니다 따르르르릉

3

한글을 창제한 세종대왕께 다시금 감사의 마음을 느끼는 순간이다. 책에 글을 쓴 필자들의 역할과 비중에는 감히 순서를 매길 수가 없다. 따라서 편의상 가나다 순서로 그들의 이름을 부르는 것으로 한없는 고마움의 뜻을 표현하련다.

강지연 국장님, 김태은 기자님, 김홍열 박사님, 우석훈 교수님, 이동호 변호사님, 이한상 교수님, 장훈 교수님, 조경일 컨설턴트님, 채진원 교수님, 최광웅 원장님, 홍희경 기자님이 바로 그 고마운 분들이시다.

두 사람의 귀한 은인이 내게 꾸준히 기울여준 관심과 도움과 성원 덕분에 이 책은 세상에 모습을 드러낼 수 있었다. 편안하고 쾌적한 작업 환경을 변함없이 제공해주고 계신 다다미디어의 하성우 이사님, 출판 업무 전반을 실무적으로 신속하고 매끈하게 총괄 관리해주신 도서출판 오픈하우스 정상우 대표님이시다. 출판사 편집자분들의 정성스러운 손길을 거치며 이 책이 질풍노도의 시기를 무사히 통과해 원숙한 세련미를 갖추게 됐음은 물론이다.

그리고 마지막으로 언제나 큰 용기와 희망, 동기와 의욕을 내게 불어넣고 있는 사랑하고 존경하는 아내 박혜신과 귀엽고 소중한 딸 공지명을 향해서도 고마움을 표시하는 일을 결코 잊어선 안 되겠다.

공희준
이준석 빼고 다 집에 가라니

36세 당수를 맞이하는 맞이하는 46세 당직자의 충격과 공포

강지연

국민의힘 미디어 국장

국민의힘 대변인 선발이 보여주듯이 각양각색의
사람들이 새로운 질서에 열광하고 있다.
세상은 이미 새 시대를 맞을 준비가 되어 있었는데,
정치권 고관여자들만 모르고 있었던 것 같다.

설마 설마 했더니 그것이 오고야 말았다. 언젠가 올지도 모른다고 생각은 했는데 이처럼 벼락같이 닥칠 줄은 정말 몰랐다. 이준석 당대표 시대가 열리면서 '청년'과 '꼰대'를 가르는 기준이 갑자기 만 36세로 낮아질 줄이야.

나도 한때는 이준석이었다. '보수 혁신'에 대해 입 터는 데는 누구에게도 뒤지지 않았고, 맘에 안 드는 선배는 '꼰대'라고 규정하기를 서슴지 않았다. 어제까지 풋풋하고 재기발랄한 '청년'이었던 내가 창졸간에 구태로 전락할 날이 올 줄이야.

어딜 봐도 중년인 만 46세 당직자가 자신을 '청년'이라고 인식하는 것도 약간 기이한 일이긴 하다. 하지만 당원 73퍼센트가 50대 이상인 정당에 몸담고 있는 40대의 자아정체성이 청년이 아니기도 쉽지 않은 일이다.

나 역시 이번 당대표 경선에서 이준석 후보에게 한 표 던졌지만(짐작하겠지만 이 문장의 '이준석'은 나경원 후보가 당선됐을 경우 '적절하게' 수정됐을 것이다. 사회생활이 다 그런 거 아니겠는가!), 그렇다고 해서 이준석 시대를 맞아 심장이 쫄깃거리지 않는다면 거짓말이다.

세대교체가 아니라 체제교체였다. 국민의힘을 견고하게 감싸고 있던 앙시앵 레짐Ancien régime, 구제도이 무너졌다. 누가 봐도 구체제에 속하는 국장급 당직자가 곧 형장의 이슬로 사라질 운명이라는 사실은 불을 보듯 뻔했다.

예컨대 신임 당대표가 실·국장으로부터 업무 보고를 받는 자리를 상상해보자. "국장님, 질문이 있는데요, 요즘 같은 인터넷 시대에 국장님은 여기서 하시는 일이 뭐예요?" 나경원, 주호영 의원이라면 머릿속에 떠오른 질문을 입 밖으로 내지 않을 것이다. 이게 바로 경험과 경륜이 아니겠는가! 그러나 당대표가 이준석이라면 다른 문제다.

약 오르는 것은 이 질문에는 절반 이상의 진실이 담겨 있다는 점이다. 사실은 나도 최소 20년 전부터 그런 의문을 품어왔다. 참고로 내가 신입 사무처 당직자로 한나라당에 입당한 게 20년 전이다.

내가 신입사원 시절 있었던 일이다. 문서를 작성하면서 의원들의 이름을 가나다 순으로 적어냈다. 직속부장이 불호령을 내렸다. 의원들 이름은 '권재순'에 따라서 표기해야 한단다. 내 사수였던 차장은 "제가 잘못 가르쳤다"고 머리를 조아렸다. 옆에서 따라서 머리를 조아리면서 누군지 모를 '권재순'이라는 계집애를 원망했다. 알고 보니 '건제순 建制順'이었다(건제순. 1. 먼저 설치된 것에서 뒤에 설치된 것으로 이르는 차례. 2. 부대의 편성표에 따라 매겨진 순서. 제1대대, 제2대대, 제3대대 따위의 순서를 이른다). 네이버 국어사전이 아니었다면 아직도 그게 사람 이름인 줄 알았을 거다.

'건제순'의 세계는 우아하고 섬세했다. 당 서열 1위는 당총재였다. 원내총무, 사무총장, 정책위의장 등 당3역이

그 뒤를 이었고, 전략기획위원장, 홍보위원장 등으로 이어
졌다. 북한 노동당 권력 서열을 연상시키는 웅장함에 매료
된 나는 급속도로 적응해갔다. 연차가 올라가서 차장으로
승진하고, 신입사원이 작성한 문서를 빨간 펜으로 직직 그
으면서 '건제순으로 정리하라'고 호통 쳤을 때 나는 무한한
자기 효능감을 느꼈다.

　당의 근간을 이루고 있는 사무처 당직자가 건제순과
씨름하고 있는 사이, 적(!)들은 인터넷이라는 신문물을 종
횡무진 누비고 있었다. 인터넷상에서 보수 진보간의 비대
칭 전력은 그 후로도 오래 계속됐다. 오세훈이 서울시장에
세 번째 당선되기 전까지는.

　당대표 경선 당시 이준석의 '3무3無 선거'가 화제에 올
랐다. 지원 차량(수행비서), 캠프 사무실, 홍보 문자가 없었
다는 것이다. 비슷한 맥락에서 이준석에게 없는 것 세 가지
를 내 나름대로 꼽고 싶다. 이준석이 없는 것 세 가지는 바
로 돈, 조직, 그리고 '싸가지'다.

　이준석 대표가 돈과 조직 없이 선거를 치른 데 대해서
는 별다른 이견이 없다. 호평 일색이다. 그런데 '싸가지'에
대해선 호불호가 갈린다. 야당 당수의 '싸가지' 장착 여부는
한국 정치의 주요 의제 중 하나가 됐다.

　당선 직후, 《조선일보》 데일리 팟캐스트 '모닝 라이브'
와의 인터뷰 내용이다.

－기자: 이 대표의 직설적이고 자신 있는 화법을 두고 약간 싸가지 없어 보인다, 건방져 보인다는 말들을 합니다. 본인은 어찌 생각하나요.

－이준석: 야채가 아삭아삭하면서 부드러울 순 없습니다. 여러분께서 보는 저의 모습이라는 것이 아마 다른 여러 가치들과 공존하기 어려운 가치들이 있습니다. 예를 들어서 겸손하면서 논리적이기는 어려운 점이 있죠. 저를 평가하는 분들의 지적을 고맙게 받아들이고 많이 녹여내려 합니다. 하지만 일부 우려하시는 분들은 (그걸) 다 녹여내면 '따뜻한 아이스 아메리카노'처럼 존재하기 힘든 물질이 될 수 있다고 합니다.

신임 이준석 당수께서는 당분간 싸가지를 장착하실 생각이 없어 보이는데, 나는 이 점에 대해 다행스럽게 생각했다. 한국 보수는 너무 오랫동안 '싸가지의 함정'에 갇혀 있었다. 다른 말로 하면 절충주의, 이준석이 말하는 '따뜻한 아이스 아메리카노의 딜레마'다.

'따뜻한 아이스 아메리카노'가 만들어지는 과정은 대개 이렇다. 진보 진영에서 '아이스 아메리카노'라는 정책을 만들어서 히트를 쳤다고 가정하자. 정통 보수 진영에서는 일단 발끈하고 본다. '아이스 아메리카노는 인간의 본성에 반하고 시장 질서를 어지럽힌다.' '아이스 아메리카노는 북한과 연계된 종북좌빨의 음모다.' 그러다가 한편에서 슬금슬금 보수 혁신론자들이 나온다. '뜨거운 커피는 시대정신에 어긋난다' '우리도 빨리 아이스 쪽으로 좌클릭해야 한다.'

보수의 핵심은 합리주의다. 보수 정당의 합리주의자들은 아이스 아메리카노를 선호하는 국민들과 뜨거운 아메리카노를 선호하는 국민들의 여론을 두루 수렴해서 '너무 뜨거워서 입을 델 염려도 없고, 너무 차가워서 손이 시리지도 않는' 합리적인 해결책을 내놓는다. 누구도 원치 않는 '미지근한 아메리카노'가 탄생한다(물론 미지근한 아메리카노를 좋아하는 사람도 있다. 우리는 이런 사람을 '변태'라고 부른다. '중도'라고 부르기도 한다).

내 말이 과장됐다고 생각하는 사람들은 지난 총선 당시 긴급재난지원금 이슈를 상기해볼 필요가 있다. 민주당이 코로나 긴급재난지원금 4인 가구 기준 100만 원을 들고 나왔다. 정통 보수에서는 '재정 건전성을 해치는 포퓰리즘'이라고 강하게 반대했으나, 현장에서는 '돈 준다는 데 싫다는 사람 없다' '이거 반대하면 표 떨어진다'는 목소리가 거셌다. 결국 황교안 대표는 '긴급재난지원금 1인당 50만 원(4인 가구 기준 200만 원)'이라고 민주당보다 더 세게 질렀다. 그러나 그 직전에 정부의 긴급재난지원금 지급 방침을 비판한 터라 '오락가락' 행보라는 비판에 직면해야 했다.

합리주의의 다른 말은 기회주의다. 긴급재난지원금 이슈 때문에 자유한국당이 총선에서 패배했다고 단정 짓긴 어렵다. 그러나 당시 자유한국당이 내놓은 정책에는 이쪽도 저쪽도 놓치기 싫은 기회주의의 그림자가 짙었다. 말도 안 되게 '합리적인' 정책을 말하는 태도는 권위적이었고, 메신저는 심지어 '그 목사님'이었다. 황교안 대표 시절만 해도 '애증의'라는 수식어가 가능했으나, 이제는 그냥 어둠의 민주당원 같은 그 목사님이 이준석 대표에게 보낸 품격 있는 취임 축하 메시지를 보자. "젖비린내 나는 이준석이가 전혀 대한민국의 본질을 파악하지 못하고 어디서 저 외국에서 주워들은 거 배운 걸 가지고 자전거를 타고 출근한다."

이준석 대표의 '싸가지 없음'을 즐겨 논하는 사람 중에서 자기 자신이 싸가지 있게 행동하는 사람은 별로 없다는 건 아이러니다. '싸가지는 왜 항상 상향식이어야 하는가' 하는 의문이 든다. 이준석은 2019년 8월 《맥심》과의 인터뷰에선 다음과 같이 말했다. "나이 많은 사람과 토론하면서 의견충돌이 있을 때 싸가지 있게 말하는 법을 모르겠다."

'그 목사님'과 비슷한 부류들이 논하는 이준석의 '싸가지론'에 큰 의미가 있다고 보지 않는다. 그냥 싫은 거다. 젊은 것도 싫고, 방명록 글씨체도 싫고, 자전거 타는 것도 싫고, 이준석이 박근혜 탄핵을 반대했다 한들 딱히 덜 싫어할 것 같지도 않다.

이준석 대표는 2021년 6월 2일 《더팩트》와의 인터뷰에서 이렇게 말했다. "저는 사람이 누군가를 싫어하면 그

다음에 이유를 갖다 붙인다고 본다. 저한테는 딱히 할 말이 없어서 그냥 싸가지 없다고 하는 거다. 뒤집어 말하면 이준석을 좋아하는 대부분의 이유는 '할 말은 한다'인데, 할 말을 하는 게 싸가지 없으면 이 모순을 어떻게 해야 하나. '단정하고 섹시하게 입어라' '캐주얼하고 엄숙하게 입어라'는 것과 같은 거다. 할 수가 없는 거다."

좀 더 진지한 사람들은 다른 점을 우려한다. 보수주의 철학이 뚜렷한 TK 출신 초선 의원에게 신임 이준석 당대표의 '싸가지'가 향후 대선 정국에 미칠 영향을 물어보았다. 의외로 '아무 상관없다'는 답변이 나왔다. "정치는 정답이 없다. 그래서 이미지가 중요하다. 젊은 사람들은 경험이 많지 않아서 과거 관행에 얽매이지 않는다. 그것이 바로 변화다. 그래서 변화가 필요한 시점에는 젊은 사람이 각광을 받는 것이다."

그는 대신 이준석의 '경험 부족'을 우려한다. "세상사는 항상 새로운 일이 생기는 것 같아도 80퍼센트 정도는 과거에 일어났던 일이 반복된다. 경험이 있는 사람들은 어지간한 일은 쉽게 정답을 선택할 수 있다. 경험이 없는 사람은 정답이 있는 일에 대해서도 '이게 맞나, 안 맞나' 지나치게 고민하게 된다. A라는 일에 대해 고민을 너무 많이 하면, B라는 일에서 펑크가 나기 십상이다." 노마지로老馬知路. '늙은 말이 길을 안다'는 뜻이다.

젊은 말이든, 늙은 말이든 정권교체로만 가면 된다는 게 이번 국민의힘 전당대회 당심이다. 문제는 젊은 말과 늙은 말이 선택한 길이 달라도 너무 다르다는 점이다. 이준석 대표의 취임일성 중 하나가 '토론 배틀'을 통해 당 대변인을 뽑겠다는 거였다. 혹자는 무릇 당 대변인이란 '토론 배틀'이 아니라 '음주 배틀'을 통해서 뽑아야 한다고 진지하게 주장한다.

"이는 대변인 업무를 어떻게 규정하는가 하는 문제다. 대변인은 방송에 나가서 토론하고 논쟁하는 사람인가, 기자들과 사이좋게 지내면서 우리 당에 우호적인 여론을 만드는 사람인가. 인간관계는 다 똑같다. 만나고 술 마시면서 친해져야 한다. 기자들과 시비 붙지 않는 후덕한 품성, 기자들과 매일 술을 마셔도 지치지 않는 체력, 그리고 당에서 모든 경비를 처리하기는 어려울 수 있으니 교제비용의 일부를 자기 선에서 해결할 수 있는 재력을 겸비한 사람이 당 대변인으로 적격이다."

참으로 논리가 정연하다. 조금만 생각을 바꾸어보면 대변인을 '토론 배틀'로 뽑겠다는 아이디어야말로 뻔한 생각이 아닐 수 없다. 초등학생도 그 정도는 떠올릴 수 있을 거다. 그러나 대변인을 '음주 배틀'로 뽑겠다는 생각은 일론 머스크 할아비가 와도 구상하기 어려운 창의적인 발상이 아닌가. 이쯤 되면 누가 구태이고, 누가 혁신인지 분간

할 자신이 없어진다.

대변인 선발 방식을 둘러싼 견해 차이, 즉 '토론 배틀' 학파와 '음주 배틀' 학파 사이에는 결코 넘을 수 없는 강이 있는 것처럼 느껴질지도 모른다. 그러나 양쪽 진영이 조금씩만 양보하면 해결책이 아주 없는 것은 아니다. 음주토론 배틀! 술 마시면서 정치를 이야기하는 것은 남녀노소 모두가 좋아하는 우리나라의 진정한 국기國技 아니겠는가. 대화와 타협의 예술이라는 정치의 본령을 구현할 수도 있고, 또 한 잔의 '미지근한 아메리카노'를 마실 수도 있다. 꿩 먹고 알 먹고, 누이 좋고 매부 좋고, 도랑 치고 가재 잡고. 정치권의 의사결정이란 대개 이런 절충을 거쳐서 안드로메다로 가게 마련이다.

우리를 안드로메다로 이끄는 '따뜻한 아이스 아메리카노' 노선 대신 젊은 말과 늙은 말이 각자 캐릭터를 살리는 '아이돌' 노선을 채택하는 방법도 있다. 지금 국민의힘 대변인 선발은 순항하고 있다. '이대남'들만 북적거리는 또 다른 편향을 걱정했지만, 74세 대기업 대표부터 고3 학생까지 각양각색의 사람들이 새로운 질서에 열광하고 있다. 이런 거 보면 세상은 이미 새 시대를 맞을 준비가 되어 있었는데, 나 같은 정치권 고관여자들만 모르고 있었던 것 같기도 하다.

이 글의 원래 제목은 '36세 당대표를 모시게 된 46세

강지연
36세 당수를 맞이하는 46세 당직자의 충격과 공포

당직자의 충격과 공포'였다. 다시 읽어보니 '모시게 된'이라는 표현이 걸렸다. 아랫사람이 윗사람을 '모신다'는 개념도 이미 구닥다리라는 데 생각이 미쳤다. 모시긴 누가 누굴 모신단 말인가. 당대표는 당대표대로, 나는 나대로 각자 할 일 하는 거지. '모시게 된'을 '맞이하는'으로 고쳤다. 썩 기분이 괜찮아졌다.

강지연 20년차 정당 당직자. 한나라당으로 시작해 현재는 국민의힘에 서식 중이다. 정치에 신경 끊는 법, 젊은 사람들과 잘 지내는 법, 품위 있게 죽는 법 등에 관심이 많다. 철부지 엄마 때문에 남편과 딸아이가 고생이 많다.

공희준 메시지 크리에이터. 세계 최초의 인터넷 정치플랫폼《서프라이즈》의 초대 편집장으로 '강남좌파' '먹고사니즘' 등 시대정신을 꿰뚫는 신조어들을 창안하였다. 소녀시대가 너무 좋아서『이수만 평전』을 기획·공저하기도 했다.

김태은 《머니투데이 the300》기자. 진영과 정당을 넘나들어 정책과 인물 중심으로 취재한다는 새로운 개념의 정치부 the300 취지처럼 7년 넘게 정치권 언저리를 '좌충우돌' 중이다.

김홍열 정보사회학 전공. 연구보다는 독서, 독서보다는 술이 있는 대화를 선호한다. 미래학회 편집위원. 저서는『디지털 시대의 공간과 권력』『축제의 사회사』등이 있다.

우석훈 경제학자. 두 아이의 아빠. 욕심과 의무감 대신 재미와 즐거움, 그리고 보람으로 살아가는 경제를 기다린다. 성결대학교 교수. 저서로『88만원 세대』『당인리』『팬데믹 제2국면』등이 있다.

이동호 40대 후반 개업 변호사. '나름' 운동권 출신으로 로펌, 대기업, 공공기관 두루 거치고 자산과 소득도 딱 중간인 두 아이 아빠 대한민국 평균형 인간.

이한상 고려대학교 경영대학교 교수. 우리 사회가 투명성을 바탕으로 자본주의적 정의를 구현해 성장하기를 바라며 좌우를 가리지 않고 쓴소리를 하고 있다. 회계학을 가르치고 한국 경제, 자본시장, 기업 거버넌스를 연구한다.

장훈 자연의 흐름처럼 봄 여름 가을 겨울 다시 봄으로 이어지는 정치 현상의 순환과 질서, 변동을 관찰하는 정치학자. 중앙대학교 교수. 저서로『20년의 실험: 한국 정치 개혁의 이론과 역사』등이 있다.

조경일 MZ세대. 취업 걱정은 상수가 됐다. 다양성을 갖는 제도 정치에 관심이 많다. 결국 분단 체제 해소가 한반도가 도약하는 길이라 믿는다. 무엇보다 평화와 통일에 관심 많은 청년. 종종 칼럼도 쓰는 자유기고가.

채진원 정치학자. '민주시민'에서 '공감시민'으로 내려가기 위해 공화주의를 붙잡은 사람. 경희대 공공거버넌스연구소 교수. 저서는『무엇이 우리 정치를 위협하는가』『공화주의와 경쟁하는 적들』「586 운동권 그룹의 유교적 습속에 대한 시론적 연구」등이 있다.

최광웅 국내1호 데이터정치평론가이자 공공부문 30퍼센트 감축을 주장하는 이상주의자. 노무현 청와대 비서관을 역임했으나 김대중을 가장 존경한다. 정치심리학 기반『바보선거』『이기는 선거』를 썼다.

홍희경 《서울신문》국제부 기자. 군인 가족의 일원. 궁금한 상태를 못 견뎌 늘 탐구 중독 상태다. 시공간이 사람의 마음을 어떻게 변화시키는지에 특히 관심이 많다.『노다지 주식회사』를 썼다.

따르릉 따르릉 비켜나세요,
이준석이 나갑니다 따르르르릉
- 이준석 전후사의 인식

초판 1쇄 발행 2021년 7월 22일

지은이 우석훈 김태은 최광웅 장훈 공희준 김홍열
　　　　조경일 이동호 채진원 이한상 홍희경 강지연
펴낸이 정상우
주간 윤동희
편집 김민채
디자인 위앤드(정승현)
마케팅 현석호
관리 남영애 김명희

펴낸곳 오픈하우스
출판등록 2007년 11월 29일(제13-237호)
주소 서울특별시 은평구 증산로9길 32(03496)
전화 02-333-3705
팩스 02-333-3745
홈페이지 www.openhousebooks.com
페이스북 facebook.com/opemhouse.kr

ISBN 979-11-88285-95-2 03300

· 잘못된 책은 구입처에서 바꾸어 드립니다.
· 값은 뒤표지에 있습니다.

· 이 책은 저작권법에 따라 보호받는 저작물이므로 무단 전재와 무단 복제를 금지하며,
　이 책 내용의 전부 또는 일부를 사용하려면 반드시 저작권자와 ㈜오픈하우스포퍼블리셔스의
　서면 동의를 받아야 합니다.